# 権利保障の諸相

大石眞 著

三省堂

# はしがき

本書は、基本権の保障に関わる各種の論点について、これまでに著者が公表してきた関連論考を、体系的に集大成したものである。もっとも、著者の問題関心のゆえに、その多くは、宗教的自由・政教分離原則と結社の自由、そして住居の不可侵といった分野を対象とするもので占められている。

ここに収録した論考の大半は、後記の初出一覧から知られるように、一九九〇年代以降に著したものであるが、中には著者が教職に就いて間もない一九八一年（昭五六）にものした論考も含まれている。

本書は、全体として五部から構成されており、原理的・総論的な問題に取り組んだ第一部（三篇）に始まり、宗教的自由と政教分離原則に焦点を絞った第二部（七篇）、結社の自由と団体法制にともなう諸問題を取り扱った第三部（四篇）、住居の不可侵条項の意義を再検討する第四部（二篇）を経て、具体的な裁判例の検討をおこなう第五部（七篇）で締め括られている。

それらを形づくる論考は、もともと、あるいは自らの寄稿により、あるいは書肆の求めに応じて、折々に執筆されたものである。そのため論述の体裁も一様ではなかった。そこで、本書に収録するにあたっては、章・節に相当する区分や註の方式などをできるだけ統一することにしたほか、元の論考に対して必要な補正を施したところもある。

しかし、元の論考の趣旨に対して変更を施していないことは言うまでもないが、本文それ自体に対しても、微細な字句修正を除けば、大きく手を加えてはいない。したがって、また、これらの論考の発表後に、近年の研究者による貴重な論著が相当数公刊されているものの、本書の中では、逐一それらの業績に対応したり言及したりすることができなかった。この点については、関係各位のご諒解を得たいと思う。

本書が成るについては、三省堂編集部の黒田也靖氏に、文字通り、一方ならずお世話になった。もともと、黒田氏とは、十数年前の同社のある企画で面識を得て以来の付き合いで、デイリー六法の編集の過程でもご一緒する機会が多かった。ところが、折しも法科大学院の創設という大変革の波に洗われ、執筆予定者の各位もその関係で忙殺されることになったため、その企画はついに実現するに至らなかった。

本書の刊行は、その間、辛抱強く待ち続けていただいた黒田氏に対する私からの感謝状の贈呈という意味をもつが、同時に、そうした苦い想い出に対する私なりの自省を込めたものでもある。

二〇一四年（平二六）六月一八日

大　石　　眞

# 【初出一覧】（原題が異なるものは、＊印で示してある）

## 第一部　基本権保障と憲法

Ⅰ「自由の理念と憲法思想」佐藤幸治先生還暦記念『現代立憲主義と司法権』青林書院、一九九八年

Ⅱ「『安全』をめぐる憲法理論上の諸問題」公法研究六九号、二〇〇七年

Ⅲ「自由権保障のあり方」アエラムック『憲法がわかる』朝日新聞社、二〇〇〇年

＊原題「自由権には義務も責任も伴う——自由権の捉え直し」

## 第二部　宗教的自由と政教分離原則

Ⅰ「宗教的自由と憲法——ヨーロッパ人権条約の適用事例を中心に」宗教法二〇号、二〇〇一年

Ⅱ「宗教復権の時代における国家と宗教共同体」比較憲法学会編『信教の自由をめぐる国家と宗教共同体』政光プリプラン、二〇〇六年

Ⅲ「宗教教育と憲法・教育基本法」渡邊直樹編『宗教と現代がわかる本二〇〇七』平凡社、二〇〇七年

Ⅳ「政教分離原則の再検討」ジュリスト一一九二号、二〇〇一年

Ⅴ「日本国憲法と宗教法人税制」宗教法二二号、二〇〇二年

Ⅵ「国有地境内処分問題の憲法史的展望」宗教法三一号、二〇一二年

Ⅶ「宗教法規としての墓地埋葬法――フランスの葬儀・墓地埋葬法制を手がかりに」法学論叢一七〇巻四～六合併号、二〇一二年

## 第三部　結社の自由と団体法制

Ⅰ「結社の自由の限界問題――立憲民主制の自己防衛か自己破壊か」京都大学法学部百周年記念論文集刊行委員会編『京都大学法学部百周年記念論文集 第二巻』有斐閣、一九九九年

Ⅱ「フランスの団体法制と結社の自由」阿部照哉先生喜寿記念『現代社会における国家と法』成文堂、二〇〇七年

Ⅲ「結社・宗教の自由と団体法制」参議院憲法調査会事務局・参憲資料一五号、二〇〇三年

＊原題「結社・宗教の自由と団体法制に関する主要国の制度」

Ⅳ「結社の自由」ジュリスト増刊『憲法の争点〈第三版〉』有斐閣、一九九九年

## 第四部　権利保障と手続保障

Ⅰ「憲法第三五条解釈の再構成――『住居の不可侵』と適正手続保障との間」法学論叢一三六巻四～六号、一九九五年

Ⅱ「住居の不可侵」ジュリスト増刊『憲法の争点〈第三版〉』有斐閣、一九九九年

## 第五部　裁判例の検討

Ⅰ「定住外国人と国会議員の選挙権」ジュリスト一〇四六号『平成五年度重要判例解説』、一九九四年

Ⅱ「愛媛玉串料訴訟上告審判決について」ジュリスト一一一四号、二〇〇一年

＊原題「愛媛玉串料訴訟上告審判決寸感」

Ⅲ「寺院に対する国有地の譲与」ジュリスト別冊『宗教判例百選〈第二版〉』、一九九一年

Ⅳ「箕面慰霊祭・忠告碑訴訟控訴審判決について」判例タイムズ六四七号、一九八七年

＊原題「戦没者慰霊のための忠魂碑の移設および神式または仏式の慰霊祭に市が関与したことの合憲性」

Ⅴ「忠魂碑訴訟上告審判決」判例評論四二二号・判例時報一四八二号、一九九四年

Ⅵ「交通事故の報告義務と黙秘権」樋口陽一＝野中俊彦編『憲法の基本判例〈第二版〉』有斐閣、一九九六年

Ⅶ「自己帰罪拒否特権の射程」國學院法学一九巻一号、一九八一年

＊原題「許可を受けないで覚せい剤を輸入した者に対し関税法一一一条の罪の成立を認めることと憲法三八条一項」

# 目次

装丁＝坂井正規（志岐デザイン事務所）

◆著者紹介

**大石　眞**（おおいし　まこと）　京都大学大学院総合生存学館教授

1951年8月　　宮崎県生まれ
1974年3月　　東北大学法学部卒業
1979年4月　　國學院大学法学部講師、82年4月　同助教授
1988年4月　　千葉大学法経学部助教授
1990年4月　　九州大学法学部助教授、91年8月　同教授
1993年4月　　京都大学大学院法学研究科教授
2006年4月　　京都大学公共政策大学院教授
2010年4月　　京都大学大学院法学研究科教授
2014年4月　　京都大学大学院総合生存学館教授、現在に至る

**主要著書**

『議院法制定史の研究』（成文堂、1988年）
『議院自律権の構造』（成文堂、1990年）
『日本憲法史の周辺』（成文堂、1995年）
『立憲民主制』（信山社、1996年）
『憲法と宗教制度』（有斐閣、1996年）
『憲法史と憲法解釈』（信山社、2000年）
『議会法』（有斐閣、2001年）
『首相公選を考える』（共編著・中央公論新社、2002年）
『日本憲法史〈第2版〉』（有斐閣、2005年）
『憲法秩序への展望』（有斐閣、2008年）
『憲法概観〈第7版〉』（共編著・有斐閣、2011年）
『憲法断章』（信山社、2011年）
『憲法講義Ⅱ〈第2版〉』（有斐閣、2012年）
『判例憲法〈第2版』（共編著・有斐閣、2012年）
『憲法講義Ⅰ〈第3版〉』（有斐閣、2014年）など

# 第一部　基本権保障と憲法

# I　自由の理念と憲法思想

## はじめに――「人格的自律権」理論の意義

衆知のように、近時、日本国憲法第一三条後段にいう「生命、自由及び幸福追求に対する国民の権利」（いわゆる幸福追求権）の解釈に関して、これを「人格的自律権」、つまり人格的自律の存在として自己を主張し、そうした存在であり続けること（人格的生存）に不可欠な権利・自由であって、個別的人権規定によりカヴァーされないものを保障するものとの考え方が――いわゆる一般的行為自由説に抗するかたちで――有力に唱えられ[1]、大きな反響を呼んでいる。

その主張は、学説上のみならず具体的な憲法訴訟の中でもいろいろなかたちで取り上げられ、その結果、人格的自律権の問題は、憲法第一三条後段の解釈という局面に限って浮き彫りにされるといった傾向すら見受けられる。しかし、その主唱者である佐藤幸治教授じしん、「他者の干渉をうけずに自己決定を行なう」ところに自由の本質を見出されるように[2]、個人の自由がたんに消極的自由にとどまらず積極的自由をも含むものだとすれば、その意義は、決して幸福追求権の内実といった解釈問題に矮小化される筋合いのものではなく、むしろ個別的な自由権の保障自体の中に見出されるべきものである[3]。

その意味で、ヨハネス・メスナー（Johannes Messner, 1891-1984）が、哲学的な意志自由から区別された「社会的自由」

(gesellschaftliche Freiheit) について、それは「個々人または社会集団による妨碍なしに、自らの実存的諸目的を目差して行う人間の自己決定（Selbstbestimmung des Menschen）のうちに存する。これら諸目的のうちに、自らの自由への人間の根源的な諸権利がその起源をもっている。したがって自由は諸権利に基礎づけられているのであって、諸権利が自由に基礎づけられているのではない。」と説くのは、滋味に富んでいる(4)。

むろん、この社会的自由は、「集合主義的・社会主義的」自由からはっきり区別されなくてはならない。なぜなら、集合主義的体制の下では、何より支配的な集団目的によって自由の意味が与えられ、「市民は、国家に対する自らの諸権利を確かなものとする政治的自由（politische Freiheit）をなんらもたない」からである。

きわめて明快な主張であるが、ただ、こうした種々の「自由」概念に接すると、率直にいって、戸惑いを禁じえない。その都度、その語義に照らして真意を測り、意味を確かめなくてはならないからであるが、実は、この場合、単なる定義問題を越えた憲法思想・憲法理論上の重要課題が潜んでいるように思われる。

（1）佐藤幸治『憲法〔第三版〕』（青林書院、一九九五年）四四三頁以下。この人格的自律権の一つの内容として、「一定の個人的事柄について、公権力から干渉されることなく、自ら決定することができる」という自己決定権が説かれる。
（2）佐藤・同右三八七頁。
（3）佐藤幸治『国家と人間——憲法の基本問題』（放送大学教育振興会、一九九七年）による「基幹的自律権」から流出する「派生的（個別的）自律権」という定式は、その方向を明確に示すもののようである（三七～三八頁参照）。
（4）ヨハネス・メスナー『自然法』（水波朗ほか訳・創文社、一九九五年）四八二頁。

# 一　自由論の諸相

## 1 「自由」の語義

西欧語 liberty, freedom または liberté の訳語として明治初期に成立し、今日ほぼ定訳になった「自由」は、例えば『徒然草』一八七段が、「偏に自由なる」ことを「失の本」とし、「弛みなく慎みて軽々しくせぬ」ことが「得の本」だと説いたときの「自由」の語が有していた意味とは、かなり異なった内容を与えられている。

その点は、いち早く「古来一定の意義を有する通用語をかつて日本になかった思想に当てようとした」福沢諭吉が、その『西洋事情』（一八七〇年）の中で「自由」の訳語を用いるに際して、とくに「此自由ノ字義ハ……決シテ我儘放盪ノ趣意ニ非ズ。他ヲ害シテ私ヲ利スルノ義ニモ非ズ、唯心身ノ働ヲ逞シテ、人々互ニ相妨ゲズ、以テ一身ノ幸福ヲ致スヲ云フナリ。自由ト我儘トハ、動モスレバ其義ヲ誤リ易シ。学者宜シクコレヲ審ニスベシ。」との説明を加えたところからも明らかであろう(5)。

むろん、「自由」の原語である西欧語自体、多義的なものであり、西欧思想史の伝統によれば、まず個人の内面的な自由意志（free will）に焦点を当てた「哲学的自由」（metaphysical freedom）と、個人と政治的強制との関係に着目したときの「社会的自由」（social freedom）または「政治的自由」（political freedom）とが区別される。そして後者における自由には、たんに政治的強制の欠如を意味する「消極的」（negative）自由、個人の自律的決定を表す「積極的」（positive）自由、そして政治的強制の形成それ自体への参加を意味する「能動的」（active）自由がある、というように説かれる(6)。

右の消極的自由・積極的自由については、衆知のように、アイザイア・バーリン（Isaiah Berlin, 1906-1997）による定式もある。すなわちバーリンは、消極的自由の観念の関心は「主として統制の範囲であって、統制のよってきたる源泉ではない」から、必ずしも「自治の欠如態と両立しえないものではない」として、こう説く(7)。

事実においてデモクラシーが個々の市民から、他の形態の社会においてならもちえたかもしれぬ数多くの自由を奪うものであるように、自由主義的な専制君主がその臣下にかなりの程度の個人的自由を許すということもじゅうぶんに考えられることである。……この意味における自由は、とにかく論理的には、デモクラシーないしは自治とつながってはいない。……「だれがわたくしを統治するか」との問いに対する答えは、「政府がどれほどわたくしに干渉するか」という問いとは、論理的にはっきりと区別される。結局のところ、消極的自由と積極的自由という二つの概念のあいだの大きなコントラストは、この区別のなかにあるのである。

したがって、バーリンのいう積極的自由は、むしろ能動的自由（active freedom）に相当するようである。その点はともかく、それと消極的自由とを対比し、自由の両義性が含む原理的な問題を指摘することによって、民主主義と自由主義との関係を示そうとしたわけであるが、こうした「自由」概念の多義性は、政治思想研究者には広く認識されているといってよい(8)。ただ、そこに含まれた憲法理論上の意味が、わが憲法学でどの程度意識されているかは問題で、ここで取り扱う「政治的自由」（liberté politique）の観念は、その点をよく示すもののように思われる。

## 2　「政治的自由」の視点

ここで、わが国で比較的馴染みのうすい「政治的自由」――それは消極的・積極的自由を総合した「自律としての自由」（liberté-autonomie）と対をなすかたちで、しばしば「参加としての自由」とも言われる――を基軸に据えるのは、たんにそれがフランス憲法理論上の有力なカテゴリィを形づくるという事情によるばかりでなく、むしろ西欧政治思想史・憲法思想史上かなり一般的な観念だからであり、A・ダントレーヴ（A. Passerin d'Entréves, 1902-1985）も指摘するように(9)、「自由と統治形態との間の関係」、すなわち民主主義との関係という基本的な憲法問題にとって、有効な視座を提供すると考えられるからである。

実際、例えば、フリッツ・フライナー（Fritz Fleiner, 1867-1937）は、スイス人にとって「政治的自由（politische Freiheit）は、何より国家および自治体（ゲマインデ）の統治に参加することができること」を意味し、「自由は国家権力への参加と国家的干渉からの自由という二重の意味をもつ」という(10)。また、オーストリアでも、「自由の両面性は国家哲学史全体を貫いている」として、右の「自律としての自由」「参加としての自由」に言及する論者があり(11)、それが「法治国と民主制の緊張関係」というドイツ的な問題定式に相当するとし、「市民的自由と政治的権利との相互依存関係」を考察している。

こうした「政治的自由」の観念は、わが国でも知られていなかったわけではない。例えば、森口繁治（1890-1940）は、『比例代表法の研究』（一九二四年）の冒頭で、「民主的要求を基礎とする現在の国家に於ては……人民は単に被治者（gouverné）であるに止まらず、亦治者（gouvernant）として、直接又は間接に、政治に参加するのであり、人民が被治者であると共に亦治者として政治に参加する場合に、其処に政治上の自由があると解するのである」と述べていた(12)。

とくに断りはないものの、ここで「政治上の自由」と表現されたところが、本稿の主題である政治的自由（liberté politique）に相当することは、まず疑いを容れない。ただ、圧倒的なドイツ国法学の影響下にあった明治憲法時代の日本憲法学の中では、それが積極的に評価されることはなかったし、広く「民主的要求」が充たされ、参政権が行きわたった政治制度を前提としつつ、偏に消極的自由を高唱しつづけた戦後憲法学において、憲法思想・憲法体系の分析視点として定着することもなかったといってよい。

(5)　穂積陳重『法窓夜話』(岩波文庫、一九八〇年)一九九頁以下参照。
(6)　Roger Scruton, *A Dictionary of Political Thought*, 1982, pp. 179-181.
(7)　バーリン『自由論2』(生松敬三ほか訳・みすず書房、一九七一年)三一五頁以下。なお、バーリン批判の例として、B・クリック『政治理論と実際との間1』(田口富久治ほか訳・みすず書房、一九七四年)六七頁以下参照。
(8)　明治前半期の「自由」観を追跡した最近業績として、山田央子「〈シヴィル〉と〈ポリティカル〉の境界――明治日本における〈自由〉観再考」年報『近代日本研究18』(山川出版社、一九九六年)二五頁以下がある。
(9)　ダントレーヴ『国家とは何か』(石上良平訳・みすず書房、一九七二年)二五九～二六〇頁。
(10)　Fritz Fleiner, *Schweizerisches Bundesstaatsrecht*, 1923, SS. 19, 25.
(11)　Manfred Nowak, *Politische Grundrechte*, 1988, S. 29ff.
(12)　森口繁治『比例代表法の研究』(有斐閣、一九二四年)一～二頁。

## 二　自由の両義性と民主制の理念

### 1　一八世紀哲学における政治的自由

そもそも、「政治的自由」の語も、「自由」と同じように多義的に用いられる。かつてミルキヌ - ゲツェヴィチ(B. Mirkine-Guetzévitch, 1892-1955)は、「憲法は政治的自由(liberté politique)を確保するための技術的手順であり、憲法的技術は自由の技術である」と述べたが[13]、これはG・イェリネク『公権論体系』にいう「消極的地位」(自由の地位)を示すもののようである。

こうした政治的自由の語法は、早くからある。例えば、モンテスキュー『法の精神』(一七四八年)第一一編・一二編は自由の意味を論じているが、とくに「国制(constitution)との関係において政治的自由を形成する法律」や、「公民(citoyen)との関係において政治的自由を形成する法律」について語った時の「政治的自由」とは、自己の意志の行使を示す「哲学的自由」と区別されるべき「各人が自己の安全についてもつ確信から生ずる精神の静穏」の意味に用い、「法律の許すすべてをなす権利」としている[14]。

これに対し、アンリ・カピタン編『法学辞典』(一九三〇年)が採用したように、フランス公法学には、政治的自由を「市民(人民)が直接または間接に(代表者によって)統治をおこなう権利」として、この意味で民主主義体制を示すものとみる立場も有力である[15]。現にアンドレ・オーリウ(André Hauriou, 1987-1974)によれば、「政治的自由は、統治者を選任することをも含め、国家統治に参与する権利である」とされる[16]。

フランス政治思想の伝統を形づくったのは、むしろ、こうした自由観のようである。例えば、ルソー『社会契約論』(一七六二年)第三篇に見出される「政治的自由」は、先に一言した能動的自由を想起させるもので、その主権論・民主制論からいって当然とはいえ、いわば参加的自由観を強く打ち出したものといえる。ルソーによれば、政府を「臣民と主権者との間にそれら相互の連絡のために設けられ、法律の執行並びに市民的自由及び政治的自由(la liberté tant civile que politique)の維持を任務とする中間団体」としつつ、「国家が大きくなるにつれて、自由はますます少なくなる」という(同篇第一章)。

ここにいう「政治的自由」は、市村光恵=森口繁治訳『民約論』が適切に評註を加えたように、「国家の政権に参与する資格に於ての個人、即ち国家の公民としての自由を指す」[17]と考えられる。また、国家の拡大と自由の縮減との間に想定された反比例関係も、ベルトラン・ド・ジュブネル(Bertrand de Jouvenel, 1903-1987)が示唆したように、国家・自由をそれぞれ「政治団体」「参加」と読めば[18]、団体結成の主体と統治団体との組織的関係を意味することが分かる。よく引かれる「イギリスの国民は自由だと思っているが、それは大まちがいだ。彼らが自由なのは、議員を選挙する間だけのことで、議員が選ばれるや否や、イギリス人は奴隷となり、無に帰してしまう。……人民は代理人(représentants)をもつや否や、もはや自由ではなくなり、人民は存在しなくなる。」(同篇第一五章)という有名なフレーズも、「代表」の介在を許さない不可譲の主権論を前提とし、自由を消極的自由でなく政治的自由（国政参加の権能）とみた場合に、よく了解しうる(19)。

こうしたフランス革命前後の「政治的自由」観をよく示すのは、一七八九年八月一七日国民議会における「司法権組織に関する憲法委員会報告」に伴う演説の中で、N・ベルガス（Nicolas Bergasse,1750-1832）が述べた一節である(20)。いわく、「衆知のように、自由には二種類ある。政治的自由と市民的自由とである。政治的自由とは、すべて市民が自ら又は代理人によって法律の形成に協働する権利（faculté de concourir）である。市民的自由は、すべて市民が法律によって禁じられていないことを何でもなしうる権利にある。だが、政治的自由は、何らかの事情や制度のために市民が完全な意思で法律の形成に参与することがなければ、必ず害なわれる」と。

ここにルソー理論の影響は明らかであるが、「代理人」の介在を認めることによって、ルソーの純粋主権論から遊離したことも疑いない。九日後の一七八九年人権宣言――これは一七九一年憲法の人権宣言になる――第六条は、「法律は一般意思の表明であり、すべて市民は、自ら又は代理人により、その形成に協同する権利を有する」と謳ったが、これはいわばルソー的主権論にベルガス的な政治的自由観を付加したものである。その意味で、詳細なフランス制憲議会研究を著したローベルト・レズロープ（Robert Redslob, 1882-1962）は、政治的自由と区別された市民的自由の観念に着目し、「ベルガスは、モンテスキューが政治的自由と呼ぶものを市民的自由と名づける」(21)と注記したのであろう。

ここで注意すべきことは、革命前夜のフランスには、アメリカ独立革命時にあった政治的自由の基礎がなく、その自由思想を支配したのは、ルソーがしばしばギリシア・ローマを引き合いに出したことからも知られるように、古代的自由のイメージであったという点である(22)。その意味で、全国三部会（Etats généraux）の召集は政治的自由の宣言と受け取られたわけであるが、これが国民主権の理論や民主制（直接民主制）の理念とともに語られたのは、決して故なきことではない。

しかし、人々の関心はイギリス的自由へと向き始める。革命後十年の間に五回も憲法典が反古になるような目まぐるしい情況のもと、厳かな権利宣言にもかかわらず、絶えず無秩序と恣意・脅威に曝された個人にとって、能動的自由の必要なことは認めながらも、モンテスキューのいう「自己の安全についてもつ確信から生ずる精神の静穏」への想いが募ったのは自然であろう。実際、イギリスに逃れたスイス人シスモンディ（J. C. L. Sismondi, 1773-1842）は、フランス革命批判の書『自由国民の憲法に関する研究』（一八〇〇年頃）で、政治社会はすべて、その構成員の幸福（bonheur）を保障する目的のためにのみ組織されるとし、「国民は、憲法が確固とした仕方で個人の権利と市民的自由を維持するときに政治的自由をもつことになる」と説いている[23]。

こうしたモンテスキュー的自由への希求は、復古王政の下でとくに強まってくる。B・コンスタンの「古代人の自由」「近代人の自由」という有名な定式も、こうした背景の下に成立したものであった。

## 2　一九世紀政論と自由主義

イギリスの政治学者モーリス・クランストン（Maurice W. Cranston, 1920-1993）によれば、一九世紀フランス自由主義には、(a)ロックの教説および一六八九年以来のイギリスの立憲的慣行に由来し、個人の国家的束縛からの自由を強調する「ロック的自由主義」と、(b)ルソーの鼓吹を受けて個人の自己支配を説き、政治的自由を民主的国家又は自治と同一視する「国家本位的自由主義」の二つの潮流がみとめられ、前者の実用模型はイギリス立憲君主制、後者のそれは民会という直接民主制の方法をとるスイスの州である。そして、同国生まれのバンジャマン・コンスタン（Benjamin Constant, 1767-1830）は「揺るがぬロック主義者」、アメリカ帰りのA・トックヴィル（Alexis de Tocqueville, 1805-1859）は民主制論者に位置づけられる[24]が、その構図を「政治的自由」に即して考えてみよう。

まず、イギリス型議会政治の中に個人的自由の保障を見たコンスタンは、ルソー『社会契約論』からトックヴィル『アメリカの民主政治』（一八三五年）に至る間のフランス政治思想史上の空白を埋める人物として再評価されているが、とくに「古代人の自由と現代人の自由」と題する講演（一八一九年）は広く知られている。すなわち「現代人の自由」とは、「法律にしか服さず、ある者の恣意的な意思によってはいかなる仕方によっても逮捕・拘留され、死に処せられ、虐待されることのない権利」といった個人の「平穏な私的独立の享有」をいい、「古代人の自由」とは「能動的・恒常的に集団的権力に参与すること」、具体的には「一体となって、しかし直接に主権の多くの部分を行使し、広場で戦争と平和を議し、外国と同盟条約を結び、法律を議決する」ことなどを意味する(25)。

すでに『征服及び簒奪の精神』（一八一四年）にも見られるこの対比(26)については、前提となる「古代」観を問題視し、私的自由が全くなかったとするのは根拠がないという批判もある(27)が、ただ、コンスタンの場合、「古代」は「現代」を考えるのに役立てられているにすぎないとも考えられ(28)、その意味では、古代社会の実際をどうみていたかはあまり問題にならない。また、コンスタンは個人の自由と独立を強調したが、決して政治的自由を不要と論じたわけではなく、その趣旨は、政治的自由に偏した革命期の自由思想を強く斥けることにあったと考えられる。コンスタン自身、「個人的自由にこそ真の現代的自由がある。政治的自由はそれを担保するものである。したがって、政治的自由は不可欠である」(29)と述べたが、両者をいわば目的・手段の不可分の関係ととらえる姿勢は、早い時期の次のような記述からも明らかである(30)。

この書物でもっぱら市民的自由（liberté civile）に関わる事柄を取り扱ったからといって、決して政治的自由（liberté politique）が無用だと当て付けたわけではない。政治的自由を犠牲にして市民的自由をより安逸に享受しようとする者は、市民的自由を犠牲にして政治的自由を確保し、その範囲を広げようと欲する者と同じくらい馬鹿げている。後者は手段のために目標を犠牲にし、前者は目標に達するという口実で手段を放棄するものだからである。

右にいう「市民的自由」は、その積極的側面に着目すれば、「市民的独立」(indépendance civile) と言い換えることもできる。第三共和制の憲政思想に寄与したプレヴォ・パラドル (Prévost-Paradol, 1829-1870) も、その観念によって、各市民が往来・売買の権利をもち、人身・家族・資産について十分な自由をもつべきことを説いたが、その場合でも、「市民的独立は、政治的自由の保護の下になければ、嵐から身を守ることのできない葦の屋根 (untoit de roseau) にすぎない」[31]という注意書きを忘れなかった。

さて、名著『アンシャン・レジームとフランス革命』(一八五六年) において、トックヴィルが、「民主制、民主的君主制、民主政体といった言葉は、語の真の意味によれば、一つの事柄、つまり国民が国政に関して多かれ少なかれ大きな役割を果たす政体のみを意味する」とし、民主制は「政治的自由 (liberté politique) の理念に緊密に結ばれているのであって、語の本来的な意味に従えば、政治的自由が見出されない政体に民主政体という形容詞を冠することは、明らかに馬鹿げている」と述べたことは、余りにも有名である。むろん、その民主制論は、市民の道徳的資質の向上と政治的責任感の強化を説く貴族主義的政論と表裏をなしているが、ここでは「政治的自由」と民主制の理念との結合を明瞭に示し、「政治的自由」の語法を決定づけたことを確認するにとどめよう[32]。

このように、トックヴィルは、市民的自由と政治的自由を不可分の目的・手段の関係とみたコンスタン的な自由主義を却けたり、両者を切断しまたは両者の関係を逆転した自由主義観を打ち出したりしたわけではない。むしろ政治的自由のないところに市民的自由はありえないとしたのである。そして、この論旨は、民主制の本質は「政治的自由、つまり国民の政府コントロール」にあり、もろい諸自由が「しっかり腰を据えるかけがえのない岩」こそ政治的自由[33]であるとする後代の民主制論に継承され、次にみる「近代的自由」を基軸にした憲法学にも反映されることになる。

(13)　B. Mirkine-Guetzévitch, *Les nouvelles tendances du droit constitutionnel*, 1931, p. XI.
(14)　野田良之ほか訳『法の精神〈上〉』(岩波書店、一九八七年) 二〇八頁以下参照。

（15）H. Capitant (dir.), *Vocabulaire juridique*, 1930, p. 310.
（16）A. Hauriou, *Droit constitutionnel et institutions politiques*, 7 éd., 1975, p. 180.
（17）市村＝森口共訳『民約論』（有斐閣、一九二〇年）一三六頁。
（18）B. de Jouvenel, *Les débuts de l'Etat moderne : Une histoire des idées politiques*, 1976, p. 204.
（19）桑原武夫＝前川貞次郎訳『社会契約論』（岩波文庫、一九七二年）一三三頁参照。
（20）*Archives parlementaires*, 1 Série, t. Ⅷ, p. 441 ; Cf. Léon Duguit, La séparation des pouvoirs et l'Assemblée nationale de 1789, *Revue d'économie politique*, t. Ⅶ, 1893, p. 567 et s.
（21）R. Redslob, Die *Staatstheorien der französischen Nationalversammlung von 1789*, 1912, S. 295 Anm. 2.
（22）B. de Jouvenel, *op. cit.*, p. 106 et s.
（23）J. C. L. Sismondi（éd. Marco Minerbi）, *Recherches sur les constitutions des peuples libres*, 1965, p. 83 et s.　なお、ジュブネルは、シスモンディが「自由を休息、幸福および私的独立の保障と考えるようわれわれに教えたのは、独りイギリス国政の例である」と述べた点をとらえて、アメリカ的な「生命、自由及び幸福追求」(poursuite du bonheur) を用いた点に注目している。B. de Jouvenel, *op. cit.*, p. 117.
（24）M・クランストン『自由――哲学的分析』（岩波新書、一九七六年）九一頁以下。
（25）B. Constant, De la liberté des anciens comparée à celle des modernes, in : *Cours de politique constitutionnelle*（éd. E. Laboulaye）, 2 éd., t. Ⅱ, 1872, p. 539 et s.
（26）B. Constant, *op. cit.*, p. 204 et s.
（27）G. Jellinek, *Allgemeine Staatslehre*, 3. Aufl., 1913, S. 297ff.　参照、矢部貞治『政治学』（勁草書房、一九八一年）一四九頁以下。
（28）P. Rollant, La liberté des anciens chez Benjamin Constant, *Revue française d'Histoire des Idées politiques*, n 6, 1997, p. 254.
（29）B. Constant, *op. cit.*, p. 555.
（30）B. Constant, *Principes de politique applicables à tous les gouvernements : version 1806-1810*, 1997, p. 388.
（31）Prévost-Paradol, *La France nouvelle*, 2 éd., 1876, p. 40.　参照、宮澤俊義「プレヴォ・パラドルの議会思想」同『憲法と政治制度』（岩波書店、一九六八年）一五一頁。
（32）A. de Tocqueville, *l'Ancien régime et la Révolution* dans Euvres complétes, vol. Ⅱ, p. 199.　しかし、その語法が完全に

定着したわけではなく、例えばアンチェール・デジャルダン（Arthur Desjardins, 1835-1901）は、「政治的自由」を選挙の自由・議会の自由・裁判官の独立・出版の自由・結社の自由・集会の自由といったものに求め、それは「たんに絶対権力の廃止にあるのでなく、市民的自由を確保するために、市民に認められる各種権能の全体であり、これがなければ他の諸権利が無に帰するところの最大の財産である」という。A. *Desjardins, De la liberté politique dans l'Etat moderne*, 1894, Préface et p. 6.

（33） J.-Barthélemy, *Le problème de la compétence dans la démocratie*, 1918, p. 19.

# 三　憲法理論と自由思想

## 1　古典憲法学と「近代的自由」

### (1)　A・エスマンの場合

かつてフランスで「公法学理論家の世代、いわゆる一八八〇年の世代の案内役」[34]と評され、わが国でも「もっとも古典的・正統的」な憲法学と位置づけられた[35]アデマール・エスマン（Adhémar Esmein, 1848-1913）は、近年のフランス憲法学説史研究では、むしろ論理的な「体系性」の欠如ということが問題とされ、結局のところ、「さまざまな理論および制度がそれら相互の論理関係の解明のもとに体系的に集大成されたわけではな」く、たんにそれらが「羅列的に集大成された」にすぎないとの手厳しい批判が加えられている[36]。

本稿は、自由思想または自由の両義性の問題がもつ憲法学に対する意味を検討しようとするものであるが、とくに「政治的自由」の観念は、古典憲法学——多彩な内容と独創的な理論にかかわらず後代に与えた強い影響を考え、そう称するのがふさわしい——を形づくる要素と考えられ、ここから右のような学説史的評価に疑問を投ずることもできよう。

すなわち、エスマンの主著『憲法要論』第一巻で展開された枠組みを要約してみると[37]、一九世紀西洋自由主義諸国の憲法にみられる一般原理の源泉は、(a)イギリス憲政史の所産と、(b)一八世紀政治哲学（および米仏両革命）の所産とに求められ、前者は代議制・両院制・大臣責任制・議院内閣制という四つの制度（institutions）に、後者は、国民主権・権力分立・個人権・成文憲法又は憲法制定権力という四つの原理（principes）に結実する、という。その際、重要なことは、これらの制度と原理が、全体として「近代的自由」（la liberté moderne）――エスマンはそれを『憲法要論』第一巻の副題に採用している――を形づくると説いた点である。

いわば古典憲法の構造を比較憲法史的に分析したものといえるが、これについて深瀬忠一教授は、右の「近代的自由」の本質が「個人主義的自由」であるとし、また一八世紀の哲学が「アメリカおよびフランス革命を通じて、同じ方向と類似の形態をもつ欧米憲法を出現せしめ、かくて「近代的自由を真に表現する原則と制度の一つの共通の土台（un fond commun）が構成され、それにイギリス憲法の原則と制度が統合される」と説明された[38]。しかしながら、まず、エスマンのいう「一つの共通の土台」とは、一九世紀西欧諸国の憲法の一般原理の基礎を一括して指称するもので、イギリス憲政史の所産たる諸制度と一八世紀政治哲学の所産たる諸原則が、その具体的内容をなすというのであるから、イギリス憲政史の所産が「一つの共通の土台」に「統合」されるわけではあるまい。

また、エスマンは、「近代的自由」の観念の下に、個人主義的自由のみを考えたわけではないのではないか。確かにエスマンは、『憲法要論』第二版の序文において、「モンテスキューの言葉にしたがい、政治的自由を直接の目的とする憲法」のみを考察の対象とすることを断っている。モンテスキューがその自由を「各人が自己の安全についてもつ確信から生ずる精神の静穏」に見ていたことは先に述べたが、一方でエスマンは、能動的な「政治的自由」にも言及し、これを「本来各市民が自ら又はその代表者によって統治に参与すること」を当然視している[39]。そして、この自由の制度的実現は、イギリス憲政史を通じておこなわれ、「イギリスは、その固有の進化の過程において、哲学者たちが問題とした問題、すなわち、政治的自由の問題を幸運な諸事情の競合によって部分的に解決した」[40]とも語っているのである。

したがって、もし、エスマンの「近代的自由」をモンテスキュー的な政治的自由、つまり個人主義的自由のみに限定してとらえるなら、例えば、「執行権の責任体制が政治的自由の不可欠条件である」[41]とか、「議院内閣制こそ、完全な政治的自由のほとんど唯一の形式である」[42]といった命題を、正しく理解することはできまい。この点で、モーリス・オーリウが、「エスマンは近代的な政治的自由を四つの制度に分析した」[43]と注記し、またマンセル・プレローが、エスマンの定式にある「原理と制度」を「近代的自由の法的内容と政治的内容」としてとらえた[44]のは興味ぶかいが、その『憲法要論』の副題として掲げられた「近代的自由」は、むしろ消極的・積極的自由（個人主義的自由）と政治的自由とを総合した上位概念としてとらえるべきであろう。

その意味で、個人主義的自由が「近代的自由」の本質であり、それがエスマンの体系の中核であるとする理解[45]には、賛成することができない。また、先に述べられた「体系性」の欠如という批判についても、エスマン憲法学は政治的自由の契機を内包する「近代的自由」の観点から、その要素を体系的に構成したものと評しうる。

(2)　M・オーリウの場合

一方、カトリック思想・トマス主義の問題もあって難解をもって知られているモーリス・オーリウ（Maurice Hauriou, 1856-1929）の憲法理論[46]については、その全体像をここで本格的に検討する余裕はない。本稿では、はじめに述べた関心から、もっぱら「政治的自由の組織化」[47]という焦点に絞ってみることにするが、まずオーリウは、『憲法精義』第二版の冒頭で、自らの憲法理論の体系を次のように簡潔に提示している[48]。

立憲制（régime constitutionnel）は、国家的社会が自由な発展を遂げるうえで不可欠のものであって、それは権力・秩序・

国家・自由という要因の働きで決定される。ここに権力（Le Pouvoir）とは、秩序を創設するとともにこれを組織立てるもの、国家（l'Etat）とは一つの完成された秩序の形式をいい、自由（La Liberté）とは、これらの働き及びその諸形式の創造の動機（cause）であり、目的（but）である。

オーリウの場合も、自由の一つの顔である政治的自由は、伝統的用法にしたがって、「すべて市民が直接又は間接に統治に参与すること、とくに法律の制定に参加すること」と定義され、自治（self-government）の理念と合致するとされる(49)。むろん、それには貴族制的自由と民主制的自由とがあり、近代の政治的自由は後者を意味するが、その技術は後述の「政治的憲法」の問題となる。そしてオーリウは、この民主制的自由が政治組織にもたらす論理的要請として、第一に代表制があり、第二に代表制と直接（民主）制との結合があるとするのである(50)。

第一点は、国民主権の理念から普通選挙制度を基本とするもので、したがって、例えば、一八四八年の普通選挙制の実現は、新たに「獲得されたというより取り戻されたのであり、見い出されたというより再び姿を現わした」ということになる(51)。そして、政治的自由の体制を損なわずに国家統治の安定を図るために議院内閣制が採用されるが、この議院内閣制は、エスマンにおける政治的自由の諸制度、つまり代議制・両院制・大臣責任制を統合するものである。その意味では、いわば伝統的な把握といえよう。第二点に関しては、例えばレファレンダムについて、いわば代表制への脅威に結びつけたA・エスマンとは異なって、積極的な評価が与えられる。それは、これによって近代国家の代表制と古代国家にみられた直接（民主）制とを有効に結合することができるからで、こうして第一次世界大戦後の「ヨーロッパ諸憲法の新傾向」の一環をなす半直接民主制（démocratie semi-directe）が位置づけられることになる(52)。

この場合、いわば国家機関としての国民の地位が問題となるが、これについてはオーリウ独自の権力分立論に注意を払う必要がある。つまり、それは、通常の立法・司法・行政の三権ではなく、執行権（pouvoir exécutif）、審議権（pouvoir délibérant)、賛同権（pouvoir de suffrage）を挙げた点において特色をもつ[53]。前二者はそれぞれ政府・議会に属するが、国民に帰属する「賛同権」は、これに「同意（assentiment）および信任（confiance）という原意をもたせるという前提の下で」そのように称しうるのであり、その形式としては、選挙とレファレンダムの二つがある。したがって、代議制を前提として初めて「賛同」は選挙と同義でありうるにすぎない[54]。

また、オーリウ憲法学の構成上の特色は、いわゆる国家と社会の二元論に対応する「政治的憲法」（constitution politique）と「社会的憲法」（constitution sociale）という有名な二分法にも見られる[55]が、この場合、政治的自由の問題は「政治的憲法」のそれに属し、いわゆる個人的・消極的自由は「社会的憲法」に位置することになる。この「社会的憲法」において、参政権（政治的諸権利）を語ることができるのは、政治的自由が法制度として客観化され、個人権カタログというかたちで形式化されているからであり[56]、その意味で、政治的自由の社会的憲法上の形式が参政権ということになる。

## 2　現代憲法学と積極的自由観

### (1)　自由一元主義

かつてB・コンスタンは、「古代人の自由」と「現代人の自由」とを対置することによって政治的自由の名の下に脅かされた個人の市民的自由を擁護し、前者が目的で後者は手段というかたちで両者の関係を示した。これに対し、今世紀の全体主義の経験は、人間の尊厳や個人の価値というものを痛感させただけでなく、政治的自由が形骸化すれば市民的自由も危殆に瀕するという意味で両者は不可分の関係にあることを、改めて確認する必要のあることを教えた。言うまでもなく、現代の全体主義は「民主的扮装」を凝らした独裁政というかたちをとったからである[57]。

そこで、『知識人のアヘン』（一九五五年）を著したレイモン・アロン（Raymond Aron, 1905-1983）は、トックヴィルの「政治的自由」観への注意を喚起しつつ、こう述べたのである(58)。

このような他人との関係における諸自由――つまり英語でいえば《freedom from》――には、しかしながら、文章の他の個所でさらに積極的な内容が与えられており、いわば《liberté en vue de》ないしは《freedom to》と呼ばれうるものになっている。前にもいったような自由即独立――モンテスキューならばさしずめこれを、社会的な安全もしくは専制状態の欠如といったであろう――が本当に完全なものとなるためには、その前提として、本来の政治の領域での自由が存在しなければだめである。ということはすなわち、市民が地方の行政や国事の管理に参与できるということを意味する。しばしばデモクラシーを僭称するところの専制政体が排除したがるこの政治的自由こそ、けだしトックヴィルにとっては最高の尊重に値するものであった。

このように主張することは、しかし、決して政治的自由が市民的自由に優位することを意味するものではない。R・アロンが、フリードリヒ・ハイエク（Friedrich A. Hayek, 1899-1992）を援用しつつ説いたように、自由主義は「権力の目的と制限とに関連した概念」であるのに対し、民主主義とは「もっぱら権力を実際に行使する者を選任する形式に関連した概念」であるが、「民主主義が本物になるためには、個人的な諸自由、すなわち表現と討論の自由ならびに集会と結社の自由などが尊重されなければならない」からである(59)。

実際、自由なき民主制というものはなく、いわゆる半直接民主制も、市民がレファレンダムによって、既成事実について盲目的にでなく、その時の出来事について自由に判断しうるのでなければ存在しえない(60)。その意味で、ローマ、そしてベルリンにおける全体主義国家の出現を前にしたジョセフ・バルテルミィ（Joseph-Barthélemy, 1874-1945）が――H・ケルゼンの国際法一元論に倣って――唱えた自由一元主義（monisme de la liberté）、つまり政治的自由がなければ、市民の諸自由は権力による与奪可能な「恩恵」にすぎず、他方、政治的自由は諸自由とともにしか存在しえないという主張[61]は、不可分関係にある市民的自由と政治的自由とを統一的に把握する必要を説いたものといえよう。

かつて宮澤俊義は、戦間期のドイツ憲法学でよく唱えられた定式、つまり「自由は何ら国家形式ではない」（R・スメント）とか、「法治国家的構成要素は、それ自体として見れば、国家形式を含まない」（C・シュミット）とかの主張に抗して、民主主義は「それ自身において反国家的・反秩序的な原理である自由主義が積極的に国家・政治形式を基礎づける原理に転化したものに外ならぬ」[62]と述べて、自由主義を擁護した。けれども、そうした「転化」を理論的に可能にするには、右に説かれたような一元的自由論が必要であって、おそらくそれを前提にしたのであろう。

(2)　自律的自由と参加的自由

先に述べたように、現代フランス公法学で「政治的自由」を基礎として、立憲主義の問題を取り扱った論者は多い。例えば、先に引かれたアンドレ・オーリウは、それが「個人の諸自由」(libertés individuelles)、すなわち個人が組織化された政治社会で自らの生き方を自律的に実現しうる各種の能力（diverses facultés）と密接不可分の関係にあることを説いた[63]。同時代のマンセル・プレロー（Marcel Prélot, 1898-1972）も、トックヴィルの「政治的自由」論を引きつつ、立憲民主制の基礎と特徴を論じた[64]が、これは、近代的自由が個人主義的自由のみから成るものではないことを踏まえた議論といえよう。

しかし、「憲法的にみた自由国家の政治組織の問題」[65]をより広いパースペクティブで詳述したのは、ジョルジュ・ビュルドー（Georges Burdeau, 1905-1988）であろう。すなわち、ビュルドーによれば[66]、まず、自由国家（l'Etat libéral）とは、「自律としての自由と参加としての自由との共存を保障しようとする政治体制」[67]であるが、ここでは自由の両面性に注意しなくてはならない。ここに「自律としての自由」(liberté-autonomie) とは、国家的な拘束の欠如を意味し、いわば個人主義的自由にあたるが、そのように称するのは自律的な決定という自由の積極的側面を表わすためであろう。

　他方、「政治的自由」に相当する「参加としての自由」(liberté-participation) は、「社会的に自己の意思のみに従う、すなわち実際には統治に参与する個人の地位」を意味するが、その具体的内容を示すために、「政治的自由」に代わって「参加としての自由」として定式化される。というのは、この用語のほうが自由の具体的内容をよりよく示すとともに、政治的自由との対比でとらえられた自律的自由も、決して政治と無関係ではありえないからである(68)。A・エスマン以来の伝統的な枠組みからすれば、例えば執行権の責任体制、すなわち執行機関の二元構造に基く大臣責任制は、政治的自由の一要素である(69)ということになるが、「参加としての自由」は、現実には政治的諸権利 (droits politiques)、つまり参政権の享有にあるとされ、「自律としての自由」を担保するものとして位置づけられる。

　こうして、自由の二重構造は、決して二つの自由の背反関係 (antinomie) を意味するわけではなく、「自律としての自由」が目的であり、「参加としての自由」は手段であるという意味において、不可分の関係として立ち現れることになる(70)。

　さて、G・ビュルドーによれば、自由国家の政治制度の基礎には、民主的体制のあらゆる基本的要素が見出される。つまり人民、人民主権、人民がそれを行使する方法、そこに由来する国家権力の最終目的といった要素がそれである。そこには政治というものについて、「各人に個人的自律の領域を保障しつつ、人民の権力行使への参加を確保すること」という共通の理解がある(71)。その意味で、一九世紀的な自由国家の憲法体制は、自由主義的民主制とはいえるものの、機能原理としての「政治的自由」を承認しながら、他方で、その実現がもたらす諸結果への制約を設定する点において特徴的である。

　したがって、それは民主的制度であっても、とくに「統治された民主政」(démocratie gouvernée) と名づけられ、半直接民主制に標章される現代の「統治する民主政」(démocratie gouvernante) とは様相を異にすることになる(72)。とはいえ、後者にあっても自由国家の諸要素は基本的に存続するという点にも注意を向ける必要があろう。

（34）J. Bonnecase, *La pensée juridique française de 1804 à l'heure présente*, 1933, t. I, p. 465.「一八八〇年の世代」には、後述のM・オーリウのほか、レオン・デュギー（Léon Duguit, 1859-1928）、カレ・ド・マルベール（R. Carré de Malberg, 1861-1935）などが数えられる。

（35）宮澤俊義「フランス公法学における諸傾向」同『公法の原理』（有斐閣、一九六七年）七七頁。

（36）高橋和之『現代憲法理論の源流』（有斐閣、一九八六年）八一頁（強調点は原文、同書九〇頁も参照）。なお、樋口陽一『近代立憲主義と現代国家』（勁草書房、一九七三年）一五頁以下参照。

（37）A. Esmein, *Eléments de droit constitutionnel français et comparé*, t. I, 7 éd., pp. 65-66. なお、宮澤俊義「立憲主義の原理」（同『憲法の原理』〈岩波書店、一九六七年〉一頁以下）の第一章「泰西的議会制の特色」は、『憲法要論』のレジュメと称すべきものである。

（38）深瀬忠一「A・エスマンの憲法学――フランス現代憲法学の形成（一）」北大法学論集一五巻二号（一九六四年）一〇七頁、一〇八頁（一一九頁も参照）。

（39）A. Esmein, *op. cit.*, p. 246.

（40）A. Esmein, *op. cit.*, p. 66. 宮澤・前掲注（36）『憲法の原理』九頁訳文による。

（41）A. Esmein, *op. cit.*, p. 142.

（42）A. Esmein, *op. cit.*, p. 243.

（43）M. Hauriou, *Précis de droit constitutionnel*, 2 éd., 1929, p. 134 note 2.「四つの制度」とは、むろん代議制・両院制・大臣責任制・議院内閣制を指す。

（44）Marcel Prélot, *Institutions politiques et droit constitutionnel*, 5 éd., 1972, p. 57.

（45）高橋・前掲注（35）九三頁。

（46）参照、宮澤・前掲注（34）『公法の原理』九〇頁以下。なお、水波朗『トマス主義の憲法学』（九州大学出版会、一九八七年）一一頁、磯部力「モーリス・オーリウの行政法学」兼子仁ほか『フランス行政法学史』（岩波書店、一九九〇年）二三五頁参照。

（47）M. Hauriou, La liberté politique et la personnalité de l'Etat, *Revue trimestrielle de droit civil*, t. XXII, 1923, p. 332.

（48）M. Hauriou, *Précis de droit constitutionnel*, 2 éd., 1929, p. 1.

（49）M. Hauriou, *op. cit.*, p. 134 et s.

（50）M. Hauriou, *op. cit.*, p. 344.

(51) M. Hauriou, *op. cit.*, p. 563.
(52) M. Hauriou, *op. cit.*, p. 549.
(53) M. Hauriou, *op. cit.*, p. 347 et s. 参照、小嶋和司「権力分立」宮澤俊義還暦記念『日本国憲法体系第三巻・統治の原理』（有斐閣、一九六三年）九九頁以下〔同・憲法論集『憲法と政治機構』〈木鐸社、一九八九年〉一四七頁以下所収〕。
(54) M. Hauriou, *op. cit.*, pp. 351, 486-489, 545.
(55) 簡短ながら、樋口『近代立憲主義と現代国家』（勁草書房、一九七三年）以下。
(56) M. Hauriou, *op. cit.*, pp. 613, 654 et s.
(57) 参照、宮澤俊義「独裁政理論の民主的扮装」同『転回期の政治』（中央公論社、一九三六年）五八頁以下。
(58) レイモン・アロン選集Ⅰ『自由の論理』（曽村保信訳・荒地出版社、一九七〇年）二七〜二八頁。
(59) アロン・前掲注（57）一二六頁。ここでは、政治的自由は「市民に対して公共生活への参加を保証する形式的な諸自由権のことであり、これによって当人は選挙された代表を介し、また場合によっては彼自身の意見の力を通じて、集団の運命に対する影響を行使しうるという実感を与えるもの」と定義される。
(60) J.-Barthélemy, *Valeur de la liberté et adaptation de la République*, 1935, p. 4.
(61) J.-Barthélemy, *op. cit.*, p. 14.
(62) 宮澤・前掲注（56）七七頁。芦部信喜『憲法学Ⅰ』（有斐閣、一九九二年）も、そうした所説に着目して、自由主義と民主主義との不可分の結合関係を説いている（五〇頁以下）。
(63) A. Hauriou, *op. cit.*, pp. 180-183.
(64) M. Prélot, *op. cit.*, p. 55.
(65) G. Burdeau, *Traité de Science politique*, t. Ⅵ, 3 éd. 1987, p. 64.
(66) 参照、水波・前掲注（45）『トマス主義の憲法学』一三三頁。
(67) G. Burdeau, *op. cit.*, p. 18.
(68) G. Burdeau, *op. cit.*, p. 15 et s; Ditto, *Traité de Science politique*, t. Ⅴ, 3 éd., 1985, p. 520 ; *Les libertés publiques*, 4 éd., 1972, p. 10. なお、モーリス・デュヴェルジェ教授は、自律的自由を「抵抗としての自由」（liberté-résistance）と表わすが、消極的自由観に囚われたものといえよう。M. Duverger, *Institutions politiques et droit constitutionnel*, 13 éd., 1973, t. Ⅰ, p. 232.
(69) G. Burdeau, *Traité*, t. Ⅵ, p. 758.

(70) G. Burdeau, *op. cit.*, p. 36 ; Ditto, *Le libéralisme*, 1979, pp. 158-161.
(71) G. Burdeau, *Le libéralisme*, p. 211.
(72) この「統治される民主政」「統治する民主政」の観念を中心としたビュルドーの民主制論については、高橋和之『国民内閣制の理念と運用』（有斐閣、一九九四年）二七二頁以下（ここに「自律としての自由」「参加としての自由」への言及もある）。

## おわりに——幸福追求権論の意味

ロック的自由主義は、なるほど国家的拘束の欠如、いわば解放的契機を強調する。しかしながら、この消極的自由は、それ自体が至高目的であるというより、むしろ個人の自律性、つまり自らの自由な選択による決定プロセスとその決定の内容や結果を尊重することに、本来の意義があるというべきであろう。このことは、実は、ロック的自由主義を高唱する論者も認めるところで、現に、例えば阪本昌成教授は、I・バーリンのいう消極的自由、つまり拘束からの自由について、「強制・拘束のないなかで、人が欲すること、選択したことをなす」という「肯定的・積極的」な契機を見出されるのである(73)。

ここで再び、先のヨハネス・メスナーの「社会的自由」観が想起されよう。それは、たんに「個々人又は社会集団による侵害のないこと」にすぎないのではなく、「実存的諸目的に基づいたもろもろの義務の充足のうえでの自己決定」であるという点で積極的な内容をもち、もっぱら消極的に理解される個人主義的・自由主義的な自由観とは、はっきり区別されるからである(74)。

むろん、初めに述べたように、それは政治的自由を伴わない集合主義的自由観とも相容れないが、実は、こうした積極的自由の思想が決してJ・メスナー特有のものではないことは、本稿で検討した通りである。それは、むしろ西欧政治思想史の上では一般的なもので、憲法思想・憲法理論にとっても重要な支えとなっている。そして、およそ個人の国政参加ということを重んずる立憲民主制を前提とするなら、消極的自由と積極的自由とは、必ず政治的自由とともに観念されなくてはならない。自律的決定の主体としての個人は、その政治的自由を通して初めて十全な消極的・積極的自由を享受できるからである。

実のところ、本稿の冒頭で紹介した幸福追求権を人格的自律権として再構成しようとする試みも、同じ方向を示していると考えられる。というのは、日本国憲法にいう「幸福」について、たんに消極的自由を内実とする「私的幸福」のみならず、公的事柄について討論し、決議するといった国政参加的な契機を含む「公的幸福」をも内包すると説かれるからである(74)。そのことによって、人格的自律権論は、ここで取り扱った自由の両義性という伝統的な――ヨーロッパ的な――問題関心にゆくりなくも対応したものということができよう。

(73)　阪本昌成『ベーシック憲法』(弘文堂、一九八八年)二六三頁。
(74)　メスナー・前掲注(3)四八三頁。
(75)　佐藤・前掲注(1)四四四頁、四六五頁。

# Ⅱ　「安全」をめぐる憲法理論上の諸問題

## はじめに

### 1　与えられた課題

私に与えられた課題は、「憲法及び憲法学からみた安全の意義と問題点について論ずる」というものである。この場合、主に、「国家にはどのような任務があるか」という観点から考察することが求められ、とくに「安全のための国家・行政の役割、安全のための国家活動とその憲法的統制など、安全をめぐる憲法理論上の問題点について論ずる」ことが要請されている。これについて私は、むしろフランス法の対応を主な比較法的な素材としつつ、与えられた課題に取り組みたい。

最初に議論の枠組みについて述べておくと、まず、安全を脅かす原因との関係では、どのような「危険」から「安全」を守るかという問題があるが、これについては、人為（公権力、団体又は個人）と自然（地震・津波・台風・洪水など）とに大別することができる。「自由・人権と安全」という公法学会のテーマからすると、私が取り組むべき課題は、人為を要因とする「危険」から人間や社会の「安全」を確保することであり、自然災害からの安全という問題はここでの考察の外に置く(1)。

また、「危険」の原因を除去し、「安全」を保持するための施策との関係を考えると、人為に基づく危害（害悪・被害など）については、事前的な予防と事後的な鎮圧との両者が考えられるが、いずれも主として行為者に対する規制、すなわち当為命題が意味をもつであろう(2)。被害が発生した後にこれを鎮圧するための主な規制手段は刑罰であるが、被害又はリスクの発生を未然に阻止するための予防措置は、私人に対する義務づけを内容とする事前規制から行政内部における政策調整までを含めると、種々の形をとりうる(3)。

さらに、この「安全」の問題は、本来、テロ防止対策などに見られるように、国際協力のあり方なども当然に視野に入れなくてはならない総合的な課題である。しかし、私の報告ではもっぱら国内問題のみを扱うことにし、その面における国際協力の問題については、むしろ第一部会の齊藤正彰会員の報告「危険の国際化と政府の取り組み」（公法研究六九号九二頁以下）を参照されたい。

## 2　古くて新しい課題――自由と安全

安全・安心・治安・公安・保安といった言葉は日常的に頻繁に用いられているが、今日では、家屋・店舗・自動車などの防犯装置やセキュリティー・サービスを提供する安心・安全ビジネス（security business）というものも、国民生活の中にすっかり定着したかのように見える(4)。

その背景には、例えば、刑法犯認知件数でみると、十年前の一九九六年（平八）から二〇〇四年（平一六）にかけて七年連続で戦後最多の記録を更新した事実、十年前に比べて路上強盗は二・七倍、侵入強盗は二・二倍、住居侵入は三・一倍になったこと、自動車盗難件数も二〇〇三年には過去最高の約六万四千件に達した事実などを挙げることができよう（もっとも、最近数年間は減少傾向にある）(5)。

しかし、そもそも、「近代政治学は、安全（sécurité）の欲求から生まれた」(6)とも言われる。動乱の時代に生きる者にとっては、ホッブスにならって、「人間にとって最良の政府は、安全を保障する政府である」と言うこともできよう。また、国際政治学・国際関係論や国際法などが伝統的に安全保障論を主要テーマの一つとしてきたことは、改めて言うまでもないが、「安全」の意味は必ずしも自明ではなく、このことは法令用語についても例外ではない。

もちろん、一定の説明が施されている場合もある。例えば、法令用語辞典類を紐解くと、「治安」「公安」とは社会・公共の秩序が保たれた安全平穏な状態をいう(7)、といった解説が見られる。ところが、例えば、自衛隊法が「国の安全」を標榜し、いわゆる武力攻撃事態対処法や武力攻撃事態国民保護法が「国及び国民の安全」や「生活関連等施設の安全確保」を語るときも、食品安全基本法が「食品の安全性の確保」をうたい、地方自治体の生活安全条例が「生活の安全」を掲げるときも、安全に関する定義は見られない(8)。

## 3　国家目的論と基本権論

このように法令上明確な定義を見い出すことができないのは、ある意味で自然な成行きでもある。というのも、多かれ少なかれ社会契約論の影響の下に構成された立憲主義国家において、国民の安全を確保することは、国家としての本来的任務に属し、いわば立憲的国家の存在とともに与えられた課題として、ことさら意味づけされる必要はないからである。そこで、国立国会図書館調査及び立法考査局も、いわば安心して「いついかなるときでも、国と国民の安全を守ることは国家の基本的義務である」という書出しで、『緊急事態に関する総合調査報告書』を始めることができたのである(9)。

他方、国民ひとり一人は、安全な時空の中で、初めて安心して自由に行動することができるのであり、その意味で「安全」は、早くから基本的権利と解されてきた歴史をもつ。ここでは「自由と安全」という緊張関係は直接に生じないように見えるが、安全な時空は多数人が織り成す相互関係を秩序立てることによって確保されるから、公の秩序と安全は、個人の自由を侵害する正当化根拠にもなりうるのである。

以下では、このような「自由」と「安全」の間にある親和的関係と緊張関係にも留意しつつ、「安全」をめぐる憲法問題について検討したい。

## 一　安全と安全政策の諸相

### 1　「安全」(sûreté)概念の拡大と変化

日常的に用いられる「安全」の語の意味についてはいろいろな説明が行われてきたが、大局的にみると、「個人の安全」(sûreté individuelle)という出発点から、「政治社会の保持要因」(facteurs de conservation de la société)という見方を経て、「個人・集団の生計の保障」(garantie des moyens d'existence des individus et des groupes)へというように、その意味が次第に拡がってきたことが指摘されている(10)。

その意味するところをもう少し追跡してみると、以下のように、個人の安全・国家の安全、権利としての安全・秩序としての安全に分けて考えることができよう。

### 2　個人の安全と国家・社会の安全

(1)　まず、個人の安全という原点からすると、そもそも、安全(sécurité)とは、具体的なリスク(攻撃・事故・物質的被害など)を避けることのできる状態を意味する、と考えられる(11)。この出発点からしても、個人の安全はいろいろな意味を与えられているが、概括的に整理してみると、次の三つに集約することができる。
(a)　法的安全(sécurité juridique)　これは、法と裁判官により保障されるものをいい、とくに法的地位の安定性を求める権利というかたちで表される（契約、既得権理論）。

(b)　物理的安全（sécurité physique）　これは、身体への攻撃や自然災害に対する保障を意味し、人身・財産に関する行政警察によって、とくに犯罪については警察・司法によって、保障されるものをいう。

(c)　社会・経済的安全（sécurité socio-économique）　これは、社会生活を営み、できるだけ調和をもって成長し、その人格を拡げる権利を表し、国家に対する個人の請求権となる。このためには、社会経済政策が必要となる。

このような個人の安全が、立憲国家における伝統的な公法理論の中で議論されるときは、第二の物理的安全という意味で用いられることが多い。例えば、フランスの一七八九年人権宣言第二条が、自由・所有・圧政への抵抗とともに、人の時効にかからない生来の権利の一つとして「安全」（sûreté）を掲げたことはよく知られている。同じく一七九三年権利宣言第二条は、例外的に、「安全（sûreté）とは、社会によって、その構成員各人に対し、その身体、諸権利及び所有物の保持のために認められた保護をいう」として、定義的な定めを設けている。このような物理的安全を確保しようとすれば、当然に、個人の安全と国の刑罰権との調整が必要となり、適正刑事手続・罪刑法定主義・裁判官の独立といった原則は、そのための制度上の担保として位置づけられる。

このように「安全」が個人の物理的安全という文脈で語られることは、国際法上のレベルでも確認することができる。例えば、欧州人権保護条約第五条は、「何人も、自由及び安全についての権利（droit à la liberté et à la sûreté）を有する。」という。むろん、この「安全」の語義自体は必ずしも明確でないが、それに続けて、「何人も、次の場合に、かつ法律によるのでなければ、自由を奪われない」と述べ、「権限ある裁判所の有罪判決の後に適法に拘留される場合」と示していることなどから、その「安全」とは、自由から独立した観念ではなくて、「何人も、その自由に対する恣意的な攻撃対象とされる惧れがないこと」を意味するものと解されている(12)。

自由権規約（国際人権規約）第九条も、それと同じ文脈で、「すべての者は、身体の自由及び安全についての権利（droit

à la liberté et à la sécurité de sa personne）を有する。何人も、恣意的に逮捕され又は抑留されない。何人も、法律で定める理由及び手続によらない限り、その自由を奪われない。」旨を定めている。

他方、フランスの一九四六年憲法前文が、「国は、すべての人々、特に子供、母親及び老齢の勤労者に対し、健康の維持、物質的安全（sûreté matérielle）、休憩及び休暇を保障する。」とうたったように、「安全」は、第三の社会・経済的安全という意味で用いられることもある。

(2) 今日における「安全」をめぐる論議は、しかし、このような個人の権利としてのそれから、さらに「公共の安全と秩序の維持」という意味での公共的利益の問題として展開されている。もちろん、個人の「身体の自由」から区別された意味における安全は、もともと憲法秩序における規範的要求として存在していたということができるが、今日におけるその位置づけは大きく異なっている。すなわち、安定的な立憲秩序にとっては、いわば「公理」として、ロバート・ノージックの表現を借りれば「法制度の存立の基礎にある」ものとして想定され(13)、個別的な各種規範の背後にあってこれらを正当化していた利益が独自の保護法益として認識され、議論の前面に出されるようになったわけである。

実際、そうした公共的利益を否定すべき理由はないと考えられるが、「安全」を独自の保護法益としてとらえる議論に不安を覚える論者がみられることも事実である(14)。もっとも、それは、必ずしも未だ明確化されない観念を、明確さを要求してきた規範論理の中に的確に位置づけることができない、一種のもどかしさの表現と解釈することもできよう(15)。

## 3 権利としての安全と秩序としての安全

(1) ここで、フランス法制上、初めて恒久的な安全政策（politique de sécurité）の原理と指針を提示したものと位置づけられる「安全指針計画法」（一九九五年一月二一日法律第七三号）に着目して、安全の意味を少し考えてみたい。まず、一九九五年に制定された当初の規定は、以下のごとくであった。

**第一条**　安全（sécurité）は、基本的権利（droit fondamental）であり、かつ個人的及び集団的自由の行使の条件である。

②　国は、共和国の全土にわたって、国の諸制度及び諸利益の擁護、法令の尊重、治安（paix）及び公の秩序の維持、人及び財産の保護に配慮することにより、安全を確保する義務を負う。

しかし、左派政権になって制定された日常安全法（二〇〇一年一一月一五日法律第一〇六二号）による改正によって、同条の表現は次のように改められた（修正部分は傍線で示している）。

**第一条**　安全は、基本的権利である。それは、自由の行使及び差別の縮減の条件である。

②　この意味で安全は国にとって義務であり、国は、共和国の全土にわたって、人、その財産及び市民としての権利の保護、国の諸制度及び諸利益の擁護、法令の尊重、治安及び公の秩序の維持に配慮するものとする。（第三項略）

ところが、国内治安法（二〇〇三年三月一八日法律第二三九号）による改正によって、以下にみるように、同条は再び元の姿を取り戻し、現在に至っている（同様に修正部分は傍線で示した）。

**第一条**　安全は、基本的権利であり、かつ個人的及び集団的自由の行使の条件である。

②　国は、共和国の領土全体にわたって、国の諸制度及び諸利益の防衛、法律の尊重、治安及び公の秩序の維持、人及び財産の保護に配慮することにより、安全を確保する義務を負う。（第三項略）

このように安全を「基本的権利」と位置づけるのは、すでにみたように、人権宣言以来の伝統を継承するものといえよう。しかし、二〇〇一年日常安全法のように、それを「差別」の解消と結び付けるのは、「社会・経済的安全」という観念に拠っていることを示すものである。また、国の「義務」それ自体だとする見方と個人の「安全を確保する義務」だとする考え方との間には、大きな違いが生じうることにも注意しなくてはならない。というのも、後者の場合は、所定の諸施策を通して個人の基本的権利としての安全を確保するという論理になるが、前者の場合、それ自体としては目的による限定のない義務を生み出すおそれがあるからである。

(2)　ともあれ、このような文言の変化――というより回帰といったほうが正確かも知れない――は、バラデュール、ジュペ内閣という右派政権（一九九三年～九七年五月）から、左派のジョスパン政権（九七年五月～二〇〇二年五月）を経て、再びラファラン、ドゥビルパン内閣の右派政権（二〇〇二年五月～〇七年五月）へという、議会多数派の政治勢力の変化に対応した政策課題における力点の違いを示している。

このような変化が生じた背景には、以下のような事情が関係していると言われる(16)。すなわち、個人の安全をめぐる論争は、一九七〇年代に激しく争われ、拘留の目的を犯罪者の更生に求める考え方と市民の安全の確保に求める考え方との対立があった。にもかかわらず、その後の犯罪増加、それが引き起こす不安と恐怖を前にして、最近では、そうした論議はやや下火になっており、少なくとも世論の上では安全への配慮が優位に立つことになる。

この点をより詳しく言えば、第一に、極端な鎮圧が自由に対する明白な危険を作り出すのと同様に、行き過ぎた自由主義は秩序と治安を害することが共通認識になったこと、第二に、右派政権・左派政権ともに、フランス人に益々重くのしかかってきた犯罪に直面していること、などが挙げられる。こうした事情から、「この数年間に制定された立法は、自由の論理より安全の論理に対応している」との診断が下されたのである。

## 4　治安対策・テロ対策・社会安全政策

ここで、「自由の論理より安全の論理」を優先させたと見られている近年の安全確保又は安全政策関係の立法動向をみることにするが(17)、その背景には一九七〇年代以来の著しい犯罪の増加があることは確かである。例えば、犯罪総数をみると、一九七五年は一九一万二三三七件であったが、八〇年は二六二万七五〇八件、八五年は三五七万九一九四件、九五年に三六六万五三二〇件、二〇〇〇年は三七七万一八四九件に上っている(18)。

安全政策に関連する法律の増加は、「立法のインフレーション」とも呼ばれる現象を呈しているが、そのうち主要なものを挙げただけでも、以下のようになる(19)。

まず、安全指針計画法（一九九五年一月二一日法律第七三号、全三五カ条）は、計画報告書の承認、向こう五年間（九五～九九年）の財政措置・人員装備計画、自動監視カメラ装置の導入などを内容としており、先に述べたように、フランス立法史上初めて、恒久的な安全政策（politique de sécurité）の原理と指針を提示した立法として知られるが、その後もこの基本的位置づけは変わっていない。

次に、日常安全法（二〇〇一年一一月一五日法律第一〇六二号、全七一カ条）は、アメリカでの同時多発テロ「9・11」以後に制定されたもので、内容的には、半ば日常治安対策、半ばテロ対策を定めたものといえよう。後者のための措置としては、武器弾薬の管理、司法警察、道路交通、資金移動規制、民間警備活動などの関係措置があるが、憲法院には提訴されなかった。

続いて、国内治安指針計画法（二〇〇二年八月二九日法律第一〇九四号、全八カ条）がある。これは、国内治安評議会を設置し、国内治安法典を作成することをうたったもので、一九九五年法と同じく本則条項・計画報告書という構成をとり、内容的には、向こう五年間（二〇〇三年〜〇七年）の財政措置・人員装備計画のほか、新たな治安制度の構築、警察と憲兵隊との協力体制、司法警察の強化などが盛り込まれている。間もなく制定された司法強化指針計画法（二〇〇二年九月九日法律第一一三八号、全六九カ条）にも、計画報告書の承認、向こう五年間（〇三〜〇七年）の財政措置・人員装備計画などが盛り込まれている。

翌年春には、先に言及した国内治安法が定められた（二〇〇三年三月一八日法律第二三九号、全一四三カ条）。これには、テロ対策の強化、つまり犯罪対策、民間治安活動、電気通信、自治体との連携、武器弾薬管理などが盛り込まれているが、とくに一九八三年民間警備・現金輸送活動規制法は、ほとんど全面的に改正して拡充され（全一九カ条が全三四カ条となる）、同法の名称も「民間治安活動規制法」に変更された。そして、同法により改正された刑法の規定は約七〇カ条、刑事訴訟法の規定も約三〇カ条について改正が施されている[20]。

また、新型犯罪司法適合化法（二〇〇四年三月九日法律第二〇四号、全二二四カ条）は、組織犯罪適用手続・国際司法共助・経済金融犯罪適用手続などについて刑事訴訟法の改正をおこない、刑法・安全指針計画法・環境法・金融法の改正なども内容としている。そして、最近の新テロ対策・治安・国境管理法（二〇〇六年一月二三日法律第六四号、全三三カ条）は、二〇〇五年七月に起こった「ロンドン地下鉄爆破テロ」事件を契機にしたもので、一九九五年安全指針計画法の改正、刑法・刑事訴訟法の改正、金融法の改正（テロ活動への資金援助規制）などを内容としている。

このような一連の安全確保関連法については、多くの場合、左派の野党議員から憲法院への提訴が行われ、憲法院は一部違憲を含む注目すべき判断を示しているが、この点については、後に検討することにしたい（三「憲法上の統制原理と解釈原則」参照）。

## 二　国家目的論・国家作用論との関係

### 1　法治国家の原理と「危険」回避の論理

(1)　安全の領域への行政・司法の介入

まず、自由主義の伝統によれば、行政権は鎮圧（répression）の領域に入ることを禁止され、個人的自由の保護とその限界を守らせる権限を委ねられるのは、司法権に限られる(21)。そこで、司法権の適切な介入のあり方が問題視されることになるが、刑事手続との関係では、刑事規定の整備、包括的対策、自由主義的厳格さの解除などが問題になるであろう。むろん、行政手続との関係も生じる。

先にみた二〇〇六年一月の新テロ対策・治安法第六条は、正しくその点において違憲と判断されたものであった（一月二九日憲法院判決）。すなわち同条は、郵便通信法典に、「テロ行為を予防し、及び鎮圧する（réprimer）ために」、接続データに対する行政上の収去手続を新設するものであったが、憲法院は、この文言をとらえて、この新たな手続が犯罪の予防だけでなく鎮圧（répression）にも適用されると定めているが、その手続が司法部の統制の下に置かれていないことから、個人的自由及び私生活上の権利を侵害する、と判断したわけである。

(2)　法治国家的な調整概念としての具体的危険

次に、ドイツ公法学の研究成果を取り入れつつ、小山剛会員が適切に説いたように、自由主義的な法治国家は、権力濫用の防止を目的として、個人の安全を保持しようとする。

ここでは、自由と安全とは原則と例外の関係にあり、比例原則に適合して行われるべき例外的な国家干渉は、原則的に、一定の蓋然性をもって存在する具体的危険への対応としてのみ正当化される。したがって、具体的危険が存在し、かつ、これを回避するための公的規制のみが憲法的に認められる、ということになる[22]。

### (3) 個人と団体・組織による危険の違い

もっとも、その原則、つまり安全の領域において行政の介入が禁止され、司法の介入のみが認められるとする原則が、集団的行為や団体の組織的活動に、どこまで厳格に要求されるかは問題である。というのも、団体の集団行動は、個人の活動に比べて社会公共に対する危険が大きく、公権力発動の要件である害悪の発生は、厳格な意味での蓋然性でなくても足りる、と考えられるからである。

実際、集団的活動については、個人の活動とは区別された独自の制約が課されてきた。フランス法の場合、しばしば結社の自由との関連で取り上げられる戦闘団体等禁止法（一九三六年）をその例として挙げることができるが[23]、類似の例は他国でも見られる。同法は、以下に掲げるような「あらゆる結社又は事実上の団体」を政府による解散命令の対象とする。

すなわち、①道路で武装街頭行動を引き起こすもの、②軍事的な形態・組織により戦闘団体又は私兵的性格を帯びるもの、③共和政体に攻撃を加えようとするもの（以上は制定当初からのもの）、④人種差別を唱導する団体（一九七二年追加）、⑤テロ活動を煽動する団体（一九八六年追加）などである[24]。こうした集団的行動に対する規制は、公共の秩序に対する具体的な危険を基本とし、後にこれとは別の要素（目的・イデオロギー）を加えてきたもので、この点で批判がありうるであろう。

最近では、しかし、必ずしも、このような具体的危険を要素としない規制の考え方も登場している。それが次に述べる「リスク」対応問題であり、とくにアメリカ合衆国ペンシルベニア州で起こったスリーマイル島原子力発電所の事故（一九七九年）以来、広く論議されるようになった。

## 2　危険とリスク――蓋然性と可能性との間

いわゆるリスクの問題は、山田洋会員の報告「リスク管理と安全」（公法研究六九号六九頁以下）で詳しく分析されるが、ここで問題視するリスクとは、一般に被害を受ける可能性をいい、たんに想定被害とも言われる。リスク科学（risk science）によれば、リスクはある事象の危険性（hazard）とその事象に対する暴露（exposure）の積によって定義され、リスク＝危険性×暴露という図式で表される。

ここで問題となるのは、リスク管理手法に着目するリスク・マネジメント（risk management）のあり方で、具体的手段としては、事前の直接的なリスク・コントロールと事後の間接的なリスク・ファイナンスとに大別される。前者は、リスク発生前に被るかも知れない損害を緩和・軽減・消滅させる手段であり、建物の耐震強化・スプリンクラーの設置などに代表されるのに対し、後者は、リスクが発生した場合の資金的準備を内容とする事後回復的な措置を表し、火災保険・自動車保険などに代表される。

ここで注目されるのは、最近よく用いられる「予防原則」（precautionary principle）である[25]。これは、とくに化学物質のリスクが問題視されるとき、あまりにも多くの物質があるために科学的情報が十分でない場合が多く、ある物質について危険性があるとの複数の証拠があるときは、何らかの対策をとるべきだ（予防原則）とする一方で、ある物質について科学的情報の確実性が高いときは、その物質について規制的手法を用いて使用制限を加えるべきだ（未然予防原則）と説くものである。

しかも、こうしたリスクに着目すると、その生成から流通を経て廃棄にいたるまでの全過程が規制の対象となりうる。この場合、事後回復的なリスク・ファイナンスだけをみれば、公的規制はさほど問題にならないが、事前のリスク・コントロールまでできるだけ国家が担おうとすると、公的規制はきわめて広範なものになろう。

### 3 リスク制御・事前配慮と「予防国家」の論理

このような可能性の問題が強く意識されるのは、おそらく環境という公共的利益の保護を図る場合である。ここで深入りすることはできないが、この場合、環境リスクの存在が認められるときは、予防原則によって具体的な害悪・被害が発生する蓋然性が認められる以前の段階で公的規制が許されると、説かれる。

こうした考え方は、伝統的な公法理論、つまり、害悪の発生の可能性だけでは公権力の発動は正当化されないとする立場と大きく異なっている。ただ、リスク科学の視点からすると、単なる予防原則ではなく、むしろ、より強い公的規制を求める未然予防原則が語られていることに注意する必要がある。

この原則をより一般的なかたちで国家論として展開したものが「予防国家」論である。これについては、とくにドイツ公法学の成果を紹介する西浦公会員などの論考が公表されており(26)、このたび白藤会員による報告「『安全の中の自由』論と警察行政法」(公法研究六九号四五頁以下)も予定されているので、ここでは説明を省略したい。ここでは、予防国家は、その性質上、事前配慮に腐心する国家であり、その意味で「計画国家」の面をもつことを確認するにとどめる。

### 4 計画国家の側面

実際、フランスにあっても、近年「指針計画法」という立法手法が多用されているが、これもそうした事前配慮に対応した試みと位置づけることができる。まず、指針法(loi d'orientation)とは、数年にわたり立法府との合意によって実施に移そうとする原則を取り決める法律において、政府が表明する目的に一定の権威を付与するために用いられる名称であるが、それ自体として憲法上の根拠をもつわけではない。この指針法は、財政上の措置の約束を含まないという点で、憲法第三四条にいう「計画法」(loi de programme)又は計画化法(loi de programmation)とは区別されるものである。

これに対し、両者の観念が一体となって「指針計画法」(loi d'orientation et de programmation)とされるときは、数年度にわたる原則や目標を定めるとともに、財政上の措置を伴ったものとなりうる。現に、一九九五年安全指針計画法、二〇〇二年の国内治安指針計画法や司法強化指針計画法などの例がある。

もっとも、憲法院も述べるように(二〇〇二年の右二法に対する判決)、法律で承認された附属文書に盛り込まれた指針は、それ自体としては法律としての効力を有するわけではなく、本来、決議でも足りると解されている(27)。

## 三　憲法上の統制原理と解釈原則

### 1　国家全能論と補完性の原理

(1)　「国家の全権全能原理」対「補完性原理」

先に示したように、個人の安全のうち「社会・経済的安全」は、個人の国家に対する請求権を意味する。ここに社会的安全と福祉国家との共通点が見出され、ヨハネス・メスナーの言葉を借りれば、「社会的安全と社会的福祉とが追求される結果、国家の全権全能原理が影響力を増してくる」ことになる(28)。

したがって、ここでは、リスク・コントロール的な発想や予防原則に立った秩序や安全を確保することが当然視され、その要請に基づく公的規制が一般的に承認されることになるであろう。しかし、この点については、以下に指摘するポイントを充分にふまえる必要がある。

(2)　第一原理としての人身の自由

まず、社会の秩序と治安は社会生活の土台であるから、物理的安全(sécurité matérielle)を探求すること自体は正統なものだとしても、やはり、その表現である法文は自由主義の諸原理に服させることが必要とされる(29)。

というのも、人身の尊重を求める権利としての安全（sûreté）は、あらゆる自由の中でも優越的に保護されるべき領域に属するからである(30)。実際、この領域こそ、後に見るように、憲法院への提訴理由の主流をなし、違憲主張が認められてきた部分なのである。

### (3)　予防原則の排除とリスク・コントロール論

次に、自由国家を標榜する限り、個人の行動について、化学物質と環境リスクとの関係について説かれるようなリスク・コントロール的発想や予防原則を一般的に前提とすることは、決して妥当でない。もしリスク・コントロールの発想で潤色された「安全」を求め続けるなら、われわれは、もう一人の「ビッグ・ブラザー」に遭遇する覚悟をしなければなるまい。

もちろん、化学物質による環境汚染のような特定の場合について、リスク・マネジメントの考え方に立ち、未然予防原則による強い規制を加えることは、自由国家の論理と相容れないわけではない。というのも、国家作用の補完性とは、「個々人やより小さな諸集団の固有の責任や固有の働きに属するすべてのことを引き受けることなどは国家の任ではない」という意味であって、「弱い国家をけっして意味しない」(31)からである。

ただ、この場合、リスクの過小評価又はそれへの過剰反応を避けるため、同時に一般市民がリスクに適切に対応できるよう、情報と考え方を全当事者の間で共有するための作業であるリスク・コミュニケーション（risk communication）を充実させる必要がある(32)。

## 2　比例原則と不可侵領域の確保

さて、話をフランスに戻すと、行政部の行為について裁判的統制をおこなうコンセイユ・デタの判例は、確定的な規範的な力をもち、実体的な諸原則とともに、個人の権利自由の保障に資することになる。実際二〇〇一年七月から八月にかけて、複数の自治体において「少年夜間外出規制令」が出されたが、政府は、県知事等宛てに、コンセイユ・デタの判例に基づいて、時間と場所とを限定したものでなければならないとする内務大臣通達（二〇〇二年八月二三日付け）を出している(33)。

憲法院の合憲性審査も、この分野における有力な手続的保障となるもので、憲法上保護された権利自由の不可侵部分を確保する機能を果たす。例えば、二〇〇三年の国内治安法に対する提訴理由は、同法所定の条項によって多岐にわたるが、その主な違憲主張は、以下の通りであった(34)。

すなわち、①財産・役務の徴用を定めた第三条は広汎かつ不明確であり、人権宣言第八条に違反する、②テロ行為・現行犯などに係る車両検査を定めた第一一条から第一三条までの規定は、人身の自由・私生活を侵害する、③記名情報の利用や個人情報の閲覧を認めた第二一条・第二五条は人身の自由・私生活などを侵す、④強姦罪等における性感染症検査を定めた刑事訴訟法の改正を定めた第二八条は比例原則に違反し、人身の自由・防御権を侵害する、⑤売春斡旋罪・売春幇助罪等にかかる刑法改正を定めた第五〇条・第五一条は、罪刑法定主義・必要性原則・罪刑均衡・人間の尊厳に違反する、⑥同じく物乞い指示罪にかかる刑法改正を内容とした第六四条は、必要性と個人責任の原則に反する、⑦国旗・国歌侮辱罪を定めた第一一三条は、表現・意見表明の自由を侵害し、罪刑均衡の原則にも反する、というのである(35)。

このような多様な違憲主張に対し、憲法院は、二〇〇三年三月一三日、まず、国旗・国歌は憲法第二条で定められており、公の秩序と憲法的自由との調整は立法に委ねられること、また、処罰に不均衡はないことを述べた。しかし他方、議会審議を踏まえつつ、「公の機関が組織し又は規制する行事」とは、多数人が集まるがゆえに法令により衛生・安全上の規則に服する場所で行われるスポーツや文化的な公の行事を指すものと解し、私的サークルの集まりや公的機関が組織したのでない行事で行われた行為などは同条の適用範囲外である、という限定解釈を示すことによって、留保付きの合憲判決を下したのである。

### 3　規範の明確性と規制の実効性

また、二〇〇二年の国内治安指針計画法第三条Ⅰは、一九八五年七月一二日法律第七〇四号第七条及び第一八条にかかわらず、「国は、個人又は公法上若しくは私法上の団体に対し、国家警察又は国家憲兵隊の用に充てる不動産の計画、建設、整備、維持又は保全に関する任務を付与することができる」と規定している（Ⅱ・Ⅲは省略）。

これに対する憲法院への提訴理由は、第三条の規定が平等・透明性・自由競争の原理及び人権宣言第一四条にいう公金の良き使用を保障した商工業の自由の原理に反し、憲法的原理を侵害するというものであった(36)。

こうした主張に対し、憲法院は、二〇〇二年八月二二日、第三条については合憲としたが、第七条については予算法の議決原則を掲げた憲法第四七条に違反するとして、一部違憲の判決を下した。ここでは、原告の主張する憲法的原理の侵害は認められなかったものの、別の理由から違憲判断が出されており、憲法院への提訴はやはり有力な手続的保障でありうることを示している。

### 4　手続保障の可能性——公開と参加

他方、一九九五年の安全指針計画法に対する提訴理由は、自動監視カメラの設置は憲法上保護された自由と権利、とくに往来の自由・私生活の自由を侵害するとして、第一〇条・第一六条などの違憲性を指摘するものであった。

これに対して憲法院は、一九九五年一月一八日、一部違憲の判決を下したが、それは次の理由による(37)。すなわち、「監視システムを実施に移すことは、そうした自由の行使を保護するための保障から出たものでなくてはならない。同法第一〇条によれば、裁判官を委員長とする県委員会の意見に基づく県知事の承認手続を要するとされているところ、『設置申請から六か月以内に回答がないときは承認されたものとみなす』旨の規定は、行政側に一定期間の沈黙がある場合は請求を拒否したものとする一般原則を破るものである。監視カメラ装置が個人的自由にもたらす危険（リスク）

にかんがみ、そうしたシステムの設置の許可を行政の任意に委ねることは、憲法上の原理から法的保護を奪うことになる。」というものであった。こうして、手続的保障は実効的に確保されたわけである。

# おわりに

## 1　「安全」の憲法上の位置づけ

### (1)　憲法理念上の問題

すでに述べたように、立憲主義国家において、国民の「安全」を確保することは、国家としての本来的な任務に属し、立憲国家の基本的義務として位置づけられる。他方、「安全」は早くから基本的権利と解されてきたし、近年それが強調される傾向にあることは、すでにみたフランスの立法例をみても明らかであろう。

しかし、ここで確認しておくべきことは、森英樹教授が原理的な視点から指摘されたように、近代憲法の理念には、権利としての安全（safety）と、それを保障して人々に安心をもたらす安全（security）とが含まれるとはいえ、統治・政府の建前における任務としての安全（security）は、具体的な人間の「安全」をベースに構築する「安心」のシステムを構築することである。もし、この原点を見失うと、根拠の薄弱な「不安」を理由とする非合理なセキュリティ・システムを追い求めることになってしまうであろう(38)。

安全と自由とは、ひとまず、公の秩序と安全が個人の自由を侵害する正当化根拠になりうるという意味で緊張関係に立つ。が、同時に、過剰な「安全」志向は権利としての安全を脅かすという意味においても、微妙なバランスの上に位置していることを忘れるべきでない。

(2) 憲法解釈上の位置づけ

日本国憲法には「安全」に関する直接の明文がない。そこで、これを解釈上どのように的確に位置づけるかが問題となるが、それに対する答えは「安全」の観念に左右されることになろう。

まず、予防国家的な安全は、自由国家的な安全の理念とは原理的に相容れないので、現行憲法上も直ちには根拠づけられえない。もっとも、とくに回復しがたいような損害をもたらす環境リスクについては、憲法上、予防原則に立った法的規制を施すことまで禁止されるとは考えがたい。というのも、立憲的憲法は、自由国家的安全を確保するため具体的危険と同居することを当初から宿命づけられているが、こうした環境リスクとの調整は立憲的秩序において予想されていたとはいえず、これに対する態度決定は憲法上オープンと判断せざるをえないからである。

学問・研究の自由との関連でしばしば問題視されるクローン技術規制法（平成一二年法律第一四六号）についても、現実的な危険よりも潜在的なリスクに着目したものと考えるべきで、その合憲性はこうした視点から基礎づけることができよう[39]。こうした見方は、裁判制度との関連で、技術安全法における予測決定及びリスク評価について精確な法的判定は不可能である[40]、というドイツの現職裁判官の認識とも重なっている。

次に、出発点となる個人の安全については、その保障内容からみた場合、(a)法的安全は憲法第三二条（裁判請求権）に、(b)物理的安全は憲法第一三条・第三三条（人身の自由）に、そして、(c)社会・経済的安全は憲法第二五条（生存権）に、それぞれ解釈論的には対応するとみることができよう。

これに対して、秩序としての安全は、憲法第一三条その他の「公共の福祉」に対応する利益と考えることもできるが、むしろ、立憲的秩序の「公理」に属するものとして、不文憲法上の規範として構成することも可能であろう。この点において、最小国家論を説くR・ノージックが、すでに述べたように、繰り返し「法制度の存立の基礎にある」観点に言及していることに、留意する必要がある。

## 2　憲法理論・憲法学の間隙

### (1)　個人の行為と組織的活動

まず、自由な結社は、確かに民主的な国家に不可欠な存在である。しかし、時に、構成員に対して、市民たる存在と両立しがたい忠誠を求めるおそれがあり、常軌を逸した手段や行動を押し付ける場合があることも事実である。したがって、公の秩序にとっても、また構成員にとっても、危険なものになりうるという一般的な認識を結社法制の基礎に据えることも、不当ではあるまい(41)。

また、同じように集団行動をおこなう集会の問題については、かつて東京都公安条例事件（最大判昭和三五年七月二〇日刑集一四巻九号一二四三頁）において最高裁判所が説いた、いわゆる集団暴徒論に対しては、学説上は批判的な傾向がきわめて強いように思われる。しかしながら、個人と集団という区別は、「安全」に対する脅威や危険を考える上で、やはり無視できない観点を提供するのではないかと考えられる。

### (2)　任意的活動の評価とその位置づけ

次に、いわゆる社会安全政策論の立場からは、「地域住民による安全確保のための取組み」、とくに「地域の清掃などによる秩序感の回復や社会化機能立て直しの支援といった分野での貢献が特に期待される」として、ガーディアン・エンジェルスの活動やニューヨークの治安回復に貢献したＢＩＤ（ビジネス改善地区）運動などが紹介されている(42)。しかしながら、このような市民の任意による積極的な安全維持・回復活動を憲法論上どのように位置づけるかは、はっきりしない。これは、いわば私人による公的秩序の形成という機能を憲法上どのように位置づけるかという問題であるが、報告者には今これに応えるだけの用意がないことを残念に思う。

（1）「社会安全政策論」の提唱者も、「合理的な防止策を考える上では、犯罪のような人間の行為と自然災害とは区分し、人間の行為についての防止・コントロールを考えることが必要であり、有益なのだ」という認識に立っている。田村

正博「社会安全政策の手法と理論」警察政策研究八号七頁（二〇〇四年）。

（2）　これに対し、自然がもたらす被害については、行為者を名宛人とする当為命題は無意味であり、一定の合理的な予測に基づいて想定被害（リスク）を最小限にすることが、重要な意味をもつことになる。

（3）　そうした視点から著された最近の研究例として、手塚洋輔「ＢＳＥ問題におけるリスク認識と事前対応——制度組織型リスクの増幅と減衰という観点から」公共政策研究六号一〇二頁以下がある（二〇〇六年）。

（4）　建物の防犯については、合せ複層ガラス・指紋認証キーシステム・電子錠システムなどが、また、車両盗難防止についてはイモビライザー・盗難車両追跡システムなどがある。

（5）　こうした概況については、警察庁編『平成19年版警察白書』（ぎょうせい、二〇〇七年）五六頁以下、六二頁以下など参照。

（6）　Georges Burdeau, *Traité de Science politique*, t. Ⅳ, 2e éd., 1968, p. 329.

（7）　法令用語研究会編『法律用語辞典〈第三版〉』（有斐閣、二〇〇六年）参照。

（8）　判例上、「安全配慮義務」が、使用者は「労働者の生命及び身体等を危険から保護するよう配慮すべき義務」を負っているというかたちで語られ、実務上に定着したことは、余りにも有名である（最三判昭和五九年四月一〇日民集三八巻六号五五七頁参照）。しかし、ここでも「危険」の意味は必ずしも明らかにされないため、「安全配慮」義務の外延も実はよく解らない。

（9）　国立国会図書館調査及び立法考査局編『緊急事態に関する総合調査報告書』二〇〇三年参照。

（10）　Olivier Duhamel = Yves Mény (dir.), *Dictionnaire constitutionnel*, 1992, p. 1006 (par Franck Moderne).

（11）　以下の記述は、近年のフランス憲法学の人権論を参考にしている。Jean-Jacques Israel, *Droit des libertés fondamentales*, 1998, pp. 42-43, 377 ets.

（12）　L.-E. Pettiti = E. Decaux = P. H. Imbert (dir.), *La Convention européenne des droits de l'homme*, 1999, p. 190.

（13）　ロバート・ノージック『アナーキー・国家・ユートピア』（嶋津格訳・木鐸社、一九九六年）二二四頁。

（14）　例えば、岡本篤尚「『安全』の専制——際限なき『安全』への欲望の果ての『自由』の荒野」全国憲法研究会編『憲法問題12』（三省堂、二〇〇一年）九三頁以下。

（15）　憲法学は安全概念に対して否定的評価の傾向が強いように見えるが、このような安全に対する憲法学の一般的な懸念の原因として、小山教授は、安全概念の不明確さ、予防との結びつき、安全を理由とする国家の装置に統制をかけるすべを見出しえないことを挙げている。小山剛「自由・テロ・安全」大沢秀介＝小山剛編『市民生活の自由と安全——各国のテロ対策法制』（成文堂、二〇〇六年）三〇七頁以下。

(16) Jean Rivero = Hugues Moutouh, *Libertés publiques*, t. II, 2003, pp. 51-52.

(17) わが国でも総合的な「社会安全政策論」が提唱され、「犯罪を典型とする人間の反社会的な行為から個人と社会（個人の生命、身体、財産、名誉、自由などの利益と、社会生活を営む上での共通基盤となるもの）を守る――犯罪等を統制・制御する――ための政策のあり方を研究するもの」と説明される（田村「社会安全政策の手法と理論」前掲六頁）。

(18) 以上の数字は、二〇〇三年度予算法の上院審議に際して提出された予算委員会の審査報告書による（Aux sources de la loi, *La sécurité intérieure*, 2003, p. 119）。一九八五年以来、窃盗は毎年二三〇万件～二五〇万件、殺人・殺人未遂は同じく二〇〇〇～二五〇〇件程度で推移しているが、傷害事件は、一九七五年八万七七三八件、八〇年一〇万二一九五件、八五年一一万七九四八件、九五年一九万一一八〇件、二〇〇〇年二五万四五一四件、器物損壊は一九七五年八万八二二件、八〇年一五万八八〇〇件、八五年二二万八〇三八件、九五年四四万五五九一件、二〇〇〇年五一万八四三九件と、ともに激増している。

(19) とくに最近のテロ対策に的を絞った論考として、新井誠「フランスにおけるテロ対策法制」大沢＝小山編『市民生活の自由と安全――各国のテロ対策法制』（前掲）一二三頁以下参照。

(20) 国内治安法については、その後も数次の改正があり、二〇〇四年八月・一一月、二〇〇五年三月・一二月、そして二〇〇六年一月・四月にも、改正されている。

(21) J. Rivero = H. Moutouh, *op. cit.*, p. 69.

(22) 小山「自由・テロ・安全」大沢＝小山編『市民生活の自由と安全――各国のテロ対策法制』（前掲）三二〇頁以下、同「法治国家における自由と安全」高田敏先生古稀記念論文集『法治国家の展開と現代的構成』（法律文化社、二〇〇六年）二四頁以下など参照。

(23) これについては、私自身の著した以下の論考を参照されたい。大石「結社の自由の限界問題――立憲民主制の自己防衛か自己破壊か」『京都大学法学部創立百周年記念論文集〈第二巻〉』（有斐閣、一九九九年）一七五頁以下、同「フランスの団体法制と結社の自由」阿部照哉先生喜寿記念論文集『現代社会における国家と法』（成文堂、二〇〇七年）五〇五頁以下。〔本書第三部Ⅰ・Ⅱ論文参照〕

(24) 閣議決定を経た大統領命令による解散の対象とされたものは、第五共和制の発足前までに二五件・四五団体、第五共和制の発足後これまでに三六件・五〇団体以上を数えている。

(25) いろいろな議論があるが、ここでは最近の中山竜一「リスクと法」橘木俊詔ほか編『リスク学入門1　リスク学とは何か』（岩波書店、二〇〇七年）八七頁以下の参照を乞う。なお、編集者である長谷部恭男会員も加わった同書冒頭の「共同討論」も興味ぶかい。

(26) 西浦公「『安全』に関する憲法学的一考察」栗城寿夫先生古稀記念『日独憲法学の創造力〈下巻〉』(信山社、二〇〇三年)八一頁以下、小山「自由・テロ・安全」大沢=小山編『市民生活の自由と安全――各国のテロ対策法制』(前掲)三一五頁以下など参照。
(27) Pierre Avril = Jean Gicquel, *Droit parlementaire*, 3e éd., 2004, p. 155. なお、憲法にいう「計画法」(loi de programme)は、もはや軍の編制についてしか用いられていないと言われる。
(28) ヨハネス・メスナー『自然法』(水波朗ほか訳・創文社、一九九五年)八八七頁。
(29) J. Rivero = H. Moutouh, *op. cit.*, p. 49.
(30) J. Rivero = H. Moutouh, *op. cit.*, p. 45.
(31) J・メスナー『自然法』(前掲)八八九頁。
(32) 環境省のホームページでは、リスク・コミュニケーションとは、「化学物質やその環境リスクに関する正確な情報を市民・産業・行政等のすべてが共有しつつ、相互に意思疎通を図る」ことと説明されている。これについては、なお、山田報告を参照されたい。
(33) Aux sources de la loi, *La sécurité intérieure*, 2003, p. 683.
(34) 以下、提訴理由と憲法院の判決を含めて、法令資料集 Aux sources de la loi, *La sécurité intérieure*, p. 217 et s.
(35) この第一一三条は、「公の機関が組織し又は規制する行事において国歌及び三色旗を公然と侮辱する行為は、七五〇〇ユーロの罰金に処する。／この侮辱が共同して行われたときは、六月の拘禁刑及び七五〇〇ユーロの罰金に処する。」と規定するものであった。
(36) 前注と同じく、*La sécurité intérieure*, p. 33 et s.
(37) 94-352 DC. Louis Favoreu, *Recueil de jurisprudence constitutionnelle 1994-1999*, 2000, p. 612.
(38) 森英樹「憲法学における『安全』と『安心』――予備的考察」樋口陽一先生古稀記念『憲法論集』(創文社、二〇〇四年)五一四頁。
(39) この点については、大石『憲法講義Ⅱ〈第二版〉』(有斐閣、二〇一二年)一四八頁参照。
(40) エッカルト・ヒーン(川合敏樹訳)「裁判による裁量決定の統制」判例時報一九三二号(二〇〇六年)一〇頁。
(41) 大石・前掲「結社の自由の限界問題」一九八頁。
(42) 田村「社会安全政策の手法と理論」前掲四〇頁、同「『社会安全政策論』の今日的意義」警察学論集五九巻五号六二頁、六九頁(二〇〇六年)など参照。

# Ⅲ　自由権保障のあり方

## 一　概括的な自由権の保障のしかた——日本国憲法と世界人権宣言

(1)　日本国憲法の人権規定、とくに自由権を保障する規定は、権利の内容を必ずしも具体的に示していないという点で概括主義的であり、他方、権利が制限される可能性について全く触れていないという意味で理想主義的である。その一例として、ここでは表現の自由を保障した条文としてよく引き合いに出される日本国憲法第二一条を取り上げ、これを日本国憲法の公布の時から約二年して国連総会で採択された世界人権宣言と対比してみよう。日本国憲法第二一条は、次のように定めている。

①　集会、結社及び言論、出版その他一切の表現の自由は、これを保障する。
②　検閲は、これをしてはならない。通信の秘密は、これを侵してはならない。

これについて、まず問題となるのは、「一切の表現の自由」という権利は具体的にどんな内容をもち、それによってどんな権利が保障されるか、という点である。この点について、日本国憲法第二一条に相当する世界人権宣言の第一九条は、やや詳しく次のように具体的に述べている。

すべて人は、意見及び表現の自由に対する権利を有する。この権利は、干渉を受けることなく自己の意見をもつ自由並びにあらゆる手段により、また、国境を越えると否とにかかわりなく、情報及び思想を求め、受け、及び伝える自由を含む。

ここでは、「表現の自由」が、少なくとも「情報及び思想を求め、受け、及び伝える自由」という内容を含んでいることがはっきり示されている。しかも、この言い方は、表現の自由を情報の自由な流れ、つまり情報の収集・提供・受領の自由の権利とみる現代的な考え方を先取りしたものとしても注目に値するが、それはともかく、これに比べれば、日本国憲法の定めかたは、具体的な内容を示さないという点で概括主義的だということができる。

(2)　だが、一方では、日本国憲法第二一条の中に含まれている集会・結社の自由や通信の秘密が、右の世界人権宣言第一九条にはまったく見当たらないことが気にかかる。これは、むろん世界人権宣言が集会・結社の自由や通信の秘密を無視したからでは決してなく、実は、権利の性質や内容の違いを考えてわざわざ表現の自由とは別の条文にしたからである。現に、世界人権宣言には次のような規定が設けられている。

**第一二条**　何人も、自己の私事、家族、家庭若しくは通信に対して、ほしいままに干渉され、又は名誉及び信用に対して攻撃を受けることはない。人はすべて、このような干渉又は攻撃に対して法の保護を受ける権利を有する。

**第二〇条**　1　すべての人は、平和的集会及び結社の自由に対する権利を有する。

2　何人も、結社に属することを強制されない。

諸国の憲法をみても、ほぼ例外なく、やはり「集会、結社の自由」「通信の秘密」「表現の自由」の三つは、それぞれ独立した条文になっている。ということは、これらは一般に、性質・内容上異なった権利として考えられているわけである。この点から改めて日本国憲法第二一条を眺めてみると、ここには、①「集会、結社……の自由」、②「言論、出版その他一切の表現の自由」、及び、③「通信の秘密」という相異なる三つの権利が、いわば渾然一体として保障されていることがわかる。このように異なった諸権利を一つの条文でまとめて定めているところにも、日本国憲法の概括主義的な定めかたがよく表れている。

なお、第二項の冒頭に出てくる「検閲は、これをしてはならない」という一文は、すぐ後に続く「通信の秘密」とともに書かれているため、これと密接に関係しているように見える。だが、検閲というのは古くから出版物に対する事前規制の手段として用いられてきたもので、これを禁止することは、むしろ一項にいう「表現の自由」を保障するための重要な原則を形づくっている。

## 二　理想主義的な自由権の定め——日本国憲法と国際人権規約

(1)　右にみた日本国憲法第二一条は、自由に対する制限が場合によってはありうるということに全く触れていない。もちろん、いわば自由権の総論部分に相当する憲法第一二条や第一三条には「公共の福祉」が書かれているので、場合によっては権利が制限されうることはわかる。だが、他方、職業選択の自由を定めた憲法第二二条や財産権を保障した憲法第二九条には「公共の福祉」がはっきり書いてあるのに、それ以外の自由権については「公共の福祉」は明記されていない。その意味で、日本国憲法による自由権の保障は、理想主義的な定め方をしていることになる。

しかし、考えてみれば、一七八九年のフランス人権宣言第四条が「自由とは他を害しない一切のことをなしうる能力をいう」と述べたことを引き合いに出すまでもなく、どんなに表現の自由を尊重するからといって、裁判で偽証しても構わないとか、人の名誉を傷つけてもいいとか考える人は、まずいないだろう。そもそも、われわれの社会生活では憲法の文面からナイーブに連想されるような無制限の権利など考えられないし、憲法で保障しようとする自由は、あくまでも共同社会を営んでいる多くの人々の行動と、そのために必要な政治的強制との関係を問題とする社会的自由なのであって、内面的な自由意志を問う哲学的自由や個人の内心・心構えなどを問題としているわけではないのである。

先にみた世界人権宣言は、この点ではもっと理想主義的な定めかたをしており、権利に対する制限がありうることを述べるところは全くない。これでは、およそ共同生活は成り立たないが、こうした定め方をしている世界人権宣言が国連総会で採択されたのは、それなりの理由がある。つまり、それはまず、第二次大戦直後に、全体主義勢力に対する民主主義諸国のたたかいの成果を示す意味をもっていた。そして、世界人権宣言それ自体としては、実は、国家的な機関を直接に拘束し、場合によっては裁判する際の具体的な判断規準となる法的効力をもつ規定としては考えられていなかったことが、大きく影響している。

(2)　そこで、世界人権宣言の内容を単なる宣言ではなく、強い法的効力をもつ規定に改めようとしたのが、欧州人権条約であり、日本も加盟している国際人権規約Ｂ（自由権規約、一九六六年採択）である。ここで特徴的なのは、自由権の内容が具体的に示されると同時に、その限界または制約も併せて具体的に列挙されていることである。例えば、日本国憲法の表現の自由の保障に相当する自由権規約第一九条は、世界人権宣言の精神を受け継ぎつつ、次のように定めている。

1　すべての者は、干渉されることなく意見をもつ権利を有する。

2　すべての者は、表現の自由についての権利を有する。この権利には、口頭、手書き若しくは印刷、芸術の形態又は自ら選択する他の方法により、国境とのかかわりなく、あらゆる種類の情報及び考えを求め、受け及び伝える自由を含む。

3　2の権利の行使には、特別の義務及び責任を伴う。したがって、この権利の行使については、一定の制限を課することができる。ただし、その制限は、法律によって定められ、かつ、次の目的のために必要とされるものに限る。

(a)　他の者の権利又は信用の尊重

(b)　国の安全、公の秩序又は公衆の健康若しくは道徳の保護

最後の第三項は、自由に行使されるべき権利にも一定の制限がありうることを明示しているが、これと同じように、欧州人権条約第一〇条も、表現の自由が責務と責任を伴うことをうたい、「国の安全、領土保全若しくは公の安全のため、無秩序若しくは犯罪の防止のため、衛生若しくは道徳の保護のため、他人の名声若しくは権利の保護のため、秘密に受けた情報の暴露を防止するため、又は司法部の権威と公平さを維持するため」に必要な制限に服することを明記している。

憲法上、本来自由であるべき権利を制約する理由は、明確で限定されたものでなくてはならない。けれども、日本国憲法のように、理想主義的なかたちで書かれている自由権の保障の場合は、これを制約する原理として予定されているのは「公共の福祉」のみであり、その内容はとうてい明確とはいいがたい。そこで、「公共の福祉」の内容を考えるに際しては、欧州人権条約や国際人権規約などに示されたような具体的な制約事由が大きな手がかりとなるにちがいない。

## 三　自律的な個人を予定した自由権の保障——憲法による保障の意味

(1)　ところで憲法で自由権を保障するということは、まず、いわば国と個人との間に「権力分立」の原理があること

を意味する。それは、例えば「検閲は、これをしてはならない」というように、個人の自由な行動範囲を守るために国の一定の活動を禁止するというかたちで、国の不作為義務を定めるものである。

この自由権と対比されるのが、国務請求権といわれるものである。この国務請求権の保障は、自由権の場合とは反対に、もともと憲法第三二条の保障する「裁判を受ける権利」（裁判請求権）のように、自己の利益のために国の積極的な活動を要請するというかたちで、国の作為義務を定めている。自由と並んで強調される平等原則も、実は、国に対して等しい取り扱いを要求し、ある法的利益の等しい配分という作為を求めるという意味において、一般的に国務請求権の性格を帯びていることに注意しなくてはならない。

そして、自由権の保障は国の権力が弱小であることを理想とし、逆に、国務請求権の保障は国の権力が強大であることを求める。そこで、その間のほどよい均衡をどこに求めるかが大きな問題になるが、それは自律的な個人という人間像を前提として初めて成り立ちうる。つまり、自律的な個人であれば、国の不作為はその自由な行動範囲を約束するという意味で個人の利益になり、その自由な行動では達成できないことがらについては必要な限度で国の作為を求めれば足りるからである。

このように自由権の保障は、自律的な個人というものを予定している。この出発点を忘れて国の作為義務ばかりを強調すると、しばしば国の権力の肥大化を招き、いわば福祉主義的な全体主義に陥ってしまう危険がある。だが、同時に、自律的な個人であるなら自由権の行使に伴う責任を自ら引き受ける存在でなくてはならない。

(2)　次に注意すべきことは、そうした国務請求権を含めて考えればすぐにわかるように、憲法上の権利というのは、本来、国または自治体のような公権力、つまり具体的には公務員の職務行為との関係で主張されるものとして書かれているという点である。憲法による自由権の保障もまた、原則として公権力を対象とし、公務員による個人の自由な行動領域への干渉や圧迫などを禁止しようとするものである。

したがって、例えば、公務員が職務上知りえた個人情報を外部に洩らしたりすると、憲法第一三条で保障された個人の尊厳または幸福追求権に由来するプライバシーの権利を侵害する憲法違反の行為になるのに対して、週刊誌やテレビなどのマスメディアが個人のプライバシーを侵害したというような場合には、直接に憲法に違反するというような問題にはならないのである。

こうしたマスメディアによる個人のプライバシーの侵害といった事件は、むしろ、憲法上の表現の自由を標榜し、自由な取材活動が認められると主張するマスメディアと、内秘にしておきたい私事を公に暴露されて精神的・物理的に大きな損害を受けた個人との間の一般市民法上の問題になる。つまり具体的には、民法に定められた不法行為として損害賠償の責任が認められるかというかたちで、いわば私的な当事者の間で争われることになる。

もちろん、こうした問題を広く「人権」侵害だという言い方をしても一向に構わない。現に、いわゆる人権問題の大半は、公務員の行為が絡んでいるというより、民間における差別や不当な取り扱いなどに起因しているし、法務省による「人権」侵犯事件への対応でも、それが大きな割合を占めている。ただ、この場合の「人権」侵害というのは、憲法違反、つまり憲法によって保障された権利や自由に対する侵害という意味ではないことに注意したい。

このように、民間人同士の間の問題は、基本的に、当事者同士の話し合いに委ねられるというのが、憲法の予定する基本的な社会観であろう。これは、しばしば私的自治の原理と呼ばれるが、ここにも、対等な話し合いのできる、自己責任を引き受ける自律的個人という人間像をみることができる。

しかし、他方、ある種の人々や団体のように、人の病気や悩みなどに付け込んで不当な契約を結んだり、金品を巻き上げるといったことが、私的自治を隠れ蓑にして行われるようになってはならない。そうした行為は、むしろ自律的個人を大きく損なう反社会的な逸脱行為として厳しく責任を問われるべきであり、この意味における責任も自由権の行使に当然伴っていることを決して忘れてはなるまい。

# 第二部　宗教的自由と政教分離原則

# I　宗教的自由と憲法
## ――ヨーロッパ人権条約の適用事例を中心に――

### はじめに

私の課題は、「宗教活動の自由とその限界」という共通のテーマについて、主としてヨーロッパにおける最近の議論状況を紹介し、多少の検討を加えようとするものであるが、この問題に関しては、ひとまず、イギリス・フランス・ドイツといった各国憲法における問題状況を個別的に検討し、総括するというやり方が考えられよう。けれども、そういう意味における比較法的な検討は、これまでにもわが宗教法学会でよく進められてきたところであるので、ここではそれを繰り返すようなことは避けたい。

そこで、本稿としては、まず、ヨーロッパ諸国の各国憲法における宗教的自由の位置づけ及び国家・教会関係の憲法的類型を概観したのち、主として欧州人権保護条約における宗教関連条項のもつ保障の内容及び範囲をめぐる代表的な法的紛争を取り上げることによって、ヨーロッパ諸国における宗教活動の自由とその限界という課題に迫ることにしたいと思う(1)。

## 一　欧州諸憲法における宗教的自由

### 1　宗教伝統と憲法原理

まず、宗教的自由の観念についていえば、日本では主として個人的自由という観点からのみ議論される傾向にあるが、ヨーロッパ諸国では、そこには集団的自由（教会の自由）と個人的自由（良心の自由）という二つの面があるという認識が有力である(2)。

いずれにしても、トルコなど一部の国を除いて、主としてユダヤ・キリスト教的伝統をもつヨーロッパ諸国の場合は、宗教的自由は、いわば「第一世代の人権」として、しかもその中心をなすものとして位置付けられている。

したがって、ヨーロッパ諸国の場合、宗教的自由の内実及びその限界という問題については、ほぼ共通した理解が存在するように思われる。だが、この点については、それぞれの国家の宗教状況のみならず、国家・教会関係の類型も大きく関係しており、必ずしも一枚岩でないことも承知しておくことが必要であろう。

### 2　国家・教会関係の類型

(1)　そこで、ひとまず各国の国家・教会関係のあり方を確認しておこう。ヨーロッパ諸国の場合、憲法上さまざまな国家・教会関係の類型が見られるが、一般に国教制・公認宗教制・政教分離制の三者に分けられる。むろん、こうした類型には必ずしも一致した基準があるわけではない(3)。

これを具体的にみると、国教制をとるのは、ギリシャ（正教会）、デンマーク・ノルウェー・スウェーデン（福音ルター教会）及びイギリスなどであり、公認宗教制をとるものとしては、ドイツ・ポルトガル・スペインなどがある。

これに対し、オランダ・フランス・旧東側諸国(4)などは政教分離制をとっているが、ここに「政教分離」原則といっても、司祭給与を国費負担とする例（ベルギー・ルクセンブルク）もあれば、初等・中等教育において宗教教育を国がおこなう例（トルコ）もある。このことは「分離」のイメージを考えるときに、その具体的内容には違いがあるという事実について充分な注意が必要なことを示している(5)。

(2)　これらを通じてみると、伝統的な教会（キリスト教・ユダヤ教）に属する宗教については、当然のことながら、その教義内容は広く知られ、その自由も広く認められている。しかし、他方、いわゆるセクトの宗教的活動に対しては、これとは違った態度がとられる傾向にあり、しかも、とくに古典的な国教制をとっている国の場合には、刑事制裁を含む厳しい措置が見られる。

いわゆるセクトに属する宗教的活動に対するこのような制約に対して、欧州人権裁判所は、欧州人権保護条約にいう「民主的な社会において必要なもの」（九条二項）であるかどうかを審査し、宗教的自由の内実を確保しようとしている。このことは、後述の各種事例に示されているが、その検討に入る前に、まず欧州人権保護法の枠組みについて述べておきたい。

## 二　欧州人権保護法の枠組み

### 1　ＥＵ法とヨーロッパ法

まず、あらかじめ断っておけば、ここで取り上げるのは、ヨーロッパ連合（Union européenne）でなく、ヨーロッパ審議会（Conseil de l'Europe）の問題である。したがって、本稿が取り扱うのは、ＥＵ法の内容やＥＵ裁判所の判断ではなく、ヨーロッパ法全体の問題であり、欧州人権保護条約及び欧州人権裁判所の判断を中心とするヨーロッパ人権法（Droit européen des droits de l'homme）の内容である。

この点は、ＥＵに加盟している一五カ国(6)は、すべて欧州人権保護条約加盟国であるのに対し、欧州人権保護条約の加盟国は、ＥＵ加盟国のほかにトルコやロシア・旧東側諸国などを加えて現在四一カ国になっていることを思えば、はっきりするだろう。

## 2　欧州人権裁判所

(1)　欧州人権保護条約をめぐる事件は、従来、人権委員会・人権裁判所・閣僚委員会という複数機関によって処理されていたが、前記のように、一九九八年一一月一日に発効した第一一議定書によって、欧州人権裁判所に一本化して処理されるようになった(7)。

こうして改組された後の欧州人権裁判所の活動は目覚ましく、旧裁判所では最後の一年半に一七二件の判決があったのに対し、新裁判所は発足後の一年半で三六七件もの判決を下したといわれる。そのため「司法積極主義」といったアメリカ的な表現も見られるようになっている(8)。

この新たな欧州人権裁判所は、全部で四一人の判事からなるが、個人による提訴が認められることもあって、まず、三人の判事からなる多くの委員会による事前審理があり、そのフィルターに掛けられる。次に、これを通過した事案は、原則として、七人の判事からなる四つの部会で審理され、条約違反があったかどうかが判断される。違反があると認められた場合は、国際法上の基本原則にしたがって、適当な形による損害賠償が命じられる。もっとも、判例の統一性を確保するために、場合によっては一七人の判事からなる単一の大法廷が設けられ、ここで審理されることもある(9)、という。

(2)　さて、伝統的に、ＥＵ条約――したがってＥＵ法の体系――には、基本的諸権利の保護について述べた部分はなかった。しかしながら、一九九二年のマーストリヒト条約は、ＥＵが、「欧州人権保護条約により保障され……かつ各加盟国に共通する憲法的伝統に由来する基本的諸権利を、共同体法の一般原理として、尊重する」ことを謳っている（F二条）。

そこで今日では、「欧州人権保護条約は共同体法秩序の中に市民権を見出している」ともいわれる(10)。実際、欧州人権裁判所は、近年、イギリス政府がジブラルタルにおけるヨーロッパ議会の直接選挙による投票を実施しなかったことについて、議定書第三条に定められた自由選挙の権利を侵害するかが争われたマシューズ事件において(11)、共同体法の人権保護条約への適合性（conventionalité）に対するコントロールをおこなう姿勢を明らかにしたところである。したがって、ヨーロッパ人権法の領域では、独自のEU法体系をもつEU加盟国においても、欧州人権裁判所の判例（解釈）が妥当する、ということになろう。

## 三　欧州人権保護条約における「宗教的条項」

### 1　固有の宗教条項

一九五〇年一一月四日にローマで署名され、一九五三年九月三日に発効した欧州人権保護条約には、「宗教的条項」と呼ばれているものがある。ここに宗教的条項というのは、同条約第九条の保障する「思想、良心及び宗教の自由」（liberté de pensée, de conscience et de religion）を中心とするが、これに限られるわけではない。

つまり、一九五二年三月二〇日にパリで署名され、一九五四年五月一八日に発効した同条約の第一議定書第二条の定める「教育を受ける権利」（droit à l'instruction）なども、いわゆる宗教的条項の内容をなすと解されているが、これらをまず示しておけば、以下のごとくである(12)。（なお、条文見出しは第一一議定書により付されたものである。）

**欧州人権保護条約第九条**（思想、良心及び宗教の自由）

1　何人も、思想、良心及び宗教の自由を享有する権利を有する。この権利には、自己の宗教又は信念を変更する自由、並びに単独に又は他の者と共同して、また公に又は私的に、礼拝、教育、行事及び儀式執行によって、自己の宗教又は信念を表明する自由が含まれる。

2　宗教又は信念を表明する自由は、法律によって定められ、かつ公の安全、公の秩序、衛生若しくは道徳の保護のため、又は他人の権利及び自由の保護のために、民主的社会において必要とされるものの外は、制限されることはない。

**同条約第一議定書第二条**（教育を受ける権利）

何人も、教育を受ける権利を拒絶されない。国は、教育及び教授に関連してとるいかなる任務を行うに当たっても、親が自己の宗教的哲学的信念に一致する教育及び教授を確保する権利を尊重しなければならない。

この議定書第二条に定める教育を受ける権利は、しばしば「第二世代の人権」とされる社会的・経済的権利としても解釈されている。だが、その後段部分からは、「親の宗教的信念と教育」という文脈において、自由権としても主張されるのである(13)。これは、親が、その宗教的及び哲学的信念にしたがって子の教育をおこなう権利をもつということを前提とし、国が教育を施すに際して、こうした親の権利を尊重すべきことを意味することになる。

## 2　その他の関係条項

このほか、人権保護条約第一四条（平等原則）も、第九条と相俟って、宗教的理由に基づく異なる取扱いの禁止を求めるという点において宗教的条項と位置づけられる(14)。その内容は次のごとくである。

**人権保護条約第一四条**（差別の禁止）

本条約に掲げる権利及び自由の享有は、性、人種、皮膚の色、言語、宗教、政治上その他の意見、民族的又は社会的出身、少数民族に属すること、財産、門地又はその他の地位のようないかなる理由に基づく差別もなく、確保される。

なお、同条約第八条（私的な家庭生活の尊重）、第一〇条（表現の自由）、第一一条（集会・結社の自由）なども、宗教的条項に関連するものとして援用されることがある。そこで、その内容を示しておけば、以下のごとくである。

**第八条**（私的な家庭生活を尊重される権利）

1　何人も、その私的な家庭生活、住居及び通信を尊重される権利を有する。

2　法律に合致し、かつ国の安全、公の安全若しくは国の経済的福利のため、無秩序若しくは犯罪の防止のため、衛生若しくは道徳の保護のため又は他人の権利及び自由の保護のために、民主的社会において必要とされるものの外は、この権利の行使に対していかなる公権力による介入もあってはならない。

**第一〇条**（表現の自由）

1　何人も、表現の自由を享有する権利を有する。この権利には、意見を抱く自由、並びに公権力の介入を受けず、また国境にかかわらず、情報及び思想を受け、かつ伝える自由が含まれる。本条は、国がラジオ、映画又はテレビ事業を許可制とすることを妨げるものではない。

2　これらの自由の行使は、責務と責任を伴うものであって、法律によって定められ、かつ国の安全、領土保全若しくは公の安全のため、無秩序若しくは犯罪の防止のため、衛生若しくは道徳の保護のため、他人の名誉若しくは権利の保護のため、秘密に受けた情報の暴露を防止するため又は司法部の権威と公平さを維持するために、民主的社会において必要とされる手続、条件、制約若しくは制裁に服することがある。

**第一一条**（集会及び結社の自由）

1　何人も、平和的に集会する自由及び結社の自由を享有する権利を有する。この権利には、その利益を保護するため、他の者と労働組合を組織し、それに加入する権利が含まれる。

2　法律によって定められ、かつ国の安全若しくは公の安全のため、無秩序若しくは犯罪の防止のため、衛生若しくは道徳の保護のため、又は他人の権利及び自由の保護のために、民主的社会において必要であるものでなければ、これらの権利の行使に対していかなる制約も加えてはならない。本条は、国の軍隊若しくは警察又は行政府の構成員によるこれらの権利行使に対して、合法的制約を課すことを妨げるものではない。

## 四　「宗教的条項」をめぐる主要事件

### 1　議定書第二条に関する問題

いわゆる宗教的条項の解釈・運用が問題となった事件は、教育の自由を定めた議定書第二条の解釈をめぐる問題まで含めると、これまでに数多くある。

この第二条問題をめぐる代表的事件としては、まず、デンマークの公立小学校における性教育の強制が親の宗教的信念に反するとして争われたものがある。これについて人権裁判所は、「教育の多元性」(pluralisme éducatif) の要求に反するような特定の考えの押しつけでなければ、親の「哲学的信念」に反することにはならない、と判断している(15)。

つまり裁判所は、議定書第二条は宗教的・哲学的な信念を尊重しないと考えられるような特定の考えの押しつけ（endoctrinement）の目的をもつ教育を禁止するものであり、問題とされた性教育は特定の考えを押しつけるものではないので、人権条約に対する侵犯はないと判断したのである。もっとも、裁判所は、教育の多元性の可能性を確保することは民主的社会の保持に不可欠であり、その尊重はあらゆる押しつけを禁ずると解している。

同様な事案として、イギリスにおける体罰関連事件がある(16)。これは、スコットランドの公立学校における規律手段として学校が体罰の権利をもつことを拒否し、出席停止処分を受けた子供の復学が認められなかった親が、議定書第二条違反を申し立てた事件である。裁判所はその主張を認めたが、ここでは議定書第二条にいう「哲学的信念」の意味が問題となっていた。

## 2　人権保護条約第九条をめぐる問題

(1)　ここでは、しかし、主として直接に欧州人権保護条約第九条に対する違反が問題とされた事件のうち、とくに宗教的自由に対する侵害が問題とされたもののみを取り上げることにしよう。また、最近の傾向を示すという意味から、とくに一九九〇年以後の判決に焦点を当てて検討することにしたい。

まず、人権保護条約第九条にいう「良心の自由」との関係では、良心的兵役拒否の権利が認められるかという点も、しばしば問題とされる。この点については、欧州人権保護条約は、良心的兵役拒否の権利を認めていないとされ、兵役忌避者に課される代替役務についても、強制労働を禁止した条約第四条に違反しないと解されている(17)。

なお、前記のように、事案の処理が欧州人権裁判所に一元化されたのは一九九八年秋のことであり、それ以前には人権委員会の報告と、これをうけた人権裁判所の判決という二重の手続がみられた。したがって、一九九八年以前には、人権委員会の判断（報告）が重要な意味をもっていたことにも注意する必要がある。しかし、以下では欧州人権裁判所の判断に的を当てることとし、しかも煩雑を避けるために、一元化される前の人権裁判所によるものも含めて、たんに「欧州人権裁判所」と一本化して表現することにしたい。

(2)　さて、欧州人権保護条約第九条の宗教的自由の保障に対する違反として争われた主要な事件としては、現在までに、以下のようなものがある。ここでは、そうした事例を簡短に紹介しながら、問題点を検討することにしよう。

①　一九九〇年一〇月二三日ダービー対スウェーデン事件(18)

これは、スウェーデン教会に所属していないフィンランド人医師が、市税のうち教会の活動に充てられる教会税に相当する部分については支払義務がないとして争った事件であるが、人権裁判所は、第一議定書第一条に定める財産権の保護(19)と相俟って、所定の正当な理由なき差別を禁止した第一四条に違反すると判断し、第九条違反の問題に立ち入る必要はないとしたものである。

なお、人権委員会は、宗教的自由は、その意に反して、宗教活動に巻き込まれない自由を意味すると解し、したがって、教会への税金の支払いは、その構成員でない者にとっては条約違反を形づくることを明確に述べていた。けれども、裁判所は右のように述べ、この点について判断しなかったことになる。

②　一九九三年五月二五日コキナキス対ギリシャ事件(20)

これは、「エホバの証人」の信者によるギリシャ正教会の女性聖歌隊員に対する入信勧誘行為を処罰した事件であるが、人権裁判所は、第九条の保障する思想・良心・宗教の自由が「人権条約にいう民主的社会の基礎の一つを表す」ことを明言した。この点において、一般に、この事件は宗教的自由の領域における初めての判決と位置づけられている。しかも、ここで人権裁判所は、当該処罰が正当な目的に出たものであることを認めつつ、民主的社会に必要な手段としては行き過ぎたものとして、第九条違反と判断した。もっとも裁判所は、度を越した入信勧誘行為に対しては、正当に処罰しうることも、同時に認めている。

③　一九九三年六月二三日ホフマン対オーストリア事件(21)

これは、カトリックから「エホバの証人」に改宗した妻に子の監護権を認めず、元夫にそれを認めたオーストリア最高裁判所の決定が争われたという、めずらしい事件である（オーストリアの第一審・二審は、妻に監護権を認めていた）。これに対して人権裁判所は、「エホバの証人」信者による輸血拒否を問題視したオーストリア最高裁の決定について、宗教を理由とする不合理な差別を禁止した人権条約第一四条と相俟って、私的な家庭生活の尊重を定めた第八条に違反すると判断したのである。

そもそも、宗教的自由は、宗派に対する対等な取扱いをも要求する。したがって、例えば、国内法上「エホバの証人」が合法的なものであるなら、その教義である輸血拒否を理由とする異なった取扱いは、差別に当たるというわけである。

④　一九九四年九月二〇日オットー・プレミンガー研究所対オーストリア事件(22)

これはオーストリア刑法に対する違反事件で、映画館を管理する私法上の法人が上映を予告していた映画フィルムに対し、カトリック教義に対する中傷だとして教会が差押えを求めたものである。これに対して人権裁判所は、チロル地方における宗教の重要性を考慮し（八七％がカトリックである）、表現の自由と宗教の自由との調整が必要であるとし、他人の宗教的感情を不当に攻撃するような表現活動は認められないとして、当該フィルムの差押え・没収を認めた。

これはむしろ表現の自由（一〇条）に関するものであって、政府当局が道徳と宗教に反すると判断した映画の差押え・没収をおこなったという、いわば表現の自由に関する古典的な事案だと解されている。そこからまた、強い批判も加えられることになる。

⑤　一九九六年九月二六日マヌサキスほか対ギリシャ事件(23)

これは、ギリシャにおいて「エホバの証人」信者四人が無許可で宗教集会を開いた廉で処罰されたことを争った事件である。ここでは、前記のコキナキス事件のように入信勧誘ではなく、礼拝場所の開設についての行政側の許可権限が問題となったわけであるが、これに対して人権裁判所は、一致して、礼拝所の開設に宗教文部大臣の許可を要求し、これに対する違反を処罰することは、礼拝・儀式執行によって宗教を外部に表すことを保障している人権条約第九条に違反することを認めた。

⑥　一九九六年一二月一八日ヴァルサミスほか対ギリシャ事件(24)

これは、ファシスト＝イタリアによるギリシャ進攻を忘れないように、公立学校でギリシャ正教によるミサをともなって行われる行列行進について、エホバの証人の女生徒が、その宗教的信念に反するとして参加を拒否したため、出席停止処分を受けたことを争った事件である。

この事件では、(a)公教育において親の宗教的信念を尊重すべきことを定めた議定書第二条に対する違反、(b)女生徒自身の良心の自由（条約第九条）に対する侵害とが問題視されたが、人権裁判所は、「信念」とは単なる見解又は思想とは異なること、学校行事への参加義務は親の宗教的信念を害するようなものではないこと、条約第九条は一般的・中立的に適用される規律を免れる権利を保障したものではないことなどを指摘して、いずれの主張をも認めなかった。

⑦　一九九七年七月一日カラス対トルコ事件(25)

これは、トルコの空軍将校の資格をもつ軍司法官が、イスラム原理主義セクトに属するとの理由で、他の将官とともに解雇されたことを不当だとして争った事件である。これに対し、人権委員会（二八人）は、一致して条約第九条違反と認定したが、人権裁判所（九人判事）は、一致して、条約違反はないという正反対の結論を出した。こうなった理由としては、トルコ政府が、委員会段階では防衛機密を理由として提出しなかった資料を裁判所の審理の段階では提出したため、と言われている。この資料は、原告がセクト指導者の指示にしたがい、軍の規律を乱したことを証明するものであったらしい。

⑧　一九九八年二月二四日ラリシスほか対ギリシャ事件(26)

これは、ペンテコステ教会に属するギリシャ空軍将校が、軍人・市民に対して入信勧誘をおこなったため処罰された事件であり、軍内部における入信勧誘問題である点において、前記の②コキナキス対ギリシア事件（一九九三年）とは異なっている。この事案に対し、人権裁判所は、入信勧誘行為について、軍人に対するものと市民に対するものとを区別し、前者については、軍内部ではその規律を保つ必要があることから条約違反は認められないとしたものの、後者については条約第九条違反と認定した。

⑨　一九九九年二月一八日ブスカリーニほか対サンマリノ事件(27)

これは、一九九三年七月に行われたサンマリノ共和国議会選挙法の規定により特定の宗教的宣誓——福音書に基づくもの——を強要された議員が、条約第九条違反を主張したという事件である。これについて人権裁判所は、第九条違反に当たると認定したが、その後サンマリノ選挙法の改正（一九九三年一〇月二九日）によって、すでに問題となった宣誓方式以外の方法も認められていたため、結局、サンマリノに対するサンクションは課されなかった。

⑩　一九九九年二月一八日カジミロほか対ルクセンブルク事件(28)

これは、ルクセンブルクにおいてセブンスディ・アドベンチストの男子生徒が、宗教的理由から土曜日就学の免除を要求したが、学校当局により拒否された事件である。しかし、人権裁判所は、自由な宗教的実践に対する侵害だとする主張を退けている。

⑪　一九九九年一二月一四日セリフ対ギリシャ事件(29)

これは、ギリシャ政府が同国におけるイスラム教の指導者としてある人物を任命したものの、イスラム教信徒により選出された原告が、その政府任命の効力を争ったことから、権限簒奪及び公認宗教の服装を着用した廉で逮捕され、有罪とされたため、条約第九条違反を主張したものである。これに対し、人権裁判所は、ギリシャにおいてはユダヤ教徒もキリスト教徒もその宗教的指導者を選出することができるのに、イスラム教徒にそれがないのは、差別的な取扱いに当たるとする原告の主張を認めるとともに、民主的社会においては、国は宗教団体の管理の統一を確保する任務を負わないとして、第九条違反を認定した。

これは、ギリシャという本来的にキリスト教的な国におけるイスラム教指導者の指名にかかわる事案であるが、宗教的自由に集団的性格を加えた新しい事例であり、他のヨーロッパ諸国にとって、とくにそのイスラム教の地位にとって興味ぶかい判決だと解されている。同時にそれは、民主的社会では国は宗教団体の管理の統一を確保する任務を負わないとする一般論を展開しており、国家・教会関係——とくに国教制をとる場合——のあり方を考える上でも重要である。

⑫　二〇〇〇年四月六日トリメノス対ギリシャ事件(30)

これは、ギリシャにおいてエホバの証人の信者が宗教的理由によって兵役義務を拒否した廉で処罰されたが、このために公認会計士の受験資格がないとされた事件である。これに対し人権裁判所は、宗教的理由による刑罰は他の犯罪による刑罰と異なって、合理的で客観的な正当理由に欠けるとして、第九条と相俟って、第一四条に対する違反を認定している。

## おわりに

(1)　これらの裁判例を通してみると、「エホバの証人」に関する事例が目立つこと、ギリシャを相手どった事件の多いことが、強く印象に残るであろう。この現象は、同国が国教制類似の制度をとっていること、そして長い間、軍事政権下にあったため、「真に民主的な政治体制」（欧州人権保護条約前文）としての経験が浅いことなどに由来するものと思われる。

また、このように、「エホバの証人」に関する事例が目立っており、これを通して宗教的自由の具体的内容が明らかにされてきたという点において、一九四〇年代のアメリカ合衆国最高裁の判例を思い起こさせるものがある(31)。その意味からすると、これら一連の欧州人権裁判所の判決は、いわゆるセクト問題への対応のあり方を示したものとも言えよう。

(2)　しかし、これをより一般的に宗教的自由の内実という観点からみると、以上にみた欧州人権裁判所の判決は、その射程を明らかにするとともに、その限界をも具体的に示したものといえよう。

例えば、まず宗教的自由は、宗教を変える自由――いわば改宗の自由――をも含んでいるとされたが、この点については、スウェーデンにおいて、一九五〇年まで、法律によって福音ルター教会を離れる場合は、必ず他のキリスト教の教会に属することが要求されていたことが想起されよう。だが、こうした制限はここで問題とする人権条約によって法改正を余儀なくされ、廃止されたといわれる(32)。

他方、宗教的自由は、礼拝・教育・儀式執行・実践を通して信念を外部に表明する自由を含んでいるが（条約九条一項参照）、これには、一定の制約が課せられている（同条二項）。そこで、例えば、同じ地域の中に多数の宗教が併存しているところでは、異なった集団の利害を調整するような制限を配合すること、そして各人の信念に対する尊重を確保することが必要とされることになる。

(3)　その際、当然に宗教的自由に対する一定の制約が必要になるが、これについては、基本的に、(a)制約することが民主的社会に必要とされる正統な目的に適っているか、そして、(b)制約の内容がその目的に比例したものであるか、という枠組みで判断していることに注意する必要があろう。

もちろん、この点の判断については、国家側の主張に不当な敬意を払う一方で、個人の宗教・信条の重要性に対する考慮がないとする手厳しい批判があることも[33]、忘れるべきではないであろう。

（1）以下の論述は、二〇〇〇年（平一二）一一月一一日に開催された「宗教法学会創立二〇周年記念シンポジウム」における報告を基としている。したがって、裁判例や学説なども、基本的にその時点までの主要なものを参考にしたことを、ここに断っておきたい。

（2）Voir André-Vincent, *La liberté religieuse : droit fondamental*, 1976, p. 13.

（3）大石眞「政教分離原則の再検討」ジュリスト一一九二号（二〇〇一年）九三頁以下参照。

（4）エストニア・スロバキア・ポーランドなどの旧東側諸国が政教分離制をとったのは、「ミリタントな無神論の論理的な推移」だと言われる。Gérard Gonzalez, *La convention européenne des droits de l'homme et la liberté des religions*, 1997, p. 143 et s.

（5）G. Gonzalez, *op. cit.*, p. 144.

（6）EU加盟国は、二〇一四年一月現在、二八カ国になっている。

（7）鈴木秀美「EU法と欧州人権条約」比較憲法学研究一一号（一九九九年）一五頁以下参照。

（8）Jean-François Flauss, Actualité de la Convention européenne des droits de l'homme, *Actualité Juridique de Droit Administratif* [= *AJDA*], 2000, p. 526.

（9）Jean-François Renucci, *Droit européen des droits de l'homme*, 1999, p. 403 et s.

（10）Henri Labeyle, Droits fondamentaux et droit européen, *AJDA*, 1998, p. 81.

（11）Cour européenne des droits de l'homme [= CEDH], 18 février 1999 Matthews c. Royaume-Uni, in : Vincent Verger, *Jurisprudence de la Cour européenne des droits de l'homme* [= Verger], $7^{e}$ éd., 2000, p. 543 ; *AJDA*, 2000, p. 527.
なお、第一議定書第三条（自由選挙を行う権利）は、「締約国は、合理的な期間内に、立法部の選出に当たって国民の自由な意見の表明を確保する条件で、秘密投票による自由選挙を実施することを約束する」ことを定めている。

（12）元来、欧州人権保護条約には各条の表題はなかったが、第一一議定書（一九九四年五月一一日成立、一九九八年一一月一日発効）の規定により、他の規定と同じように、見出しが付されることになった。

（13）J.-F. Renucci, *op. cit.*, p. 132 et s.

(14) G. Gonzalez, *op. cit.*, p. 6 et s.
(15) CEDH, 7 décembre 1976 Kjeldsen et autres c. Danemark, *European Human Rights Reports* [ = *EHRR*] 1-711 ; Verger, p. 508.
(16) CEDH, 25 février 1982 Cambell et Cosans c. Royaume-Uni, *EHRR*. 4-293 ; Verger, p. 511.
(17) J.-F. Renucci, *op. cit.*, p. 135.
(18) CEDH, 23 octobre 1990 Darby c. Suéde, *EHRR*, 13-774 ; *Revue trimestrielle de droit de l'homme*, 1992, p. 181.
(19) 第一議定書第一条（財産権の保護）は、以下のごとくである。
「すべての自然人又は法人は、その財産を尊重される権利を有する。何人も、公益のため、かつ法律及び国際法の一般原則により定められる条件によってしか、その財産権を奪われることはない。

前項の規定は、国が公益に従って財産の使用を規制するため、又は租税その他の負担若しくは罰金の支払いを確保するために必要と判断する法律を施行する国の権利を害するものではない。」
(20) CEDH, 25 mai 1993 Kokkinakis c. Gréce, *EHRR*. 17-397 ; Verger, p. 435 ; *Journal du Droit international* [ = *JDI*], 1994, p. 790 ; *AJDA*, 1994, p. 30.
(21) CEDH, 23 juin 1993 Hoffmann c. Autriche, *EHRR*. 17-293 ; Verger, p. 356 ; *AJDA*, 1994, p. 30.
(22) CEDH, 20 septembre 1994 Otto-Preminger-Institut c. Autriche, *EHRR*. 19-34 ; *JDI*, 1995, p. 772 ; *AJDA*, 1995, p. 215 ; *Revue Française de Droit Administratif*, 1995, p. 1189.
(23) CEDH, 26 septembre 1996 Manoussakis et autres c. Gréce, *EHRR*. 23-387 ; Verger, p. 438 ; *JDI*, 1997, p. 248.
(24) CEDH, 18 décembre 1996 Valsamis c. Gréce ; Efstratiou c. Gréce, *EHRR*. 24-294 ; *JDI*, 1997, p. 270 ; *Jurisclasseur Périodique*, 1997, 1-4000, n. 43.
(25) CEDH, 1 juillet 1997 Kalaç c. Turquie, *EHRR*. 27-552 ; Verger, p. 441 ; *JDI*, 1998, p. 204.
(26) CEDH, 24 février 1998 Larissis et autres c. Gréce, *JDI*, 1999, p. 226. なお、本件では、入信勧誘行為に関するギリシャ刑罰法規の明確さと罪刑法定主義を定めた条約第七条との関係も問題とされたが、この点は省略する。
(27) CEDH, 18 février 1999 Buscarini et autres c. Saint-Marin, *JDI*, 2000, p. 96.
(28) CEDH, 27 avril 1999 Casimiro et Ferreira c. Luxembourg, *AJDA*, 2000, p. 537.
(29) CEDH, 14 décembre 1999 Serif c. Gréce, *JDI*., 2000, p. 141.
(30) CEDH, 6 avril 2000 Thlimmenos, c. Gréce, *AJDA*, 2000, p. 537.

(31)　大石眞『憲法と宗教制度』(有斐閣、一九九六年)一四五〜一四七頁参照。

(32)　J. A. Frowein, Commentaires de l'article 9 § 1, in : L. -E. Pettiti = E. Decaux = P. -H. Imbert, *La convention européenne des droits de l'homme*, 2e éd., 1999, p. 357.

(33)　Carolyn Evans, *Freedom of Religion under the European Convention on Human Rights*, 2001, pp. 2, 200.

# Ⅱ　「宗教復権の時代」における「国家と宗教共同体」

## はじめに――「宗教復権」の諸相

### 1　国際政治における二つの方向

かつて、世界は近代的な合理主義によって世俗化に向かうと信じられていた時代があった。しかし、今日、その命題を額面通りに受け取る人は少ないであろう。東西冷戦の終結後の今日では、むしろ、世界は権力と価値観の空白期にあり、その間隙を埋めるかのように、「宗教復権の時代」が訪れ、今や「宗教」は「民族」の観念とともに国際政治を読むためのキーワードである、とも言われている(1)。

このように言われる場合の「宗教復権」の意味は、主として宗教が国際紛争の要因であることを示す点にある。しかし、これとは逆に、その意味をむしろ紛争解決の糸口としてとらえ、宗教が「相互理解を深め、協調性を育む、かすがいの役目」を担うところに、その「復権」の意味を見い出す論者もいる(2)。

ここでの私の課題は、しかし、そうした「宗教復権」の国際政治上の意味を問うことではなく、その現象に含まれている意義と問題を、われわれの共通の主題である「国家と宗教共同体」の関係に即して検討することにある。

## 2　「国家と宗教共同体」への課題

まず、それが積極的な響きをもつのは、東欧革命とも言われる旧共産主義諸国における「体制転換とキリスト教の復権」(3)という文脈においてであろう。これらの国々では、新たな憲法によって良心の自由と宗教の自由を基礎とした国家と教会との関係（国家教会法）が構築されているが、親の子に対する宗教教育権と学校における宗教教育の重要性を明記する例も見られる（ポーランド憲法第五三条）。

これとは異なって、「宗教復権」という現象を、既成の伝統的な国家・教会関係や宗教法制に対する宗教的「原理主義とカルトの挑戦」として、つまり「西欧起源の合理主義的な世俗化の奔流に対する非西欧起源の非合理主義的な宗教回帰の逆流」としてとらえる有力な見方も存在する(4)。この場合、日本では、とくに「オウム真理教」による地下鉄サリン事件（一九九五年）以後、宗教又は宗教運動は「カルト」と同一視され、平穏な市民・社会生活を脅かす異常な集団という通念が広まっていることも、しばしば指摘されることである(5)。

以上のように、今日の「宗教復権」現象が、国内の問題としても、従来の制度や議論の枠組みに対する反省を迫っていることは、確かであろう。

# 一　宗教的自由とその制約

## 1　普遍的原理としての宗教的自由

宗教的自由は、通例、信仰の自由（良心の自由）、宗教活動の自由及び宗教団体の結成の自由という三つの要素を含んでおり、かつ、宗教団体の自由は、その組織・運営の自由――いわゆる教会自律権・教会の自由――を内包している。

こうした宗教的自由は、G・イェリネクの古典的な権利宣言の研究以来、しばしば基本権思想の史的淵源と言われるが、その法的な承認についてみると、まず、国内法レベルでは、ユダヤ・キリスト教の伝統に立ち、宗教戦争を経験してきた各国の憲法は、例外なく宗教的自由を保障している。また、国際法レベルでみても、世界人権宣言第一八条が、「単独で又は他の者と共同して、かつ公に又は私的に、教導、行事、礼拝及び儀式によって、その宗教を表明する自由」を含む宗教の自由を謳ったのを始めとして、欧州人権保護条約第九条や国際人権規約（自由権規約）第一八条など、各種の人権条約は必ず明文で宗教的自由を認めている。この意味において、宗教的自由はいわば普遍的人権に属するといってよいが、アフリカ人権憲章第八条も、「信仰告白及び宗教の自由な実践の自由」を保障している。

宗教的自由は教会の自由を含んでおり、これは結社の自由と不可分であるが、その国家による制度的な承認のあり方は、ある宗教的共同体がその国民生活に歴史的に深く根ざし、共同の福祉のために重要な活動をしているものであるかどうかによって、大きく異なっている。後に述べる公認宗教制は、そうした活動をおこなう教育的・社会事業的な非宗教的団体に特別の地位を認めるのと同様に、特定の宗教的共同体に対して、他の宗教団体や世俗的結社とは違った特別の制度的承認を与えるものである(6)。また、結社の自由は、たんに団体の合法性を承認するにとどまらず、法人格の容易な取得に道を開くべきことをも要請するものであり、教会の自由もまた、宗教的共同体が宗教法人としての資格を容易に得ることができることを含んでいる、と考えられる。

## 2　宗教的自由に対する制約

もちろん、宗教的自由が、個人の内心の問題にとどまるならともかく、対外的活動として行われるときは、個人であると団体であるとを問わず、他の多くの自由権の行使と同様に、安全・秩序・健康・道徳の保護といった「公共の福祉」による制約を受け、責任を問われることになる。

実際、欧州人権保護条約第九条二項は、「法律で定める制限であって、公共の安全、公の秩序、公衆の健康若しくは道徳、又は他の者の基本的な権利及び自由を保護するために必要なもの」による制限がありうることを明記している。そこには、例えば、共同生活の根底を破壊することを目的とする宗派が結成された場合に、他の同種の団体と同様に、それを解散させることは国家の責任である(7)、という考え方をみることができよう。

こうした視点からすると、反社会的な結果を招いた宗教的行為に対して処罰することや、著しく法令に違反し、目的を逸脱した宗教法人に対して解散命令を出すことなどは、当然視されることになる。もっとも、宗教目的の募金活動に対する規制のように、慎重な判断を要する事案もないではないが、ここで注意すべきものに、いわゆるセクト（secte, Sekte, cult）の問題がある。

すなわち、とくに「新宗教運動」と言われるものの活動の中には、日本の場合でいうと、霊感商法・霊視商法など深刻な消費者被害をもたらすものがあるが、これに対しては、刑法・民法等による伝統的な制裁があるほか（詐欺罪・恐喝罪、不法行為・公序良俗違反など）、地方自治体の不適正な取引行為を対象とした消費者保護条例や消費生活条例によっても、ある程度規制することができる。ただ、こうした法令による取締りが実効性のあるかたちで運用されているかどうかは問題であり、こうした問題は多くの国々において共通しているように思われる(8)。

## 二　多様で複雑な教会と国家との関係

### 1　教会・国家関係（政教関係）と宗教的自由

次に注意すべきことは、ひとしく宗教的自由を保障するという前提に立つとしても、国家と宗教団体（教会）との関係まで当然に同一になるとは限らない、という点である。

実際、すでに述べた欧州人権保護条約や自由権規約などは、必ず、前に記したように、いわば普遍的価値としての宗教的自由を保障しているが、教会と国家との関係については、決して特定の形態を指示してはいない。このことは、宗教的自由と政教分離制とは、しばしばわが国で誤解されるように、必然的な関係にあるわけではないことを示している。

## 2　国教制・公認宗教制・政教分離制

一般に、教会と国家との関係は、(a)宗教を「公事」とし、一つの特定の宗教を国の宗教と定める国教制度、(b)複数の宗教団体に特別の地位を認める公認宗教制度、(c)宗教を「私事」として、宗教団体も他の団体と同列に置き、政治権力と宗教権力とを分離しようとする政教分離制度の三つに類型化される。しかし、このような類型は、宗教や教会の地位について概括的な説明を与えることができるとしても、幾つかの留保を必要とする。

まず、国教制度といっても、(1)特定の宗教以外の信教をおよそ認めないという絶対的国教制と、(2)特定宗教を国教としつつ他の信教を寛容する相対的国教制という二つのタイプがある。いわゆる寛容令以後の近代国家の国教制は、むろん、後者を前提としたものである。また、現代の欧米諸国だけをみても、イギリスやイタリアは国教制、ドイツは公認宗教制、アメリカ合衆国やフランスは政教分離制に属するというように、教会と国家との関係は決して一様でない。

さらに、ひとしく政教分離制といっても、アメリカ合衆国とフランスとでは、制度の内実にはかなり違いがある。例えば、議会開会に臨んで行われる公の祈りは、フランスでは禁止されるが、アメリカでは合憲と解されているし、フランスの政教分離法（一九〇五年）は公金支出の禁止を定めているが、財産の供用は禁止されていない。なぜなら、フランスでは、古くから存在する多くの司祭館・礼拝堂・教会堂・聖堂は、歴史的経緯から国又は地方自治体の所有する財産とされている。もし、それらの使用権が宗教団体に与えられなければ、カトリックに代表されるほとんどの宗教活動は事実上排除され、その結果、国民の信教の自由は奪われることになるであろう。そこで、フランスでは、宗教団体による教会堂・聖堂などの無償使用が認められているわけである。

## 3　宗教団体と宗教法人制度

前記のように、宗教的自由は、現代型の国教制・公認宗教制・政教分離制のいずれの教会・国家関係とも両立可能である。しかし、宗教団体の法的地位又はその法人格といった問題になると、そのいずれであるかによって大きな違いが出てくる。ここでは、とくに公認宗教制をとる場合（例、ドイツ）と、政教分離制をとる場合（例、フランス）とを取り上げて対比することにしよう。

まず、ヴァイマル憲法のいわゆる教会条項（第一三六条〜第一三九条、第一四一条）を継承したドイツ連邦基本法によれば、宗教団体は、法人格を有しない事実上の団体にとどまることも、私法上の法人又は公法上の社団として活動することもできる。いずれの形態をとるにせよ、連邦基本法に定める宗教的自由は当然に保障されるが、私法上の法人又は公法上の社団となるためにはそれぞれ民法・憲法上の所定の要件を必要とする反面、一定の法的地位を認められることになる。

とくに公法上の社団に該当するのは、憲法上、⑴ヴァイマル憲法施行時にその地位をもっていたもの（カトリック・福音主義の二大教会）と、⑵「その根本規則及びその構成員数からして存続することが確実である」ものなどに限られる。その認定権限は各ラントに属するが、現在、二大教会などが公法上の社団とされ、聖職者の俸給に対する財政的支援や教会税の徴収権などの特典を認められている。

それ以外の宗教団体は、民法の規定に従って区裁判所に備え付けられた社団登記簿に登記することによって、非営利社団法人（私法上の法人）としての権利能力を取得することができる。現に、教会による病院・学校・慈善施設などの担当団体として活動する限定的な宗教的社団は、民法又は結社法の諸規定に基づいて設立されるが、これは連邦基本法にいう結社の自由に基礎をもつものである。

次に、フランスの政教分離制の下では、一般に宗教団体は他の私的な非営利団体と同じ地位を与えられ、その法律関係も一般的な非営利法人制度の枠組みの中で構成される。ここでの宗教団体法制の法的基礎は、一般的な非営利団体を対象とした一九〇一年結社法と、宗教団体に焦点を当てた一九〇五年政教分離法という二つの法律に求められる。

この分離法は、良心の自由と自由な宗教活動を保障し、後者が公の秩序のために定められた制限に服することを定めるとともに、「国は、いかなる宗教に対しても公認せず、俸給を支給せず、補助金を与えない」（第二条一項）として、いわゆるライシテ（laïcité）の原則——日本では国家の「宗教的中立性」「非宗教性」と訳される——を明記している。同法による宗教団体法制は結社法の枠組みを前提としたもので、一般的な団体は、所定の要件・手続に従って県庁などに届出をすることにより、訴訟上の当事者能力・会費徴収権・補助金受領資格などを認められる。これに対し、とくに礼拝活動のための団体として分離法に基づいて結成される信徒会は、所定の要件・手続による届出により、一般的団体と同じく訴訟能力・会費徴収権などをもつほか、公益認定社団と同じく、行政庁の許可の下に遺贈を含む受贈能力が認められ、寄附金控除などの税制上の優遇措置を受けることもできる。ただ、その反面、公的補助金の受領資格がないことは、ライシテの原則からみて当然とされている。

以上のように、宗教的自由の保障の問題とは違って、宗教団体の法的地位は、どのような教会・国家関係であるかによって大きく異なっているが、各国におけるその関係はそれぞれの長い歴史を通して形づくられたものであるから、いずれが望ましいかを一概に判断することはできない。

## 三　価値教育としての宗教教育

### 1　価値教育と宗教教育

さて、教育学においては、近年しばしば世界的な「道徳教育の復興」(9)が語られる。その道徳教育は「価値教育」といわれるものの一つであり、価値教育（Values Education）という用語はいろいろな意味で用いられるが、ここではひとまず、個人又は市民としての価値観の形成・確立に向けられた教育を意味するものと理解しておこう。

価値教育は、具体的には、道徳教育・宗教教育・公民教育・社会科教育などの教科を指しているが、第一次世界大戦後と一九八〇年代とを比べてみると、道徳教育や公民教育をおこなう国が減少しているのに対し、宗教教育を施す国の比率はほとんど変わっていない(10)。これは、宗教教育が価値教育の中で重要な位置を占めていることを示すものである。が、宗教教育がどのような形で行われるかは、各国の教会と国家との関係によって左右され、また、宗教教育の内容や位置づけも、そのあり方によりかなり異なっている。

## 2 宗教教育の可能性と内実

すなわち、宗教教育が占める地位は、まず、これを国公立学校の教育課程における正課のカリキュラムとして容認する国教制や公認宗教制の場合と、それを原理的に排除し、又は正課外でしか行うことができないとする政教分離制の場合とでは、決定的な違いがある。

また、ひとしく政教分離制の場合であっても、公教育における宗教教育への配慮はかなり異なっていることにも、注意する必要がある。というのも、フランスでは、例えば、公立小学校では、宗教教育は正課外でしか行うことができないが、日曜日以外の日を休みとするなどして、親の宗教教育権にかなり配慮している（教育法典第一四一－三条、第一四一－四条参照）。他方、同じく政教分離制に属する日本の場合、宗派教育はもちろん、一般的な宗教知識教育や宗教的情操教育までも、国公立学校からは完全に閉め出され（旧教育基本法第九条、新教育基本法第一五条参照）、また、親の宗教教育権への配慮を示した措置などはとくに見当たらない。

このような状況が「価値の真空地帯」を招いてしまったこともしばしば指摘されるところであるが、これにどう対処するべきであろうか。この点については、とくに政教分離制の場合、宗教教育について公認宗教制のような位置づけをすることはできないが、価値教育の中核にある「宗教教育のもつ公共的側面」(11)への正当な認識をもつことは、きわめて重要であろう。

そして、残る問題は「宗教教育」と言われるものの内実であるが、私は、特定宗教の教義や組織を相対化した形による「宗派教育でない宗教教育」(12)の可能性を探る試みに注目したい。もちろん、この場合、一定の宗教観をもつ教育者については、自らのものと異なる宗教をどう教えることができるかという問題が、また逆に、無神論的な立場にある教育者については、重要な公共財と言うべきものを切り捨てる内容にならないかという問題が、それぞれ存在することは事実である。しかし、およそ学校から宗教知識教育や宗教的情操教育までも閉め出すことのほうが、問題は遥かに深刻であろう。

## おわりに

さて、日本の場合、宗教的な原理主義やカルトによる国家秩序に対する挑戦について、「グローバルな宗教と政治の急速な接近と関連づけて考察することを避け、宗教の政治化の主題化を放任したままで、国家の世俗性を徹底しようとする」論者が少なくなく、「世界の趨勢と時代の変化に対してあまりに鈍感である」という批判がある(13)。

一方、アメリカについても、「米国の厳格な政教分離が、宗教を個人の領域に退けており、このことが世界の多くの地域で宗教と政治が密接に織り合わさっているという事実について、我々の多くを鈍感にさせている」(14)と結論づけたものがある。

いずれも、われわれの「宗教復権の時代」に綴られた一文であるが、そこに共通した問題意識が横たわっていることは、もはや多言を要しまい。そうした視野狭窄から脱却することを訴えて、本日の「国家と宗教共同体」に関するシンポジウムへの問題提起としたい。

（1）日本経済新聞社編『宗教から読む国際政治』（日本経済新聞社、一九九二年）一七頁。
（2）ハーヴィー・コックス「世界宗教と紛争解決」ダグラス・ジョンストン＝シンシア・サンプソン編『宗教と国家』（PHP研究所、一九九七年）四九〇～四九一頁。
（3）清水望『東欧革命と宗教』（信山社、一九九七年）の副題。
（4）阿部美哉『現代宗教の反近代性――カルトと原理主義』（玉川大学出版部、一九九六年）九頁。
（5）島薗進『ポストモダンの新宗教』（東京堂出版、二〇〇一年）二六四頁。
（6）ジャック・マリタン『人間と国家』（創文社、一九六二年）二四三頁。
（7）マリタン『人間と国家』同頁。
（8）大石眞『憲法と宗教制度』（有斐閣、一九九六年）一二七頁以下、二八一頁以下参照。
（9）押谷由夫＝内藤俊史編『道徳教育』（ミネルヴァ書房、一九九三年）一三八頁以下。
（10）押谷＝内藤編『道徳教育』同頁。
（11）稲垣久和『宗教と公共哲学』（東京大学出版会、二〇〇四年）二三五頁。
（12）國學院大學日本文化研究所編『宗教と教育――日本の宗教教育の歴史と現状』（弘文堂、一九九七年）一四〇頁。
（13）阿部美哉『現代宗教の反近代性』二八一頁。
（14）ジョンストン＝サンプソン編『宗教と国家』五頁。

# Ⅲ　宗教教育と憲法・教育基本法

## 一　宗教尊重と政教分離原則

(1)　二〇〇六年末に全面改正された新しい教育基本法（平成一八年法律第一二〇号）は、第一五条で、「宗教に関する寛容の態度、宗教に関する一般的な教養及び宗教の社会生活における地位は、教育上尊重されなければならない」（第一項）と定めている。これは、「宗教に関する一般的な教養」を尊重すべきことを付加的に明文化した点で注目されるが、その文言がなかった改正前の旧教育基本法(1)（昭和二二年法律第二五号）の第九条の趣旨と大きく異ならない。

日本国憲法は、「国及びその機関は、宗教教育その他いかなる宗教的活動もしてはならない」（第二〇条第三項）と定めているが、ここで禁止すべき「宗教教育」とは、一般に、広義のそれではなく狭義のものと解されている。すなわち、広く宗教教育というときは、①特定の宗教・信仰のために行われる宗派教育だけでなく、②宗教一般に関する知識を教授する宗教知識教育、③宗教心を養う宗教的情操教育も含まれるが、憲法が強く求めているのは、教育基本法も明記しているように、「国及び地方公共団体が設置する学校は、特定の宗教のための宗教教育その他宗教的活動をしてはならない」ということである（旧法第九条第二項、新法第一五条第二項）。

(2)　したがって、まず、国公立学校においては、宗派教育は厳しく排除される。他方、私立学校、とくに宗教系の私立学校においては、宗教知識教育・宗教的情操教育はもとより、特定の宗教、宗派の教義を教え、宗教的信仰に導くことを目的とする宗派教育をおこなうことも、それを内容とする科目を必修として義務づけることも許される。

次に、国公立学校においては、宗派教育は当然に排除されるとしても、宗教知識教育はもとより、宗教的情操教育まで締め出されるわけではない。実際、日本国憲法の草案を審議していた衆議院において、田中耕太郎文部大臣は、憲法第二〇条によって禁止されるのは「一宗一派の宗教教育」であり、一般的な宗教的情操の涵養まで排除する意味ではないと答えている（昭和二一年七月）。翌月の衆議院本会議でも、「永久に戦争を放棄し、国民の安全と生存をあげて世界の公正と信義に委ねようと決意したわれらは、『戦争は悪である』といふ信念を以て、世界恒久平和運動を展開しなければならない。そのためには宗教的自覚による四海同胞、隣人愛、社会奉仕の思想を普及徹底させると共に、宗教的情操の陶冶を尊重せしめ、以て道義の昂揚と文化の向上を期さなければならない」とする「宗教的情操教育に関する決議」が可決されている。

新教育基本法が「宗教に関する一般的な教養」というとき、宗教知識教育を含むことは疑いないとしても、宗教的情操教育はどうだろうか。

## 二　国民の権利としての宗教教育

(1)　児童・生徒を教え育てる教育という作用を、もっぱら国や自治体の働きとしてとらえると、政教分離の原則や中立性の原理といった憲法・法令上の禁止規範が妥当する。他方、教育というものを個人や親といった国民の精神活動の一つとみると、現代の民主主義体制の下では、基本的に自由主義の原理が妥当し、国や自治体は、その宗教教育活動を妨げたり、それに干渉したりするようなことをすべきでない、ということになる。

国民の権利としての宗教教育の自由をどのようにして確保するかという問題は、あまり意識されていない。とくに未成年者に対する親の宗教教育は、広い意味では宗教知識教育・宗教的情操教育・宗派教育を含むが、教育自体は家庭でおこなうか、社会教育として又は学校でおこなうものかに分かれる。しかし、国公立学校では宗派教育は排除され、社会教育の場面でも(2)、「市町村の設置する公民館は、特定の宗教を支持し、又は特定の教派、宗派若しくは教団を支援してはならない」（社会教育法第二三条第二項）ため、宗派教育としての親の宗教教育の自由は、結局、もっぱら家庭でおこなうか、私立学校を選択する自由として表れるほかはないことになる。

(2)　最高裁判所は、いわゆる旭川学力テスト事件(3)において、国民の「教育を受ける権利」を定めた憲法二六条の解釈として、「親の教育の自由」が認められること、これが「学校選択の自由」を含むことなどを説いたが（昭和五一年五月二一日大法廷判決）、私立学校を選択することしかできない親の宗教教育の自由の問題は未解決のままである。

他方、親の宗教教育の自由は、宗教知識教育・宗教的情操教育としても表れる。この場合、親の宗教教育の自由は、本来、家庭でおこなうほか、社会教育の場で又は国公立学校において実現することも可能なはずである。というのも、社会教育又は国公立学校において宗派教育をおこなうことは、たしかに政教分離の原則や中立性の原理と抵触するが、宗教知識教育はもとより宗教的情操教育をおこなうことも、そうした原則などとは衝突しないからである。

ここにおいて、国公立学校における宗教教育の自由という問題は、宗教的情操教育は認められるか、認められるとしてもどのようにして確保するかという問題に行き着くことになる。もし、宗教的情操教育すら認められないとすると、親の宗教教育の自由はいよいよ限られたものになってしまう。

## 三　宗教的情操の涵養

(1)　明治憲法は、「日本臣民ハ安寧秩序ヲ妨ケス及臣民タルノ義務ニ背カサル限ニ於テ信教ノ自由ヲ有ス」（第二八条）と定めていたが、学校教育の場では、その自由は大きく制限されていた。憲法制定から一〇年後、官公立の学校だけでなく私立学校についても、「課程外たりとも宗教上の教育を施し又は宗教上の儀式を行ふことを許さざるべし」とする方針が採られ（明治三二年文部省訓令第一二号）、この体制が長く続くことになったからである。

この措置は、キリスト教の学校浸透への懸念を背景として採られたもので、キリスト教界からの強い反撥を惹き起こしたが、四六年後の占領管理体制の下でようやく解除されるにいたった（昭和二〇年一〇月文部省訓令第八号）。ここで初めて、国民の権利としての宗教教育の自由が認められたのである。実は、その間にあっても、特定の宗派教育とは区別された宗教的情操教育の必要は、早くから政府内で学校教育のあり方として議論されていた。とくに大正末期から昭和にかけて、思想問題・労働運動が盛んになり社会問題化したのに対応して、「学校に於ける道徳教育の徹底を期するには宗教的の信念又は情操の涵養を計るの必要なること」（昭和三年学務部長会議）が強く認識された。

そこで、文部次官通牒（昭和一〇年）は、明治三二年訓令の趣旨について「学校に於て特定の教派宗派教会等の教義を教え又は儀式を行ふを禁止する」ものであり、「宗教的情操を涵養し以て人格の陶冶に資するは、固より之を妨ぐるもの」ではないと述べ、「学校に於て宗派的教育を施すことは絶対に之を許さざるも、人格の陶冶に資する為、学校教育を通じて宗教的情操の涵養を図るは、極めて重要なり」として、「宗教的情操の涵養に関する留意事項」を説いた。ここでは、教育勅語と矛盾するような内容・方法によるものは禁止し、「一宗一派に偏せざる様、特に注意すべし」と断った上で、例えば、「修身、公民科の教授に於ては一層宗教的方面に留意すべし」、「哲学の教授に於ては一層宗教に関する理解を深め、宗教的情操の涵養に意を用ふべし」、「国史に於ては宗教の国民文化に及ぼしたる影響、偉人の受けたる宗教的感化、偉大なる宗教家の伝記等の取扱に留意すべし」といった具体的な方策を掲げている。

(2)　日本国憲法の施行後まもなく、社会科その他、初等・中等教育における宗教の取扱いを指示した文部次官通達（昭和二四年）は、「軍国主義的、超国家主義的教説を教えてはならない」といった占領下特有の視点を前面に出している。が、その後、「児童生徒に望ましい道徳的習慣・心情・判断力を養い、社会における個人のありかたについての自覚を主体的に高め、道徳的実践力の向上をはかる」ため、価値教育の一環である道徳の科目も設けられた。そして、中央教育審議会が答申した「期待される人間像」（昭和四一年）は、「生命の根源すなわち聖なるものに対する畏敬の念が真の宗教的情操」であるとの認識を示したが、これを養う教育を国公立学校でどのように実践するかは、今日でも依然未解決の問題である。

この背景には、宗教的情操教育について、一方では宗派教育につながりかねないという懸念が、他方では宗派教育でなければ内容空虚なものになるとする懐疑があると同時に、例えば、修学旅行で訪れた寺社などのもつ宗教的意義を説くことのできない教師の姿に示される学校教育の現実もある。いずれにせよ、わが国では価値教育(4)に占める宗教教育の割合は、諸国に比べて小さい。

(1)　旧教育基本法は、日本国憲法の精神に則って、教育・教育制度のあり方の基本原則を定めるために、昭和二二年法律第二二〇号として公布・施行された。前文と全一一カ条からなり、教育宣言的な意味とともに教育関係法規における基本法的な意味をおびていた。新教育基本法は、教育の目標を具体的に掲げ、生涯学習の理念を謳い、私学教育・幼児期教育条項などを加えて、全一八カ条と詳しくなったが、その基本的性格は変わっていない。

(2)　社会教育について、旧教育基本法は、「家庭教育及び勤労の場所その他社会において行われる教育」と呼んでいたが（新法一二条参照）、それに則って昭和二四年法律第二〇七号として制定された社会教育法は、学校の教育課程として行われるものを除いた、主として青少年・成人に対して行われる組織的な教育活動について定めている。そのため図書館・博物館のほか公民館の項目が設けられているが、通信教育もこの法律で定められている。

（3）旭川学力テスト事件は、昭和三六年秋、全国中学校一斉学力調査を企画した文部省の求めに応じて北海道旭川市立中学校で実施した学力テストに対し実力で阻止しようとした教員達の行為が、公務執行妨害・建造物侵入などの罪に問われたものである。そこでは、教育内容に対する国家的介入の是非・範囲などが争われたが、最高裁は、子供の教育の内容を決定する権能は国民に属するという国民教育権説、国にあるとする国家教育権説のいずれも極端な議論としてしりぞけた（最大判昭和五一年五月二一日刑集三〇巻五号六一五頁）。

（4）価値教育とは、人々の行動の一般的指針となり、又は意思決定、信念・行為を評価する際の判断基準となる原則や、基本的確信・理想・基準・生き方を教授したり、学習したりすることを指す。宗教教育のほか、道徳教育・市民性教育・多文化教育などを含んでいるが、いずれも複数の価値の共存を前提とする点で共通している。

**参考図書**

江原武一編『世界の公教育と宗教』（東信堂、二〇〇三年）
菅原伸郎『宗教をどう教えるか』（朝日新聞社、一九九九年）
國學院大學日本文化研究所編『宗教と教育――日本の宗教教育の歴史と現状』（弘文堂、一九九七年）
杉原誠四郎ほか『日本の宗教教育と宗教文化』（文化書房博文社、二〇〇四年）

# Ⅳ　政教分離原則の再検討

## はじめに

いわゆる政教分離の原則の意味については、信教の自由の保障内容の問題と同様に、判例・学説上いろいろな議論がある。このうち信教の自由に関しては、先の宗教法人法の改正などを契機として議論が展開されたことは記憶に新しいが、ここでは、政教分離に関連する諸規定について最高裁判所が示したところを素材として、その原則論的な立場及びその具体的な合憲性判定規準をめぐる問題点を中心に、多少の検討を加えることにしたい。

最高裁は、いわゆる津地鎮祭訴訟事件判決ののち、自衛官合祀訴訟・箕面忠魂碑訴訟・愛媛玉串料訴訟を経て、最近の箕面遺族会補助金訴訟事件判決に至るまで、いわゆる目的効果規準に代表される政教分離論を確立した判例法理として採用してきたように見える。だが、愛媛玉串料訴訟に関する別稿(1)でも述べたように、最高裁の判例法理は、これまで政教分離原則の本質的要素や具体的な規範内容を明示することなく蓄積されてきたのであって、そこに再検討を要する根本的な問題点があるように思われる。

## 一　最高裁の判例法理の枠組み

最高裁は、津地鎮祭事件大法廷判決（最大判昭和五二年七月一三日民集三一巻四号五三三頁）において、初めて「政教分離原則」の原理的意味を定式化した上で、日本国憲法第二〇条第一項後段、同第三項及び第八九条の諸規定からなる「政教分離規定」の内容を、以下のように示した。

(1)　憲法は、国家と宗教との完全な分離を理想とし、国家の非宗教性ないし宗教的中立性を確保しようとして政教分離規定を設けており、その解釈の指導原理となる政教分離原則は、国家が宗教的に中立であることを要求するものである。

(2)　政教分離規定は、いわゆる制度的保障の規定であり、国家と宗教との分離を制度として保障することにより、間接的に信教の自由の保障を確保しようとするものである。

(3)　この政教分離原則は、国家が宗教とかかわり合いをもつことを全く許さないとするものではなく、宗教とのかかわり合いをもたらす国の行為のうち、その目的及び効果の点で、社会的・文化的諸条件に照らし相当とされる限度を超えるものを禁止する趣旨である。

(4)　憲法第二〇条第三項で禁止される「宗教的活動」とは、国及びその機関の宗教とのかかわり合いをもつ行為のうち、その目的が宗教的意義をもち、その効果が宗教に対する援助、助長、促進又は圧迫、干渉等になるような行為をいう。

(5)　争点となった国等の宗教とのかかわり合いをもつ行為が、そうした「宗教的活動」に該当するかどうかについては、宗教的行事の主宰者・順序作法といった外形的要素のみにとらわれず、①その行為が行われる場所、②その行為に対する一般人の宗教的評価、③その行為者が行為を行うに際しての意図、目的及び宗教的意識の有無、程度、④その行為が一般人に与える効果、影響といった諸要素を考慮し、社会通念に従って判断すべきである。

(6)　宗教とのかかわり合いに伴う国等の支出が、憲法八九条で禁止される公金支出に当たるかどうかは、前記のような行為の目的、効果及び支出の性質、金額等を考慮して判断される。

最高裁の判例法理として示されたこれらの命題のうち、(3)までは政教分離原則に関する原理的な理解を説いたものであり、(4)以下は政教分離規定に関する具体的な憲法解釈及び判断規準を示したものと考えられるが、次にその内容を検討することにしよう。

## 二　政教分離規定の論点と解釈

ここでは、先に、(4)ないし(6)に示された政教分離規定に関する具体的な憲法解釈、そしてこれに基づく判断規準について問題点を要約することとし、政教分離原則に関する原理的な理解に潜む問題点については、節を改めて論じることにしよう。

まず、(4)にいう問題となった公的機関の行為の目的が「宗教的意義」をもつという意味は、必ずしも明らかでない。しかしながら、この点については、自衛官合祀訴訟事件判決（最大判昭和六三年六月一日民集四二巻五号二七七頁）によって、「特定の宗教への関心を呼び起こし」というように言い換えられていることが注目されよう。この自衛官合祀訴訟事件判決は、事案のせいか、「宗教的活動」の具体的な解釈を示した(4)・(5)の解釈判断枠組みだけを述べ、完全分離の「理想」や「制度的保障」論などについて述べた(1)～(3)の政教分離原則に関する原理的な立論に言及するところはない。

他方、箕面忠魂碑訴訟事件判決（最三判平成五年二月一六日民集四七巻三号一六八七頁）は、再び津地鎮祭訴訟事件判決で示された政教分離原則の定式全体を示している。だが、ここでは、憲法が「国家と宗教との完全な分離を理想とし、国家の非宗教性ないし宗教的中立性を確保しようとした」ことはとくに言及されず、政教分離原則は「国家が宗教的に中立であることを要求する」ことのみが説かれている。これをみると、いわば完全分離の理想はやや遠景に退いたような印象を受けるが、この背景には、国家の「非宗教性」と「宗教的中立性」との間には――微妙だが――見逃しえない区別があるとの認識があったのかも知れない。

ところが、愛媛玉串料訴訟事件において、いわば完全分離理想と「非宗教性ないし宗教的中立性」という出発点を含めて、最高裁は再び、津地鎮祭判例で示された⑶までの政教分離原則の定式全体を復活させ、初めて政教分離規定に反するとの違憲判決を下すに至った（最大判平成九年四月二日民集五一巻四号一六七三頁）。同判決の法廷意見には、しかし、右の⑸、つまり「宗教的活動」該当性に関する具体的判断を左右する四つの要素との関係について充分な説明が見られない。そのため、「津地鎮祭大法廷判決の定立した判例法理に従うとして、多数意見が考慮要素の①ないし④について説示するところ」は、「論理に従ってその文脈を辿ることは著しく困難である」（可部恒雄判事の反対意見）との手厳しい批判に曝されることになった。

さらに、⑹の具体的意味も決して明らかではない。しかし、これについては、右の箕面忠魂碑訴訟事件判決及び最近の箕面遺族会補助金訴訟事件判決（最一判平成一一年一〇月二一日判時一六九六号九六頁）があり、これらによって、憲法第二〇条にいう「宗教団体」及び第八九条にいう「宗教上の組織若しくは団体」は同じ意味をもつこと、それらはともに「特定の宗教の信仰、礼拝、普及等の宗教的活動を行うことを本来の目的とする組織ないし団体」を指すことなどが示された。この判示は同時に、そうした組織や団体に対する公金支出が違憲となることをも意味しているが、この点は判決文では必ずしも明らかでない。しかし、そうした解釈は、もともと、宗教と何らかのかかわり合いのある行為を行っている組織ないし団体のうち、公金支出が「特定の宗教に対する援助、助長、促進又は圧迫、干渉等になり、憲法上の政教分離原則に反すると解されるものをいう」として導き出されたものであった⑵。

## 三　判例法理の基本的枠組みの問題

次に、政教分離原則に関する原理的な理解、つまり先に示した判例法理の(1)〜(3)に潜む問題点について検討することにしよう。

### 1　最高裁独自の「制度的保障論」

まず、最高裁は、判例法理の(2)に示したような「制度的保障論」を展開している。この点について詳しくコメントする余裕はないが、このように政教分離原則を「制度的保障」とみる議論は、かつてC・シュミットによって説かれた「制度保障」論とは、何らの関係もない。それは、津地鎮祭事件大法廷判決当時までの権威的な憲法学に引きずられた最高裁独自の観念にすぎない。そうした政教分離原則＝制度的保障論は、「シュミットの趣旨とは完全に逆転した、稀に見るスキャンダラスなテクスト解釈」[3]の所産といってよいものである。

また、そこには、「国家と宗教との分離を制度として保障することにより、間接的に信教の自由の保障を確保しようとする」との予定調和的な見方も関係しているようである。しかし、厳格に捉えられた政教分離原則は、むしろ自由に対する抑圧の原理ともなりうるもので、政教分離原則のもつこの側面に関する考慮を欠いてはなるまい。この点については、無神論的な「政教分離」観との関係で、すぐ後でも述べることにしよう。

しかも、最高裁独自の「制度的保障」論は、いわば政教分離原則の厳格な適用を緩和するための道具として用いられているかに見受けられ、この点をとらえて判例法理が批判されることもある。だが、後に述べるように、そうした緩和解釈は、別に「制度的保障」論の手助けがなくても、信教の自由の保障ということを考えれば、無理なく導かれうるものである。最高裁の論法は、むしろ、その前提として「国家と宗教との完全な分離」という「理想」を高く掲げたことの反面として理解することができるが、この前提自体、必ずしも当を得たものでないことは、次に述べる通りである。

## 2　「国家と宗教との完全な分離」は「理想」か

(1)　第二に、判例法理の(1)に登場する「理想」としての「国家と宗教との完全な分離」論、そして「国家の非宗教性ないし宗教的中立性」という形で国家の「非宗教性」と「宗教的中立性」とを同一視する議論については、すでに紹介した別稿「『愛媛玉串料訴訟』上告審判決寸感」において検討を加えておいた（本書第五部Ⅱ論文参照）。

したがって、ここでその点について詳しく述べることは避けたいが、その要点のみを繰り返すなら、まず、国家の「宗教的中立性」という原理は、西欧型の「政教分離」観を表すのに対して、その「非宗教性」という原理は、結局のところ、宗教というものを政治的共同体から駆逐しようとする無神論的な「政教分離」観に通ずるおそれがある。というのも、前者は宗教の存在とそれへの尊重を前提とするものであるのに対し、後者は国家が宗教との関わりを一切排除する論理を含んでいるからである。

他方、「国家と宗教との完全な分離」を「理想」視する議論についていえば、現行憲法は宗教を尊重する立場をとっており、現行法上も社会生活における宗教の意義や価値を認めるという前提に立った規定は多い（新教育基本法第一五条、建築基準法第四八条・別表第二、国税徴収法第七五条第七号、民事執行法第一三一条第八号など）。そこで、通常の社会生活を送ることのできない閉鎖的な公的施設の場合、ここで生活する者の信教の自由を確保するためには、当然に原則を緩和することが求められよう(4)。実際、アメリカ合衆国やフランスなどの典型的な政教分離原則の国でも、施設専属牧師や施設付き司祭といった制度が設けられているのである。

(2)　この意味において、すでに政教分離原則は絶対的なものではありえないのであって、判例法理にいう「国家と宗教との完全な分離」が「理想」などということはとうていできない。また、その点を考えれば、先に述べたように、政教分離原則の緩和解釈を導くために、独自の「制度的保障」論を展開する必要もないのである。

そもそも政教分離とは、教会・国家関係（Church-State Relations）の一類型を指し示す用語であるが、その原理は、「政治」がおよそ「宗教」と一切の関わりをもつべきでないという意味における「分離」を要求するものでなく、政治及び宗教のもつ各々の固有の機能を認識し、その意味において両者を原理的に「区別」し、「政権」と「教権」とは「分立」されるべきものだとの認識に立って、教会と国家との分離（Separation of Church and State）を図ろうとするものである。

確かに、この意味においてなら、判例法理のいうように「完全な分離」という「理想」について語ることができるかも知れない。だが、「国家と宗教との分離」という場合、分離されるべきものは「国及びその機関」と宗教ということになるが、宗教もまた政治的共同体における社会的・文化的な事象であり、道徳・慣習などと並んでそれを支える要素の一つである以上、そこに「分離」の理想を語ることなどできないはずである。

(3)　さて、わが国の公的機関において、アメリカやフランス的な配慮をした例は見当らず、ただ、それらしい実例として、僅かにいわゆる「エホバの証人」事件判決（最二判平成八年三月八日民集五〇巻三号四六九頁）を挙げることができるにすぎない。最高裁は、そこで、信仰上の理由から剣道実技の履修を拒否した学生に代替措置を講ずることは政教分離原則に反することになるとの公立学校の主張に対し、①およそ代替措置を講ずることが憲法第二〇条第三項に違反するというわけではなく、その方法・態様によっては認められるとし、また、②学生の宗教を詮索したり宗教を序列化したりするのでなく、そのために必要な一定の調査をおこなうことは「公教育の宗教的中立性」に反することにはならないと判示した。限られた局面での判断ではあるが、その説示は、今後、信教の自由と政教分離原則との調整問題を考える際の指針になるであろう。

最後に、判例法理の(3)で説かれた目的効果論は、政教分離原則の本質的要素をまったく示していない。そのため、それによる具体的な禁止規範の内容も明らかにならないという大きな問題があるが、これについては、さらに節を改めて論じることにしよう。

## 四　政教分離原則の本質的要素

右に述べた政教分離原則の本質的要素という問題については、まず、それが、先に述べたように、教会・国家関係の一類型を示すことを確認する必要がある。この教会・国家関係は、しばしば、国教制・公認宗教制・政教分離制というように類型化され、私自身も一応そうした図式に従って説明してきたが(5)、これはいずれも一応の大雑把な類型であって、その内実はさまざまである。したがって、そうした類型化から具体的な法的帰結を導くことには、くれぐれも慎重でなくてはならない。その点を説明するために、比較法的な素描を試みることにしよう。

### 1　イギリスは国教制か

まず、イギリスはしばしば国教制をとっていると言われるが、その実相はどうであろうか。一六世紀にローマ・カトリック教会から分離し、ヘンリー八世自ら首長に就任したイギリス教会(Church of England、エピスコパリアン)は、教会、その位階制及び制度、その裁判所及び法が議会によって憲法及び国の一般法(constitution and general law of the land)の一部と認められているという意味において、紛れもなく公定教会(established Church)であり、任意団体(voluntary association)である他の教会とはまったく異なった取扱いを受けている。現に、主教は国王によって任命され、一定数の主教は聖職貴族とされ、貴族院に議席を占めるなどしている。

ところが、アイルランド教会(Church of Ireland)は、イングランド教会から分離した一八六九年以後、一つの任意団体になっているし、スコットランド教会（Church of Scotland、プレスビテリアン）も、世俗権力が教会を支援し、援助する義務を認めているという意味では公定されているが、裁治・規律・教義に関しては国のコントロールからまったく自由だという意味では、公定されてはいないのである。

いずれにしても、イングランド教会はイングランドにおいて、スコットランド教会はスコットランドにおいてのみ、それぞれ公定教会たりうるにとどまり、その他の宗教には完全な自由が認められている。したがって、イギリスは国教制をとっていると言われるが、その実質はかなり複雑な様相を呈しているのであって、その全体像を語ろうとするときは、これを国教制と説くか公認宗教制とみるかは、一概に言えないのである(6)。少なくとも、国教制という用語が、ただ一つの教会のみが公定され、特権化された地位をもつという意味における古典的なイメージを示す限りにおいて、その用語は決してイギリスの教会・国家関係の実相を伝えるものとはいえず、法的にも正確ではないといえよう。

## 2　政教分離制度の諸相

(1)　これと同じような事情は、いわゆる政教分離原則にもある。政教分離又は「教会と国家との分離」という場合、比較法的にみると、①国はいかなる宗教をも公認してはならない、②国はいかなる宗教に対しても補助金を支出したりしてはならない、ということが、その基本的な制度的標識とされよう。だが、事柄はそれほど単純ではなく、分離の内実を知るには、より具体的な吟味を必要とするように思われる。

すなわち、国教樹立の禁止（Disestablishment）を謳っているアメリカ合衆国及びライシテ（Laïcité）を憲法原理とするフランスは、政教分離原則を採用している代表的な国である。しかし、まず、フランスでは議会開会時の公的祈りを廃止することからライシテへの歩みが始まったのに対し、アメリカ合衆国では今日でも議会開会時には公の祈りが行われている(7)。この点についてアメリカでは、その慣行が憲法制定以前から続いていた伝統であることが強調されているが、このことは、ひとしく政教分離を憲法原則とするとしても、それが同じ場面において必ず同じ意味や効果をもつことにはならない、ということをよく示している。

また、フランスでは、「諸教会と国家との分離」に関する一九〇五年一二月九日のいわゆる政教分離法自体、病院・学校等の公的施設において公的負担で施設付き司祭の制度を設けることを認めている。そして、フランスでも公金支出の禁止が定められているのに対し、日本国憲法第八九条前段で定めているような公的財産供用の禁止に当たる規範が存しないことも、注目されよう。これは、伝統的な大聖堂・教会堂・司祭館などのほとんどは国又は市町村の所有に属するという事情があり、その無償使用権については、政教分離法自ら、聖職者又は信徒会――カトリックの場合は「司教区会」――と呼ばれる宗教団体（法人）に与えるという構成をとっているからである(8)。

さらに、ベルギー憲法やルクセンブルク憲法などのように、司祭給与を国費から支出することを憲法の明文で定めているところもある。しかし、だからといって、これらの国が国教制度を採用しているというわけではない。フィリピン憲法の場合はもっと興味ぶかい事情があり、政教分離の原則を採用することを明文で謳っているものの、同時に公立学校における宗教教育を保障している。

むろん、こうした例をそれぞれの国の特有の事情に帰せしめることはできる。だが、そうであるなら、日本国憲法が政教分離原則を採用しているという場合の「政教分離」のあり方についても、日本の伝統に根ざしたものをいかに提示できるかが問題となろう。しかし、厳格な分離を強調する憲法学はもちろん、「国家と宗教との完全な分離」を理想とする最高裁の判例も、一般的な政教分離の原則についてすら、その要素とされるべき制度的標識を具体的な規範のかたちで明らかにしたことはないのである。

(2)　なお、本稿の冒頭で示した津地鎮祭事件の判例法理の(3)で説かれた目的効果論に対しては、アメリカ合衆国の判例理論とされるいわゆるレモン事件以来の三面規準（three-part test）と異なっている点を強く批判する見解もあった。

しかし、そもそも、わが最高裁のとるべき判例法理が何故にアメリカの判例理論と同じでなくてはならないのかという問題を別としても、わが国における政教分離原則に関係する争いは、アメリカの場合とはかなり異なった様相を呈していることに思いを致すべきであろう。

すなわち、アメリカ判例理論の三面規準は、教会・国家関係のうち初等教育にかかわる「立法」の合憲性についての判断規準であり、したがって、当該立法――そのほとんどは州議会制定法――は、①世俗的「目的」をもつか、②当該立法の「効果」は世俗的であるか、③それによって教会と国家とが「過度の関わり」をもつことにならないか、を問題としたものであった。しかし、日本の場合、そうした立法を問題とした事例自体はきわめて少ない。憲法第八九条との関連からいっても最も問題となりそうな私立学校振興助成法ですら、その合憲性を正面から争った事例はなく、僅かにいわゆる国有境内地処分法に関する事件（最大判昭和三三年一二月二四日民集一二巻一六号三三五二頁、最三判昭和四九年四月九日判時七四〇号四二頁）を挙げることができるにすぎない(9)。

むしろ日本でこれまで問題視されてきたのは、右に挙げた津地鎮祭事件・愛媛玉串料訴訟において典型的に見られるように、ほとんどが神社神道がらみの事実行為であって、法令によって制度化されたものではない。もともと立法の合憲性判定規準としての目的効果論がそのままで妥当する余地はないのである。現にアメリカ合衆国でも、議会制定法でなくキリスト生誕の場面をかたどった像を公園で展示するといった事実行為が争いの対象となった場合には、すでにレモン・テスト は通用しなくなっているようである。

## おわりに

さて、日本の憲法学の中には、信教の自由の保障は政教分離を「要請」するとか、政教分離の原則は信教の自由を保障する「必須の前提」であるとかいった議論を展開するものが見られる(10)。

しかし、政教分離原則と信教の自由とが、そのような関係にあるというのであれば、あたかも権力分立が国民の自由の保障に仕える原理であるように、本来、先に述べたような信教の自由と政教分離の原則との衝突といった事態は、およそ想定できないのではあるまいか。

また、一九五〇年のヨーロッパ人権保護条約をみても、一九六六年の国際人権規約〔自由権規約〕をみても、信教の自由はいわば普遍的な原理として謳われているが、だからといって、政教分離という特定の教会・国家関係を指示してはいない。このことは、信教の自由が、寛容の精神なき公定教会という制度――古典的な意味における国教制――とは相容れないことは確かであるが、そうでない限り、しばしば説かれるように、政教分離と信教の自由とは「必須の前提」といった関係にないことを示しているのではあるまいか。

（1）大石眞「『愛媛玉串料訴訟』上告審判決寸感」ジュリスト一一一四号二六頁以下（一九九七年）。〔本書第五部Ⅱ論文参照〕

（2）もっとも、そこで採られた解釈方法に対しては、私は批判的な意見をもっている。大石眞「最新判例批評」判評四二二号一二頁（判時一四八二号一七四頁、一九九四年）以下参照。〔本書第五部Ⅴ論文参照〕

（3）石川健治『自由と特権の距離』七頁（日本評論社、一九九九年）。

（4）こうした信教の自由と政教分離原則との調整問題という視点から、「政教分離の限界」を明確に論ずる代表的な論考として、百地章『憲法と政教分離』（成文堂、一九九一年）八三頁以下、同『政教分離とは何か』八二頁以下（成文堂、一九九七年）。

（5）大石眞『憲法と宗教制度』二頁以下（有斐閣、一九九六年）。

（6）そうした視点を明確に示す最近の政治学的な論考として、星野修「イギリス公定教会体制の形成と変容」東洋学術研究三九巻二号一七五頁以下（二〇〇〇年）。

（7）フランスにおけるライシテの原理については、大石・前掲註（5）一三頁以下、及び小泉洋一『政教分離と宗教的自由』

（法律文化社、一九九八年）など参照。アメリカ合衆国については、熊本信夫『アメリカにおける政教分離の原則』増補版（北海道大学図書刊行会、一九八九年）及び瀧澤信彦『国家と宗教の分離』（早稲田大学出版部、一九八五年）など。なお、公の祈りはイギリス議会などでもおこなわれている。

（8）　大石・前掲註（5）二六頁以下参照。

（9）　これについては、大石眞『憲法史と憲法解釈』第三部（信山社、二〇〇〇年）参照。

（10）　例、樋口陽一ほか『憲法Ⅰ』三九五頁以下（青林書院、一九九四年）［浦部法穂執筆］。

# V　日本国憲法と宗教法人税制

## はじめに

(1)　一九九八年（平一〇）九月、財団法人「日本宗教連盟」は、金融資産収益にかかる非課税措置を維持すべきこと、収益事業を営まない宗教法人に対する収支計算書の提出義務付けを廃止すべきことなどを内容とする要望書を、自民党総裁あてに提出したことがある(1)。その当否について論ずることはここでの課題ではないが、その主張は、要するに、宗教法人に対する課税は信教の自由と政教分離原則に反するというものであった。

しかしながら、これは課税権力のあり方を問題にしようとするのであるから、むしろ、もっぱら信教の自由との関係で議論すべきであったのではないか、と思われる。このことは、宗教法人に対する課税をめぐる憲法上の論点が、関係者の中で必ずしも的確には位置づけられていないことを示すものと言えよう。

(2)　そこで、ここでは、宗教法人に対する課税制度の問題について、税法学の観点あるいは現行税法の当否といった観点からではなく、憲法学の観点から、つまり宗教法人をめぐる憲法的枠組みを明らかにし、これと宗教法人課税制度との関係を原理論的に考察してみたいと思う。

その場合、私は、宗教法人は、法人制度の枠組みとしては、いわゆる非営利法人の一つであるという認識に立つことが重要であるとの立場から、もっぱら宗教法人に焦点を絞って議論するのでなく、むしろ非営利法人全体の枠組みの中でそれを位置づけながら、検討を進めることにしたい。

## 一　信教の自由と政教分離原則

### 1　現行法による信教の自由への配慮

現行の日本国憲法は、信教の自由と政教分離の原則とを二大原理としている（第二〇条・第八九条）。すなわち、まず、憲法第二〇条第一項にいう「信教の自由」は、内心における信仰の自由のみならず、布教・集会などの外部的な宗教活動の自由を、さらには宗教団体を結成する自由や結成された宗教団体の組織・運営上の自由をも含むと考えられている。これをうけて現行法上も、そうした信教の自由に配慮した多くの定めが設けられている。

例えば、まず、宗教法人の特性及び慣習を尊重すべきこと（宗教法人法第八四条）、宗教に関する寛容の態度及びその社会生活における地位を尊重すべきこと（教育基本法第一五条）が、いずれも明文でうたわれている。このほか、寺院・教会などの宗教的建造物について用途地域内の建築規制が解除されること（建築基準法第四八条参照）はもちろん、刑法や税法その他に宗教的平穏・宗教的感情を保護する規定などが見られることも、この関係で注目されよう。

もう少し具体的に言えば、まず、仏堂・墓所その他の礼拝所に対して公然と不敬な行為をした者、説教・礼拝又は葬式を妨害した者は、礼拝所不敬罪に問われる（刑法第一八八条）。これについて、権威的な刑法学者は、「宗教そのものは保護の客体ではない」と言いつつ、「一般的な宗教感情を社会秩序そのものの一部として保護することは、なんら憲法の精神に反するものでないばかりか、むしろ信教の自由の前提ともなるものと考えるべきであろう」と説いている（2）。

そして、現に、墓所区域内における放尿行為を礼拝所不敬罪に問うた判決例も見られるのである（東京高判昭和二七年八月五日高刑集五巻八号一三六四頁）。また、仏像・位牌その他礼拝又は祭祀に直接供するため欠くことができない物は、差し押さえすることができないと定められていることも（国税徴収法第七五条、民事執行法第一三一条）、この関係で記憶にとどめておくべきであろう。

このように、現行法上、信教の自由に配慮した多くの定めが設けられている。ただ、誤解のないよう注意しておけば、これらの規定を挙げたのは、こうした法令の規定から憲法の意味を確定しようということではなく、あくまでもそれらが憲法の趣旨を踏まえたものとみられるからである。

## 2　国家と教会との関係（政教関係）と政教分離原則

他方、日本国憲法が採用している政教分離の原則に基づく国家と教会との関係は、とくに「政教分離制」といわれるが、これは、国教制度・公認宗教制度とならぶ伝統的な国家・教会関係の三大類型のうちの一つである。

このうち、国教制・公認宗教制は、一般に、単一又は複数の宗教団体が他の一般的な団体とは区別され、いわば国家的な公益をになう公的団体として処遇されるような制度をいう。これに対し、政教分離制の下においては、宗教団体は、国教型・公認宗教型の場合とは異なって、原理的に他の私的な団体と同様に取り扱われ、組織・運営上の自由と自律性を保障されるが、その反面、公的な補助を受けることが原則的に禁止されるという点において、むしろ他の私的団体と異なった取扱いを受けることが当然視されている。

もっとも、いわゆる政教分離の原則にはさまざまのイメージがあり、その中でも有神論的なものと無神論的なものとの間には大きな違いがある。したがって、その実像をよく知り、観念的な政教分離イメージの独り歩きに注意するとともに、無神論的な政教分離の原則――これは結局のところ宗教の否定へと導くことになる――の主張に対しては、十分に警戒する必要がある(3)。

# 二　日本国憲法と宗教法人制度

## 1　非営利目的団体としての宗教法人

宗教団体は、本来、その構成員に経済的利益を配分することを目的としないという点において、非営利団体の一つに数えられる。そして、政教分離制度の下では、宗教団体は、宗教上の目的をもつ一般的な私的団体としての地位を与えられ、そういう団体として、宗教的な結社の自由（組織・運営上の自由）を保障されるが、その反面で、前記のように、公的補助を受けることは原則的に禁止される。

この宗教団体が法律上の権利義務の主体となる場面、つまり法人制度という面に着目すると、宗教法人は、政教分離体制の下では、一般に私法上の非営利法人制度の一般的な枠組みにしたがうべき存在となる。その意味において、宗教法人が法人としての目的を大きく逸脱した場合や公共の福祉に反する違法な行為があった場合などは、その宗教法人の解散という厳しい措置を含めた、法人制度に当然にともなう一定の制裁が課されることになる（宗教法人法第八一条参照）。

また、宗教団体は、その目的に反しない限り、他の非営利法人と同様に収益事業もおこなうことができる。もっとも、その結果得られた収益の使途については、「当該宗教法人……又は当該宗教法人が援助する宗教法人若しくは公益事業のために使用しなければならない」として法律上限定されており（宗教法人法第六条第二項）、これに違反する場合には事業停止命令を受けることがある（宗教法人法第七九条参照）。

## 2　宗教法人と「公益法人等」との違い

このように、宗教法人は、本来、広く非営利法人制度の枠組みの中で位置づけるべきものであって、その一つにすぎない「公益法人」それ自体と同一視することには、かなり問題を含んでいるように思われる。この点をより詳しく述べれば、以下のとおりである。

第一に、民法第三四条に定める本来的な公益法人については、国家による公益性の認定・主務官庁による設立許可・行政上の監督（事業計画・収支予算の届出、事業報告などの義務づけ）といった、一連の制度的な枠組みの中で取り扱われ、行政側に大きな裁量が認められている。また、公益法人であるがゆえに、公的機関からの補助金も当然に受けることができるなど、公益法人と宗教法人との間には、無視できない決定的な違いがある。

したがって、一方で自由な私的団体であるという性格を強調しながら、他方で公益法人について言われるのと同じような公益性をそなえていると説き、これと同等の地位を主張しようとすることは、とうてい正当な考え方と考えることができない。なぜなら、そのような議論は、本来相容れない制度的な枠組みを無理に結合させようとするものだからである。

第二に、現行税法上、宗教法人は「公益法人等」として位置づけられているが（法人税法第二条第六号、別表第二参照）、この取扱いは、民法上の公益法人や特別法上の各種法人（宗教法人・学校法人・社会福祉法人・商工会議所など）を、税制目的上、包括的に指すものにすぎない。ことばを換えて言えば、現行法にいう「公益法人等」とは、これら多くの非営利団体の性格を個別に考慮したうえで、統一的にとらえようとした観念ではないのである。

実際、学校法人・社会福祉法人などは公的機関からの補助金を当然に受けることができるが、宗教法人はひとしく「公益法人等」と位置づけられてはいても、前記のように、公的補助を受けることは原則的にできないといった決定的な違いがある。したがって、現行税制上の「公益法人等」という区分けから、特定の帰結を導き出すことはできない、と言うべきである。

第三に、公益事業とのつながりということで言えば、宗教法人法第六条との関連も、考えられないではない。しかし、この規定は宗教法人が「公益事業を行うことができる」としているにすぎないのであって、宗教法人の活動が当然に公益性を有するとの前提に立ったものでは、決してないのである。

### 3　政教関係（国家・教会関係）との関連

国教制度や公認宗教制度をとる国では、宗教法人は、原則的に、公共法人あるいは公益法人といった位置づけを与えられる。現に、例えば公認宗教制度を採用しているドイツでは、カトリック教会・福音主義教会などの伝統的な大教会は、憲法上「公法上の団体」と位置づけられ、教会税徴収権までも与えられているが（連邦基本法第一四〇条に基づくヴァイマル憲法第一三七条第五項・第六項）、さらに、公立学校では宗教教育を正課としておこなうことが定められている（連邦基本法第七条第三項参照）。

しかしながら、政教分離制下の宗教法人について、こうした国教制度・公認宗教制度の下におけるような位置づけをしたり、国家による公益性の認定といった仕組みをとったりすることは、原理的にできないと考えられる。というのも、そうした認定をすることは、ある宗教やその活動に対する国の特定的な評価を前提とするものであり、そのこと自体、宗教的中立性をそこなうものとして妥当でないからである。

もちろん、明らかに反社会的な活動をおこなった宗教法人について、前記のように（二1参照）、法人制度それ自体に由来する法的制裁が加えられることは、当然であろう。しかし、そういう意味での評価を下すことは、いわば法人制度に内在するしくみによるものであって、ここで問題とするような、国家の側からする宗教団体に対する公益性の認定といった制度を採用するかどうかの問題とは、何ら関係がないのである。

## 三　宗教法人非課税制の位置づけ

### 1　現行税法上の非課税措置と憲法問題

さて、宗教法人に対する各種の租税減免措置をめぐっては、まず、その実質的な根拠が問題となるが、これについては、大別すると、(a)宗教又は宗教法人の公益性を理由とするものと、(b)政教分離の原則を理由とするものとの二つが考えられる。

しかし、まず、後者(b)の考え方については、そうした措置は前記のような教会・国家関係（一 2参照）のいずれにあっても見られること、そして課税権力のあり方はむしろ信教の自由の問題に属することなどを考えると、決して妥当でないように思われる。他方、前者(a)の立場は、とくに国教制度や公認宗教制度については当てはまるものの、政教分離の原則を採用しているところでは、前記のように、宗教法人の公益性を租税減免措置の理由とすることは、必ずしも十分な説得力をもちえないように思われる。

次に、宗教法人に対して各種の減免措置を講じている現行税法の規定については、しばしば「優遇税制」という批判が浴びせられる。したがって、当然に、憲法との関係も論議されることになるが、この問題については、憲法違反とみる立場（違憲説）と必ずしも違憲ではないとする立場（合憲説）とが考えられるが、どちらかといえば合憲説が学界の多数説といってよい。

その内容については後に述べるが、いずれにしても、そうした憲法的評価をおこなう場合に、とくに問題視されるのは、①租税平等の原則（憲法第一四条）あるいは特権付与の禁止（同第二〇条）との関係、そして②公金支出あるいは補助金交付の禁止（同第八九条）との関係である。これらの問題を以下で取り扱うことにしよう。

## 2　いわゆる優遇税制論と租税平等の原則

およそ租税減免制度の歴史は古く、また、前記のような国家と教会との関係を考えても、国教制度や公認宗教制度をとる国ではもちろん、政教分離制度の下でも租税減免という制度は広く認められてきたし、今日でも認められている。それは、どのような制度であっても、宗教というものがわれわれの社会生活の上で重要な意味をもち、十分に尊重されるべきものと考えられているからであろう。

その意味で、先ほど示した①、つまり租税平等の原則（憲法第一四条）あるいは特権付与の禁止（同第二〇条）との関係では、比較法史的にみてもとくに問題視すべきものではなく、租税減免措置を合理的な根拠のない不当な優遇税制として批判するのは当たらない。むしろ、そうした制度をまったく否定したり、ほとんど否定するに等しいようなわずかな軽減措置しか認めなかったりすれば、日本はいわば文明国としての資格を疑われることになるであろう。

もっとも、そのように言うことは、租税の種別によって具体的な税率などをある程度変更することまでも一切認めないという意味では決してない、ということも、ここに付言しておきたい。例えば、宗教法人がおこなう収益事業課税における税率を変更したり、非課税制度に替えて軽減税率を採用したりすること自体は、前記のように、租税免除制度の趣旨をないがしろにするようなものでない限りは、一概に不当とはいいがたいように思われる。

私としては、宗教法人が、私法上の非営利法人制度という枠組みの中で、各法人のもつ特性に応じた、いわば広義の公益性に仕えるものとして、いわゆる優遇税制を受けること自体にはとくに問題はないと考えられること、前に記した現行憲法の基本的立場を踏まえるならば、むしろ宗教法人は租税減免措置を受けてしかるべきものと考えられることを、ここで確認しておきたい。

### 3　宗教法人に対する非課税措置の憲法的位置づけ

この問題については、まず、先ほど示したように、(a)憲法上許容されたものとみるか（合憲論）、(b)憲法上禁止されたものとみるか（違憲論）という大きな対立があるが、このほか、さらに、(c)憲法上の要求とみる立場からの合憲論も考えられないではない。学界では、このうち、(b)説のような違憲論は少数であって、(a)説からの合憲論が多数を占めているように思われる。しかし、このタイプの合憲説によって具体的に説かれる内容は決して一様ではなく、同一待遇説・偶然利益説・宗教尊重説ともいうべき考え方に大別することができる(4)。

これらの考え方の当否についていえば、まず、国教制度や公認宗教制度をとる場合は別として、政教分離原則の下では、宗教団体も基本的に他の私法上の団体と同じという出発点に立つ以上、宗教法人に対するそうした税制上の取扱いについて、(c)説のように憲法上の要求とまでみることはできない。また、(b)説のように、非営利法人のうち、とくに宗教法人については非課税措置が憲法上禁止されると考えるのは、宗教の尊重という前記のような現行法全体を貫く精神と合致しないばかりか、そうした取扱いが、国教制度・公認宗教制度・政教分離制度という区別にかかわらず広く存在することの基本的な意味を無視しているきらいがあり、妥当とは言えない。

他方、(a)説のうち、同一待遇説と偶然利益説に基づく合憲論は、いわば宗教法人の特性から目をそらした議論であり、問題を直視しようとしない点において、決して妥当とは思われない。とくに同一待遇説は、前記のように（二2参照）、現行税法上の「公益法人等」は種々雑多なものを含んでいるのに、すべて常に同一に取り扱わなければならないという不当な帰結をもたらすであろう。また、偶然利益説は、「公益法人等」とされる団体の大多数が実は宗教法人で占められている、という制度運用の実態をほとんど無視した議論と言わざるをえない。

以上のように考えると、宗教法人に関する税制上の取扱いは、憲法上の要求ではないものの憲法上許容されたものとして合憲とみるべきであって、その説明としては宗教尊重説が適切であろう。すなわち、日本国憲法は、欧米諸国の憲法と同様に、宗教というものがわれわれの社会生活において十分に尊重されるとの前提に立っているものと解されるが、これを税制上どう位置づけるかについては、そうした宗教の尊重という根本精神を踏まえた、適切な立法政策に委ねられると考えられる。そして、立法政策の問題としては、法人格取得の問題と税制上の地位とを分離することも当然にありうることであって、現行法のような非課税制度でなく、これに替えていわゆる免税制度を採用することも、憲法上は可能だと考えられる。

## 4　いわゆる租税支出論について

先に掲げた議論のうち、公金支出あるいは補助金交付の禁止（憲法第八九条）との関係を問題視するのは、租税減免措置を公金の支出や補助金の交付と同一視する議論であるが、これについてはどう考えるべきであろうか。

そもそも、公金支出あるいは補助金交付の場合は、それにともなう「公の支配」、すなわち公的規制にしたがうことが求められる。また、個別法規による行政上の監督のほか、補助金適正化法や補助金交付規則などによる規制にも服することになる。これに対して、租税減免措置の場合は、そうした監督や手続に服することはありえないのであって、宗教と国家とのかかわり方はまったく異なっている。

したがって、租税減免措置を公金支出や補助金交付と同一視することはできないと言うべきであろう。もちろん、そうした措置は、むしろ租税平等の原則（憲法第一四条）や特権付与の禁止（同第二〇条）との関係で問題となりうるであろう。しかしながら、すでに論じたように、租税減免措置は、教会・国家関係のいかんを問わず、欧米諸国のあり方とも共通する一般的な制度なのである。そうだとすれば、そうした措置について、宗教尊重の立場に立っている現行憲法の下で、平等原則に違反するとか許しがたい特権だとか考えることは、とうていできないように思われる。

## 5　非課税制度と免税制度との間

租税免除制度それ自体の問題については前に述べたが、さらに宗教法人に対する非課税制度を採用していることから出てくる問題がある。これについては、とくに過剰な税務調査がおこなわれる危険があることに着目して採用されたものと理解する論者も、ないではない(5)。

しかし、過剰な税務調査という問題は、とくに宗教法人に限ったものではないし、純粋に経済的な事項について、税務職員が、必要な場合に、例えば銀行預金の調査をおこなったり、帳簿書類の提出を求めたりすること自体には、何ら問題はないはずである。さらに、他の法人と比べていろいろな利益や特典を享受しているとすれば、それに見合うだけの取扱いを求められることは、ある意味で当然というべきであろう(6)。

さて、繰り返し述べてきたように、現行憲法は宗教を尊重するという精神に立っているが、その下で宗教法人を租税政策上どのように処遇するかは、租税平等の原則や適正手続の要求といった憲法から導かれる諸原理に反しない限りで、基本的には、立法政策の範囲に属すると考えられる。その意味で、宗教団体について、法人格の取得と課税上の地位とをどういうかたちで結びつけるか、つまり非課税制度をとるか免税制度を採用するかといった問題は、国会が判断すべきことがらというべきであろう。

さらに付言するなら、この点については、以前から「多くの論者は、法人格の取得とは切り離して、免税特権ないしは税法上の特典付与を考えるべきことを提唱している」(7)と言われることも、議論の全体の流れを知る上で注意しておきたいところである。

この点については、しばしば反論されるように、免税制度を採用すれば、課税庁の権限が必ず拡大するというわけではないことにも、注意を促しておきたい。それは、すでに述べた非営利法人の取扱いの問題とも密接に関連しており、現にアメリカ型の免税制度にあっても、膨大な数の非営利団体を対象とするために、結局のところ、少なくとも伝統的な宗教団体については、内国歳入庁の承認なしに自動的に免税され、かつ税額控除の対象となる寄付を受け付けることができるし、申告義務も免除される。したがって、実態としては非課税制度と変わらない、と言われるのである(8)。

## おわりに――最近の非営利法人制度の基本的動向

(1)　前記のように、最近の動きとしては、いわゆるＮＰＯ法（特定非営利活動促進法、平成一〇年三月法律第七号）に続いて、中間法人法（平成一三年六月法律第四九号）が制定されたことが注目される(9)。これは、明治以来長い間、一般的な非営利団体法が定められず、民法典によるもののほか、宗教法人法・学校法人法などの特別法によって限られた団体のみが法人格を取得することができたにすぎなかった従来の状況からすると、大きな進歩ではあると考えられる。

しかしながら、この中間法人法の制定については、両議院の委員会における附帯決議をみても、公益法人のあり方について厳しく見直すべきことだけが言われ、とくに結社の自由・信教の自由に着目した配慮は見られない。この点は、ＮＰＯ法の制定の場合に、「この法律の施行及び運用に当たっては、憲法に規定する信教、結社及び表現の自由が侵害されることのないように配慮」することを求めた決議がおこなわれたことと比べて、注意する必要がある。こうした動向をみる限り、これまで往々見られたように、公益法人に引き付けた議論をするのは、むしろ問題が多いのではないかと思われるのである。

(2)　いずれにしても、このような一般的な非営利団体法制への展開という大きな流れを念頭に置くと、宗教法人も非営利法人の一つである以上、法人という地位と課税上の地位を切り離すような政策が執られるとしても、必ずしも不当とは言えないように思われる。

現に、その後、政府部内では、狭義の公益法人、中間法人及び特定非営利活動法人を包括した統一的な非営利法人制度が構想されているようである。すなわち、二〇〇三年（平一五）六月二七日に閣議決定された『公益法人制度の抜本的改革に関する基本方針』は、「新たな非営利法人」制度への移行を展望して、次のように記している。

（i）　一般的な非営利法人制度の創設

現行の公益法人制度は法人格の取得と公益性の判断や税制上の優遇措置が一体となっているため、様々な問題が生じている。このため、法人格を一定の優遇措置と分離し、公益性の有無に関わらず新たに非営利法人制度を創設する。この非営利法人制度は、民間の非営利活動を促進するため、準則主義（登記）により簡便に設立できるものとし、そのガバナンスについては、準則主義を採る現行の中間法人や営利法人を参考にしつつ、法制上の在り方を検討する。（以下省略）

（ii）　非営利法人における公益性

公益性を有する場合の優遇措置の在り方については、特別法に基づく法人制度を含めた全体の体系の整合性に留意しながら引き続き検討する。その際、①公益性の客観的で明確な判断基準の法定化、独立した判断主体の在り方、②ガバナンス、残余財産の在り方、情報開示、プライバシーの保護等、を含め検討する。

私は、こうした新たな非営利法人制度構想を基本的に支持する立場をとるものである。これと並行するかたちで、政府の税制調査会も、非営利団体について、原則的に課税対象となる非営利法人格の取得の問題と、原則非課税となる登録法人の範囲の問題とを区別した、法人税制案を検討していることが伝えられている。いずれについても、今後の動きを注意ぶかく見守りたいと思う(10)。

（1）平成一〇年九月二四日付「平成一一年度税制改正に関する要望書」。
（2）団藤重光『刑法綱要　各論』（創文社、一九六四年）二九九頁。
（3）大石眞「政教分離原則の再検討」ジュリスト一一九二号（二〇〇一年）九三頁以下参照。〔本書第二部Ⅳ論文参照〕
（4）その詳細については、大石眞『憲法と宗教制度』（有斐閣、一九九六年）二七四頁以下参照。
（5）例えば、益田英敏「宗教法人課税論の問題点を検証する」潮一九九五年四月号、三六二頁以下。
（6）玉國文敏「宗教法人課税の在り方」ジュリスト一〇八一号（一九九五年）二〇頁参照。
（7）玉國・前掲論文一八頁。
（8）田中善幸「第一五回　宗教と税制シンポジウム」日宗連通信、一九九九年、四頁参照。
（9）衆知のように、その後に「一般社団法人及び一般財団法人に関する法律」が制定され（平成一八年六月法律第四八号）、これに伴って中間法人法も廃止された（平成一八年法律第五〇号による）。
（10）なお、この構想に対しては、例えば、財団法人「助成財団センター」などから、登録法人認定における「社会的貢献性のある事業の領域」の内容は、第三者機関で検討すべきだ、財団法人の基本財産など資産運用の利子及び配当所得は非課税とすべきだ、といった提言が出されている。

〔付記〕
本稿は、二〇〇二年（平一四）三月三〇日に青山学院大学で行われた宗教法学会「第二〇回・賛助会員のための宗教法制研究会」において報告した内容を基礎とし、その後の動向について必要な加筆を施したものである。同研究会の席上、質疑及びコメントをくださった各位に篤く感謝を申し上げたい。

# Ⅵ　国有境内地処分問題の憲法史的展望

## はじめに

(1)　本稿は、最近の砂川市政教分離訴訟に関する二〇一〇年（平二二）一月二〇日の最高裁大法廷判決（民集六四巻一号一頁）の思考枠組みを提供したと考えられる、いわゆる国有境内地処分法について、その妥当性の問題を含めて憲法史的な考察を加えようとするものである。

したがって、同判決の当否を論じたり批評したりすることは、私に与えられた課題には属さない。本稿は、表題が示しているように、もっぱら国有境内地処分問題の沿革と背景、そして、その問題への立法的解決への道程を検討することを目的とするものである。このことを最初にお断りしておきたい。

さて、この国有境内地処分法は、精確には「社寺等に無償で貸し付けてある国有財産の処分に関する法律」（昭和二二年四月一二日法律第五三号）――第二次国有境内地処分法と呼ぶ――といい、政教分離原則の一環をなす日本国憲法第八九条前段に定める公金支出・公的財産供用の禁止との関係が争われる数少ない立法例である。

しかし、それは、明治憲法の下で宗教団体法（昭和一四年四月八日法律第七七号）と同時に成立し、長年の懸案であった社寺境内地処分問題に対して一定の解決策を示した「寺院等ニ無償ニテ貸付シアル国有財産ノ処分ニ関スル法律」（昭和一四年四月八日法律第七八号）――第一次国有境内地処分法という――の後身に当たるものである。

(2)　したがって、国有境内地処分問題の沿革や背景、そして国有境内地処分法が設定した問題解決の枠組みを精確に知るためには、たんに現行制度の表層的な理解だけでは足りないのであって、その問題をめぐって多くの立法例や裁判例が展開された明治憲法時代、さらには明治憲法制定以前の各種の取組みにまでさかのぼって、考察する必要がある。

本報告は、このような趣旨と意図に基づいて、関係法令等の動きをたどることによって、国有境内地処分問題の考察にとって必要な憲法史的な視点を提供しようとするものである。

その意味から、ここでは、国有境内地処分問題の沿革（一）、明治憲法と国有土地森林原野下戻法（二）、社寺境内地還付問題と行政裁判所（三）、第一次国有境内地処分法の成立前後（四）、そして日本国憲法と第二次国有境内地処分法（五）というように、主要な法案・立法例や判例等の動きを時系列的に整理するとともに、憲法上の論点に焦点を絞った検討を進めることにしたい(1)。

## 一　国有境内地処分問題の沿革

### 1　上知令による社寺領国有化と地租改正処分による官有地編入

いわゆる国有境内地処分問題が、明治初期の社寺領上知令（明治四年一月五日太政官布告第四号）による社寺領の国有化に端を発していることは、広く知られている(2)。

すなわち、まず、同令によれば、「諸国社寺由緒ノ有無ニ拘ラズ朱印地除地等従前ノ通り下置カレ候処、各藩版籍奉還ノ末、社寺ノミ土地人民私有ノ姿ニ相成リ不相当ノ事ニツキ、今度社寺領現在ノ境内ヲ除ク外、一般上知仰セ付ケラル」とされた。

さらに、地租改正の実施（明治六年七月）に伴って、社寺境内外区画取調規則（明治八年六月二九日地租改正事務局達乙第四号）では、社寺の境内地の範囲を限定的に定め、これとその他の部分とを区別して、「社寺境内ノ儀ハ祭典法要ニ必需之場所ヲ区画シ、更ニ新境内ト定メ、其ノ余悉ク上地之積、取リ調ベキ事」とされるとともに、「総テ民有地ノ証ナキモノ及民有地ヲ政府ヘ買上ゲシ神社敷地ハ官有地第一種、寺院敷地ハ同第四種ヘ編入スベシ」と定められた（第一条）。

### 2　土地森林原野の下戻しの問題

しかし、このような社寺上地と地租改正事業によって官有に編入された土地森林原野には、寺社その他の私人が所有権や分収権をもっていたものが少なくなかった。そこで寺社側の不満は強く、その返還を申請したが、政府も、正当な事由や確実な証拠等のある土地森林原野については、地方長官が還付する、つまり官有に編入したものを下げ戻すという方法がとられたりした。

しかし、その還付基準は明確でなく、下戻しを認めるかどうかは地方長官の裁量に委ねられていたので、寺社側の満足するところとならなかったことは、言うまでもない。この状況は、さらに信教の自由を保障する明治憲法の制定（明治二二年二月）によって大きく変わらざるをえないことになる（3）。

## 二　明治憲法と国有土地森林原野下戻法

### 1　明治憲法による「信教の自由」の保障

(1)　すなわち、大日本帝国憲法（明治二三年一一月二九日施行）は、「日本臣民ハ安寧秩序ヲ妨ケス及臣民タルノ義務ニ背カサル限ニ於テ信教ノ自由ヲ有ス」（第二八条）と定めた。これまでの土地森林原野の下戻し問題が、社寺のみならず氏子や檀家などの信教の自由と相容れないことは、改めて言うまでもない。

このような憲法と従来の法令との矛盾・抵触関係は、憲法施行日までに解消する必要がある。その動きは、まず、官有に属する土地・森林原野・営造物・家屋・船舶などの官有財産の取扱いの問題として表面化する。しかし、政府の立法方針は必ずしも一貫したものではなく、憲法施行に備えて制定された官有財産管理規則（明治二三年一一月二五日勅令第二七五号）にも、それに関する規定は設けられなかった。

(2)　とはいえ、まったく対応措置が採られなかったわけではない。憲法施行後に制定された社寺上地官林委託規則（明治二四年四月八日農商務省令第五号）が、「社寺上地官林の委託」という制度を設けたのは、その代表例である。その手続は、「社寺ニ於テ上地官林ノ委託ヲ請ケント欲スルトキハ、願書ニ其ノ創立ノ年代、由緒資格、出願地ノ字名区域段別樹種別木数…維持方法、氏子檀徒信徒ノ概数等ヲ詳記シ年限ヲ定メ図面ヲ添ヘ、神官住職及ヒ氏子檀徒総代…三名以上連書シ寺院ハ管長ノ奥書ヲ経テ所轄大林区署長ニ差シ出スヘシ」（第一条）というものであった。

この委託年限は一五年を限度としていたが、「委託年限ヲ経過シ尚ホ引キ続キ其ノ委託ヲ請ケント欲スルトキ」は、改めてこの手続を踏むこととされた（第二条）。したがって、継続的な社寺上地官林委託も可能となったが、官有財産であることを前提とした不安定な状態であることに変わりはなく、寺社側の不満が解消されることはなかった。

### 2　国有林野法（明治三二年）による社寺保管林制度の恒久化

そこで、これまでの社寺上地官林委託制度の恒久化を図る方向での解決策が模索されることになる。すなわち、まず、国有林野法（明治三二年三月二三日法律第八五号）により、「…社寺上地ニシテ其ノ境内ニ必要ナル風致林野ハ区域ヲ画シテ社寺現境内ニ編入スルコト」ができるようにして（第三条第二項）、国有林野のうち「上地ノ森林ヲ其ノ社寺ニ売払フトキ」には、「随意契約ヲ以テ売払フコト」を容認した（第八条第三号）。そのほか、同法は、「社寺上地ノ森林ハ其ノ社寺ニ保管セシムルコト」ができるとしたうえ、その社寺に「勅令ノ定ムル所ニ依リ社寺林地ヲ使用シ又ハ主副産物ヲ採取スルコト」もみとめた（第一七条）。

この勅令が、約四カ月後に定められた社寺保管林規則（明治三二年八月三日勅令第三六一号）である。ここでは、社寺の願出に依り社寺上地の森林保管を許可すること（第一条）、保管林の保管期間は五〇年を限度とすること（第三条。更新可）、そして、「本令施行前ニ社寺ニ委託シタル上地官林ハ従前ノ例ニ依ル」とするか、「其ノ社寺ノ出願ニ依リ本令ニ定ムル保管林ト為スコト」ができる（第一一条・第一二条）などの措置も講じられた。

### 3　国有土地森林原野下戻法（明治三二年）による対応

(1)　これと前後するかたちで定められたのが、七カ条からなる国有土地森林原野下戻法（明治三二年四月一七日法律第九九号）である。これは、先にみた地方長官による還付を制度化したものであり、本報告の主題である後の国有境内地処分法の原型をなすものとして、見逃すことのできない内容をもっているので、以下にほぼ全文を紹介しておこう。

**第一条**　地租改正又ハ社寺上地処分ニ依リ官有ニ編入セラレ現ニ国有ニ属スル土地森林原野若ハ立木竹ハ、其ノ処分ノ当時之ニ付キ所有又ハ分収ノ事実アリタル者ハ、此ノ法律ニ依リ明治三十三年六月三十日迄ニ主務大臣ニ下戻ノ申請ヲ為スコトヲ得

③　府県設置以後上地処分ヲ受ケタル土地及地租改正処分既済地方ニ於ケル未定地脱落地ニ付テハ此ノ法律ノ規定ヲ準用ス

**第二条**　下戻ノ申請ヲ為ス者ハ、第一条ノ事実ヲ証スル為少クトモ左ノ書面ノ一ヲ添付スルコトヲ要ス

一　公簿若ハ公書ニ依リ所有又ハ分収ノ事実ヲ証スルモノ
二　高受又ハ正租ヲ納メタル証アルモノ
三　払下下付売買譲与質入書入寄附等ニ依ル所有又ハ分収ノ事実ヲ証スヘキモノ
四　木竹又ハ其ノ売却代金ヲ分収シタル証アルモノ
五　私費ヲ以テ木竹ヲ植付ケタル証アルモノ
六　私費ヲ以テ田畑宅地ニ開墾シタル証アルモノ

**第三条**　前条ノ証拠書類ニシテ所有又ハ分収ノ事実ヲ証スルニ足ルト認メルトキハ主務大臣ハ其ノ下戻ヲ為スヘシ

**第六条**　下戻申請ニ対シ不許可ノ処分ヲ受ケタル者、其ノ処分ニ不服アルトキハ行政裁判所ニ出訴スルコトヲ得

**第七条**　此ノ法律施行以前ニ差出タル下戻ニ関スル申請書又ハ願書ハ此ノ法律ニ依リタルモノト看做ス

(2)　このように、下戻しの対象は「地租改正又は社寺上地処分に依り官有に編入せられ現に国有に属する土地森林原野若しくは立木竹」とされたが（第一条）、下戻し不許可処分に対して行政裁判所への出訴がみとめられた点（第六条）は、きわめて大きな意味をもっている。

というのも、明治憲法下の行政裁判制度は、周知の通り、「行政庁ノ違法処分ニ関スル行政裁判ノ件」（明治二三年一〇月一〇日法律第一〇六号）によって、出訴事項について限定列記主義が採られた。したがって、「租税及手数料ノ賦課ニ関スル事件」「租税滞納処分ニ関スル事件」「営業免許ノ拒否又ハ取消ニ関スル事件」など所定の事項のほかは、原則として行政裁判所への提訴がみとめられなかった。

けれども、この「行政庁ノ違法処分ニ関スル行政裁判ノ件」自身、「法律勅令ニ別段ノ規程アルモノヲ除ク外」と述べていたように、限定列記主義に対する例外もみとめられた。国有土地森林原野下戻法第六条は、正しく例外的な行政

裁判事項を定めたものであった。

# 三　社寺境内地還付問題と行政裁判所

## 1　農商務省の対応と国有林下戻し関連事件

(1)　もちろん、これによって問題が全面解決に向かったわけではない。というのも、政府は、ここに取り扱った社寺境内外上地林については下戻しに応じたが、その他の境内地については、本来公領地であって、朱印状や黒印状の下付はたんなる領知権の付与にすぎないとの立場を堅持して、主務大臣である農商務大臣は下戻し申請をすべて却下してしまったからである。

そのため、全国から農商務大臣を被告とする夥しい数の国有林下戻し関連事件が行政裁判所に係属することになった。

(2)　この点を数字で確認しておくと、当時の衆議院請願委員会における政府委員の答弁によれば、下戻し申請の総数は二〇、六七五件、農商務省による許可があったのは一、三三二件で、行政裁判に持ち込まれたのが一、九二四件という数字になっている。

そして、私が調べた限りでは、一九〇六年（明三九）から一九一〇年（明四三）の五年間に、行政裁判所で審理した事件は、全部で一、七一八件ほどあるが、その半数以上の九二六件が国有林下戻し関連事件であるから、毎月平均して一五件ずつ下戻し関連事件——不当処分取消請求訴訟又は山林下戻し請求訴訟のかたちをとった——が処理された計算になる。

## 2　行政裁判所の対応と社寺境内地処分問題の転機

(1)　これらの訴訟について、行政裁判所は、当初、政府見解と同様に、すべて「相立たず」として棄却していた。けれども、一九〇八年秋になって、弁護士鳩山和夫を訴訟代理人とする一乗寺山林下戻請求事件（行政裁判所明治三七年一〇五一号事件、明治四一年一〇月二九日判決）において、ついに農商務省の指令を取り消し、係争の対象となっていた山林・立木を原告の寺に下げ戻すべき旨の判断を示すにいたった。

この判決は、「本件係争山林は、古来原告寺の所有境内地にして永禄年中赤松義祐より租税免除の特典を受けし以来、徳川時代に至り朱印地として諸役免除となり、歴代住職の自由進退を為し来たりし土地なるを以て原告に下戻さるべきものなり」とする原告の主張を認め、「免税地にして私有に属するものは之を下戻すべきものとす」との判断を下したものである。

(2)　この判決が嚆矢となって、以後、一連の行政裁判所による下戻し認容判決が続くことになる。代表例を挙げるだけでも、明治四一年一二月一九日第三部宣告（奈良・長谷寺事件）、同年一二月二二日第三部宣告（延暦寺事件）、同四二年一二月二七日第三部宣告（滋賀・石山寺事件）、同四三年一月二四日第一部宣告（茨城・真壁郡神社神職事件）、同四三年二月二八日第一部宣告（栃木・西明寺事件）などがある(4)。

このような判断が定着した背景には、国有土地森林原野下戻法の適用の可否という「実際問題」の解決のために著された、日本法制史の泰斗、中田薫博士による「御朱印寺社領の性質」（国家学会雑誌二一巻一一・一二号所載）という論考があることは、宗教制度史上よく知られた事実である(5)。

(3)　このような行政裁判所の判例変更とその定着は、社寺境内地処分問題に一大転機をもたらすことになった。というのは、同裁判所への出訴・判決の前後によって不公平が生じただけでなく、もともと国有土地森林原野下戻法第一条の定める期限までに申請しなかった寺社は、永久に下戻しを受ける機会を失うことになった。

そのため、反って問題が顕在化し、寺院側は、帝国議会に対して幾度も寺院境内地還付請願をおこない、これを契機に、衆議院の請願委員会において社寺境内地還付法案が作成され、本会議でも可決されるにいたったからである（第二八回帝国議会、明治四五年三月二五日）。以後、寺院側の度重なる請願をうけるかたちで、この社寺境内地還付法案は大正期を通じて何度も衆議院に提出されたが、成立するまでにはいたらなかった。

### 3　国有財産法（大正一〇年）による調整

(1)　けれども、その間に制定された国有財産法（大正一〇年四月八日法律第四三号）のなかで、その問題に対する一定の調整が行われたことにも注意を払う必要がある。

すなわち、従来の官有財産管理規則（明治二三年一一月二五日勅令第二七五号）は、もともと帝国議会の議決を得た法律ではなかったが、種々の特別規定が存したため同規則の適用されない財産があるとともに、官有財産は各省の管理下に置かれたため、統一的管理機関を欠くなどの問題があった。

(2)　そのため、大蔵大臣を会長とする官有財産調査会が設置された（大正七年）。そして、同調査会による調査・検討の結果として用意された国有財産法案が帝国議会に提出され（同九年）、翌年成立したのであるが、そこには以下の規定が設けられている。

**第二四条**　従前ヨリ引続キ寺院又ハ仏堂ノ用ニ供スル雑種財産ハ、勅令ノ定ムル所ニ依リ、其ノ用ニ供スル間、無償ニテ之ヲ当該寺院又ハ仏堂ニ貸付シタルモノト看做ス

②　寺院又ハ仏堂ノ上地ニ係ル雑種財産ハ、其ノ用ニ供スル為必要アルトキハ、勅令ノ定ムル所ニ依リ、無償ニテ第

十五条［国有財産ノ貸付期限］ノ規定ニ拘ラス、之ヲ当該寺院又ハ仏堂ニ貸付スルコトヲ得

ここには、雑種財産としての永久無償貸付の対象になる寺院境内地と公用財産として無償貸付の対象となる神社境内地との区別が前提とされていることを思い起こす必要があるが、要するに、国有財産法第二四条は、寺院境内地について永久無償貸付をなしたものとし、下戻しと同じ効果をもたせようとしたものである。その内容は「実質上所有権と同一視すべき法定借地権」(6)とも言われたが、第一項にいう勅令としては、翌年一月に国有財産法施行令が制定されている（大正一一年一月二八日勅令第一五号）。

## 四　第一次国有境内地処分法の成立前後

### 1　第二次宗教法案と国有地譲与問題

以上のような事情を反映するかたちで、一九二七年（昭二）一月には、宗教制度調査会に諮られた、全体で一三〇カ条に上る政府の第二次宗教法案が、帝国議会の貴族院に提出されている(7)。同法案の主眼は、寺院・仏堂の財産管理性制度を整備することにあったが、寺院等の国有境内地譲与問題に関する具体的方策をも含んでいた。すなわち、同法案は、附則第一二五条において、現に寺院・仏堂に貸し付けてある国有財産について、申請に基づいて寺院境内地処分審査会が審査した後に、大蔵大臣が当該寺院等に「譲与」しうる途を開くとともに、第一二六条において、その譲与が認められなかった場合に、随意契約によって「時価の半額」で売り払うことができる、と定めていた。この意味において、第二次宗教法案は、後の国有境内地処分法が採用するにいたった無償譲与・半額売払いという仕組みを採用した点で、注目すべきものであった。けれども、同案は、結局、貴族院で審議未了となってしまう。

## 2　宗教団体法案との連動

(1)　その二年後の一九二九年（昭四）二月、これまでの寺院・仏堂の財産管理性制度を整備することに主眼を置いた宗教法案に代えて、神道を除く宗教団体の取扱いにも重点を置いた全九九カ条からなる宗教団体法案――しばしば「第一次宗教団体法案」と呼ばれる――が、第五六回帝国議会の貴族院に提出された。

この段階での特徴は、二年前の第二次宗教法案にあった寺院等の国有境内地処分に関する部分（同案附則第一二五条・第一二六条）が削られ、いわばその姉妹法案としての単行法案として全五カ条の「寺院等ノ国有境内地処分ニ関スル法律案」が用意され、そこに組み入れられたことである。

(2)　この寺院等国有境内地処分法案は、譲与処分に対する不服申立て（訴願）をみとめる規定を新たに設けた点において、第二次宗教法案とは異なっている。けれども、宗教団体法案とともに、同案もまた廃案に帰している。

このように、国有境内地処分問題の前提条件という意味をもたされた宗教団体法案は、その六年後の一九三五年（昭一〇）にも用意された（いわゆる第二次宗教団体法案、全八五カ条）。しかし、この時は、帝国議会に提出されるまでにいたらず、姉妹法案としての国有境内地処分法案も作成されなかったようである。

## 3　第一次国有境内地処分法（昭和一四年）の成立と施行

(1)　その四年後の一九三九年（昭一四）になって第三次の宗教団体法案が整い、大きな転機が訪れた。すなわち、全三七カ条にまで絞り込んだ同法案は、寺院等の財産を財産台帳に登録し、財産処分を地方長官の認可に係らしめるなど、財産管理制度を完備しようとしたものであるが、これとともに、全五カ条からなる「寺院等ニ無償ニテ貸付シアル国有財産ノ処分ニ関スル法律案」が、第七〇回帝国議会に提出されたのである（昭和一四年一月一八日）。

この後者は、一〇年前の寺院等国有境内地処分法案に対して売払い代金の支払い条件などに少し修正を加えたものであるが、議会では、宗教団体法案を含めて、先議された貴族院において一部修正されたうえで両議院において可決されて成立し、それぞれ「宗教団体法」「寺院等ニ無償ニテ貸付シアル国有財産ノ処分ニ関スル法律」として公布された（昭和一四年四月八日法律第七七号と同日法律第七八号）。後者が「第一次国有境内地処分法」と呼ばれるものであるが、ここにその全文を掲げておこう。

**第一条**　本法施行ノ際現ニ国有財産法ニ依リ寺院又ハ仏堂ニ無償ニテ貸付シアル国有財産ハ、寺院ニ在テハ本法施行後二年以内ニ、仏堂ニ在テハ宗教団体法第三十五条ノ規定ニ依リ其ノ仏堂ガ寺院ニ属シ又ハ寺院若ハ法人タル教会ト為リタル場合ニ本法施行後三年内ニ、申請シタルトキハ、寺院境内地処分審査会ニ諮問シ、主務大臣之ヲ当該寺院又ハ教会ニ譲与ス

②　前項ノ規定ニ依リ譲与スベキ国有財産ノ範囲ハ勅令ヲ以テ之ヲ定ム

**第二条**　前条ノ譲与ニ関スル処分ニ対シ不服アル者ハ、訴願ヲ為スコトヲ得

②　前項ノ訴願ノ裁決ヲ為ス場合ニ於テハ寺院境内地処分審査会ニ諮問スベシ

**第三条**　第一条ニ規定スル国有財産ニシテ同条ノ規定ニ依ル譲与ヲ為サザル者ハ、勅令ヲ以テ特ニ国有トシテ存置スルノ必要アリト定ムルモノヲ除クノ外、第一条ノ申請ヲ為シタルモノニ付テハ譲与ヲ為サザルコトノ決定通知ヲ為シタル日ヨリ五年内ニ、其ノ他ノモノニ付テハ寺院ニ在リテハ本法施行後五年内ニ、仏堂ニ在リテハ宗教団体法第三十五条ノ規定ニ依リ其ノ仏堂ガ寺院ニ属シ又ハ寺院若ハ法人タル教会ト為リタル場合ニ本法施行後六年内ニ、申請シタルトキハ、時価ノ半額ヲ以テ随意契約ニ依リ之ヲ当該寺院又ハ教会ニ売リ払フコトヲ得

②　前条ノ規定ニ依リ訴願ヲ為シタル者ハ前項ノ期間満了後ト雖、其ノ裁決書ヲ受領シタル日ヨリ尚二年間前ノ売払ノ申請ヲ為スコトヲ得

**第五条**　第一条ニ規定スル国有財産ニシテ同条ノ規定ニ依ル譲与ヲ為サザルコトニ決定シタルモノニハ国有財産法第二十四条ノ規定ヲ適用セズ。但シ第三条ノ規定ニ依リ売払申請シタル国有財産ニ付テハ売払契約成立ノ日又ハ売払ヲ為サザルコトノ決定通知ヲ為シタル日迄、命令ノ定ムル所ニ依リ、無償ニテ当該寺院又ハ教会ニ貸付シタルモノト看做ス

(2)　この第一次国有境内地処分法は、翌一九四〇年（昭一五）の四月一日から施行されたが、その際、第一条所定の手続によって処分されるべき国有境内地の範囲、つまり「譲与スベキ国有財産ノ範囲」をどのように定めるかは、実際上きわめて大きな問題となる。

そこで、検討が進められた結果、ようやく年末になって、同法施行令として「寺院等ニ無償ニテ貸付シアル国有財産ノ処分ニ関スル法律施行ニ関スル件」（昭和一四年一二月勅令第八九二号）が制定され、以下に列挙されたいずれかに該当するものと定められた（第一条）。

一　本堂、庫裡、会堂其ノ他寺院又ハ教会ニ必要ナル建物又ハ工作物ノ敷地ニ供スル土地
二　宗教上ノ儀式又ハ行事ヲ行フ為必要ナル土地
三　参道トシテ必要ナル土地
四　庭園トシテ必要ナル土地
五　寺院又ハ教会ノ風致ヲ維持スル為必要ナル土地
六　社寺等ノ災害ヲ防止スルタメ直接必要ナル土地
七　歴史又ハ古記等ニ依リ寺院又ハ教会ト密接ナル縁故アルモノト認メラルル土地

八　其ノ社寺等ニ於テ現ニ公共事業ノタメ使用スル土地
九　前各号ノ土地ニ於ル立竹木其ノ他ノ定著物

(3)　第一次国有境内地処分法による処分計画は、翌年から一〇年をかけて完了するという息の長いものであった。というのも、同法施行の時点でみると、無償貸付を受けていた寺院・仏堂は総計四六、三〇八件で、その面積は坪数にして合計二九、二八五、三〇二坪に及び、しかも、その大部分が譲与の申請をするであろうと見込まれていたからである。

実際の申請は、無償譲与にかかるものが三三、四二六件、半額売払いにかかるものが六、三一〇件で、合計すると三九、七三六件であった。けれども、寺院境内地処分審査会の議を経て、譲与されたものが九、六三八件、売り払われたものが三七〇件あまりになったところで、一九四一年（昭一六）一二月八日の米英両国に対する宣戦布告と同時に突入した太平洋戦争の戦況が悪化し、処分作業は中断を余儀なくされてしまった。

したがって、四万件近い譲与・売払い申請のうち、処理されたのは一万件余りにすぎなかったことになるが、その処理は日本の敗戦と同時に新たな段階を迎えることになる。

## 五　日本国憲法と第二次国有境内地処分法

### 1　神道指令と日本国憲法の制定

(1)　日本は、一九四五年（昭二〇）八月にポツダム宣言を受諾した後、連合国軍による占領管理体制の下に置かれ、その総司令部が発する数多の指令や覚書に服することになる。本報告の主題である国有境内地処分問題についてとくに大きな影響を与えたのは、年末のいわゆる国家神道体制の除去を命じた「神道指令」（昭和二〇年一二月）である。

その主な内容は、戦時体制の軍国主義のイデオロギー的支柱となった国家神道を厳しく指弾し、「神道及び神社に対する公の財源よりのあらゆる財政的援助並にあらゆる公的要素の導入」を禁止し、そうした「行為の即刻の停止」を命ずるものであった。したがって、「公地或は公園に設置せられたる神社に対して公の財源よりの如何なる種類の財政的援助も許されず」とされたが、「この禁止命令はかかる神社の設置せられ居る地域に対して日本政府、都道府県庁、市町村が援助を継続することを妨げるものと解釈せらるべきではない」との但書きも添えられていた。これが、国有境内地問題などを念頭に置いたものであることは言うまでもない。

いずれにせよ、神社に対する特別な取扱いに対する是正が図られることになるが、早速、翌年（昭二一）二月には、「ポツダム宣言ノ受諾ニ伴ヒ発スル命令ニ関スル件」（昭和二〇年勅令第五四二号）に基づく「明治三十九年法律第二十四号官国幣社経費ニ関スル法律廃止等ノ件」（昭和二一年勅令第七一号）によって国有財産法が改正され、これまで「公用財産」として無償貸付にしていた神社境内地も、寺院・仏堂等と同列の「雑種財産」に編入された。これにより、神社境内地も譲与・売払いの対象とされたのである。

(2)　ちょうどこの頃、憲法改正問題を秘密裏に検討していた憲法問題調査委員会の一部成果がある新聞にスクープされ、これを契機に総司令部が自ら憲法草案の作成に乗り出したことは、広く知られている。そして間もなく、いわゆるマッカーサー草案が日本側に手交され（二月一三日）、これを基に信教の自由と政教分離原則を大原則とする憲法改正草案が公表された後（四月一七日）、第九〇回帝国議会の審議に付されることになる（六月二〇日）。

この信教の自由と政教分離原則にかかわる宗教関係条項は、マッカーサー草案の作成過程で重要な修正を経ており(8)、憲法制定議会でもいろいろな議論があったものの、結局、原案通りに可決され、成立している。ここで、念のため、現行憲法の宗教関係条項（第二〇条・第八九条）を、(a)信教の自由と、(b)政教分離原則に分けて整理しておくと、以下のようになる。

(a)　信教の自由条項

「信教の自由は、何人に対してもこれを保障する。」（第二〇条第一項前段）

「何人も、宗教上の行為、祝典、儀式又は行事に参加することを強制されない。」（同条第二項）

(b)　政教分離条項

「いかなる宗教団体も、国から特権を受け、又は政治上の権力を行使してはならない。」（第二〇条第一項後段）

「国及びその機関は、宗教教育その他いかなる宗教的活動もしてはならない。」（同条第三項）

「公金その他の公の財産は、宗教上の組織若しくは団体の使用、便益若しくは維持のため、……これを支出し、又はその利用に供してはならない。」（第八九条前段）

## 2　国有境内地・社寺保管林問題の転換

(1)　このような総司令部の意向や憲法改正草案の規定を前提とすると、これまでの国有境内地処分政策を大きく転換せざるをえないことは明らかであろう。ここに示した宗教関係条項のうち、憲法第八九条前段が国有境内地処分政策に直接の影響をもつことは言うまでもないが、これまで検討してきたように、その背景には第二〇条第一項前段にいう「信教の自由」の理念があることにも注意する必要がある。

そこで、憲法改正草案が議会に附議されるのとほぼ同時に、大蔵・農林・文部の三大臣から共同で出された「神社、寺院等の国有境内地及び保管林に関する措置方針」が閣議決定され（六月一八日）、新たな国有境内地処分法の制定に向けた動きが始まることになる。

(2)　その一端は、憲法制定議会における論議の中にもうかがうことができる。例えば、七月一六日の衆議院憲法改正案特別委員会小委員会では、草案第一八条（＝現第二〇条）第三項と第八五条（＝現第八九条）との関連で、国有境内地・

社寺保管林の問題が取り上げられた。

その際、田中耕太郎文部大臣は、寺院境内地と神社境内地はともに保護されるべきこと、社寺保管林についても同様にすべきことを答えるとともに、「これらの措置は先程御話のやうな方向に只今整備中で、今議会中に出し得るやうになる」旨、答弁している(9)。

この発言は、当時すでに、社寺境内地処分問題に対する検討が進みつつあることを示唆している。実際、憲法草案の審議が貴族院特別委員会に移っていた九月二〇日、日本側は、「神社寺院により使用されている国有の土地、森林の処分について」という法的措置の要綱を総司令部に提出している。言うまでもなく、その承認を得て、社寺境内地処分問題の解決に向けた動きを加速しようとする意味をもつものであった。

## 3　第二次国有境内地処分法の成立

(1)　総司令部では、日本国憲法の成立・公布の前後に社寺国有境内地処分問題の検討をすすめ、同年一一月一三日には「宗教団体に供用中の国有地の処分について」と題する指令を日本に送った。この指令は、基本的に、先に日本側が提出していた法的措置要綱案に対して承認を与える内容となっているが、同時に、以下にみるように、国有地の処分に当たって遵守すべき幾つかの規準も明示している。

A　現在宗教団体によって利用されており、且つ、宗教行事のため必要な公有地に関する権利は、当該団体が日本政府の適当な機関に申請すれば無償で譲与される。但し、左の条件を附する。
1　宗教団体が一八六八年（明治元年）以前から土地を所有し且つ補償を受けずに上地した場合、又は、
2　その土地が政府以外のものから得たもので、且つ公金を消費しなかった場合

Ｂ　宗教団体の宗教行事には必要ではないが、右のA項に該当する土地を無償で当該団体に譲与するかどうかは、日本政府によって定める標準に従って決定せられる。

Ｃ　宗教団体に保管させてある国有森林地の所有権は、国がこれを保管し、現在の保管林制度はこれを打ち切らなければならない。〔下略〕

Ｄ　宗教団体は、現在占有又は管理にかかる他の土地で、宗教行事に必要なものを、市価の半額でこれを買うことができる。但し、宗教団体の収入を主目的とするような土地を除く。

宗教団体が、現に重要な宗教目的に供している土地を買得する場合は、金銭による支払に代えて、同等の価値がある土地を提供しこれと交換することができる。

Ｅ　宗教団体は、その占有又は管理にかかる土地が政府により取り上げられる場合には、当該土地に対して投じた有益費に対して適当な補償を受けることができる。但し、その土地の価値を高めた有益費に限る。

(2)　総司令部による条件付きの承認を得た日本側は、さらにA項の二つの条件は分かりやすく明文化した方がよいことなどを伝えられた。その後の検討を経て、翌一九四七年（昭二二）三月には、第一次国有境内地処分法の全面改正案というかたちで、無償譲与と半額売払いを主内容とする本則七カ条と、国有財産法・国有林野法の一部改正等を含む附則七カ条の合計一四カ条からなる「社寺等に無償で貸し付けてある国有財産の処分に関する法律」案が取りまとめられた。

この第一次国有境内地処分法の全面改正案――「第二次国有境内地処分法」案と呼ぶべきもの――は、最後の帝国議会である第九二回議会に提出され、同法施行令となるべき勅令案も、委員会段階で参考資料として配布された（この勅令案も、第一次国有境内地処分法施行令を全面改正したものである）。

第二次国有境内地処分法案は、衆議院・貴族院とも、政府原案通りに可決されて成立した。こうして現在の「社寺等に無償で貸し付けてある国有財産の処分に関する法律」は、昭和二二年四月一二日法律第五三号として公布されたが、念のため、その制定当時の主要条項をここで示しておこう（なお、現行規定と対比するため、その後の改正で削られた部分を《　》で囲み、改正された部分には傍線を付してある）。

**第一条**　社寺上地、地租改正、寄附（地方公共団体からの寄附については、これに実質上負担を生ぜしめなかつたものに限る。）又は寄附金による購入（地方公共団体からの寄附金については、これに実質上負担を生ぜしめなかつたものに限る。）によつて国有となつた国有財産で、この法律施行の際、現に神社、寺院又は教会（以下社寺等という。）に対し、国有財産法によつて無償で貸し付けてあるもの、又は国有林野法によつて保管させてあるもののうち、その社寺等の宗教活動を行うのに必要なものは、その社寺等において、この法律施行後一年内に申請をしたときは、《社寺境内地処分審査会又は社寺保管林処分審査会に諮問して、》主務大臣が、これをその社寺等に譲与することができる。

《②　社寺境内地処分審査会及び社寺保管林処分審査会に関する規程は、勅令でこれを定める。》

**第二条**　この法律施行の際、現に国有財産法によつて社寺等に無償で貸し付けてある国有財産で、前条《第一項》の規定による譲与をしないもののうち、その社寺等の宗教活動を行うのに必要なものは、同条《同項》の申請をしたものについては、《譲与をしないことの決定をしたものについては、》譲与をしないことの決定通知を受けた日から、六箇月内に、その他のものについては、この法律施行の日から、一年内に、申請をしたときは、《社寺境内地処分審査会に諮問して、》主務大臣は、時価の半額で、随意契約によつて、これをその社寺等に売り払うことができる。

②　前条《第一項》に規定する行政処分について、訴願をした者は、前項の期間満了後も、その裁決書を受領した日

から、なお三箇月内に、前項の売払の申請をすることができる。

**第三条**　第一条又は前条第一項の規定によつて、譲与又は売払をする国有財産の範囲は、勅令でこれを定める。

ここでまず注目されるのは、第一次国有境内地処分法と違って、譲与・半額売払いのいずれであっても、「その社寺等の宗教活動を行うのに必要なもの」という要件が付されている点である。これは、先にみたように、信教の自由を保障するとともに政教分離条項を設けた現行憲法の趣旨に配慮したものと言えよう。

また、上の施行令第三条にいう「譲与又は売払をする国有財産の範囲」は、実際にはきわめて重要な問題となる。その「勅令」として定められたのが、社寺等に無償で貸し付けてある国有財産の処分に関する法律施行令（昭和二二年五月一日勅令第一九〇号）の第一条で、そこには以下の九号が列挙されている（第一項）。

一　本殿、拝殿、社務所、本堂、くり、会堂その他社寺等に必要な建物又は工作物の敷地に供する土地
二　宗教上の儀式又は行事を行うため必要な土地
三　参道として必要な土地
四　庭園として必要な土地
五　社寺等の尊厳を保持するため必要な土地
六　社寺等の災害を防止するため直接必要な土地
七　歴史又は古記等によつて社寺等に特別の由緒ある土地
八　その社寺等において現に公益事業のため使用する土地
九　前各号の土地における立木竹その他の定著物

このように、基本的には第一次国有境内地処分法施行令と同じ内容であるが、第一号で新たに「本殿、拝殿、社務所」という文言が加わったのは、すでに述べたように、神社境内地が国有財産法において「雑種財産」に編入されたことをうけたものである。

## 4　第二次国有境内地処分法の運用

(1)　さて、当然のことながら、国有境内地と同様の問題は地方公共団体においても存在していた。この地方自治体における境内地処分問題に対して出されたのが、日本国憲法の施行を一カ月後に控えた、内務・文部次官連名による「社寺等宗教団体の使用に供している地方公共団体有財産の処分に関すること」（昭和二二年四月二日宗第二四号）という通牒であり、次のように伝えている。

……現在、社寺等宗教団体の使用している都道府県、市町村等地方公共団体所有の土地についても、国有財産処分の例に倣い……成るべく速やかに所要の手続を経てこれが処分を行い、宗教団体の存立の基礎を確立すると共に、新憲法上遺憾のないようせられ度、この段、命によって通牒する。

本稿の冒頭で触れた砂川市政教分離訴訟（最大判平成二二年一月二〇日民集六四巻一号一頁）は、この通牒で期待されたような処理が多くの地方自治体において必ずしも進んでいなかった事実を示唆するものであった、と言えよう(10)。

(2)　このように地方自治体の適切な対応を促す国ではあったが、第二次国有境内地処分法が施行される五月二日——日本国憲法施行の前日——から、その運用が直ちに開始されたわけではなく、その方針が固まっていたわけでもなかった。

というのも、国有境内地処分法施行規則（昭和二二年五月一日大蔵省令第四六号）は制定されたものの、国有境内地処分が実際に行われるまでには、同法所定の社寺境内地処分審査会（11）を設ける（昭和二二年九月五日政令第一八八号による）とともに、処分の統一性を確保するために、同法の運用方針を確定する必要があったからである。

そして、実際に大蔵省国有財産局長名で各財務局長あてに以下のような内容の通牒が出されたのは、一九四七年（昭和二二）一〇月一〇日のことであった。

一、譲与又は半額売払（以下処分という。）の相手方

1　処分の相手方は、本法施行の際、国有境内地の無償貸付を受けている宗教法人たる神社、寺院及び教会であること。

2　二つ以上の社寺等が共同の名義で国有境内地の無償貸付の相手方となっている場合は、両者の境界について当該社寺等の間に円満なる協定が得られたときは、その協定書を附して各別個に申請せしめ、然らざるときは当該社寺等から連名で申請をなさしむること。〔下略〕

二、国有となった原因の認定

1　上地地租改正寄附及び寄附金による購入に関する証明については、別表に例示するような書類により社寺等の所有権を確認し、もしくはその心証を得たときは、処分の適格性があるものとすること。

3　社寺上地、地租改正等の事実を記載した公証が嘗て存在したことを国又は公共団体の公務員たりしものが証明し、且つ、この証明事項をその長官又は団体の長が認証したときは、上地の事実ありたるものと取り扱い得ること。〔但書略〕

このような国有境内地処分の運用方針を最終的にまとめたのが、翌年一月の「社寺等の国有境内地取扱規程」（昭和二三年一月一〇日大蔵省訓令第一号）である[12]。

さて、実際の申請件数をみると、神社六二、三〇三件、寺院二二、〇八二件など合計八四、四四三件に上っている。そして、運用の要となった社寺境内地処分審査会は、連合国軍による占領管理中に始まり、日本の主権回復後の一九五二年（昭二七）末まで約五年間にわたって活動した。ここでほとんど最後に回されたのが、よく知られている浅間神社に係わる富士山頂譲与事件であった（最三判昭和四九年四月九日訟務月報二〇巻八号三九頁。なお、不服審査事案は二四件あった）。

(3)　ここで少し注意を要するのは、その間に第二次国有境内地処分法の改正問題があったという事実である[13]。ここでは、与えられた紙数の関係から、その詳細を説明することはできないが、要するに、総司令部側から同法第二条に定める半額売払制度は憲法第八九条に違反するのではないかとの疑義が出されたことに、端を発している。

これに対し、日本側は、同条はかつて社寺有であったとの確証もなかったとの確証もないため、折衷的に半額減じるとともに公正な審査会の議を経て返還する最も合理的な解決方法であること、同法が両議院の委員会及び本会議で全会一致で可決されたことなどを述べて、同法の憲法適合性を主張した。けれども、総司令部側の容れるところとならず、対応策として半額売払制度の廃止を内容とする法務庁作成の第二条改正案まで用意されたのである。

結局のところ、総司令部の意向にそって第二次国有境内地処分法を制定したという日本側の消極的姿勢や総司令部内部における見解の相違などもあって、その改正案は実現には至らなかった。けれども、このような経緯をみると、同法のどの点が最も問題視されたかが浮き彫りになるであろう。

# おわりに

(1)　本稿で取り扱った国有境内地処分法は、政教分離原則の一環をなす日本国憲法第八九条に定める公金支出・公的財産供用の禁止との関係が争われる数少ない立法例である。これについて、従来の憲法学は、一般に、沿革上の理由を根拠とした最高裁の合憲論（最大判昭和三三年一二月二四日民集一二巻一六号三三五二頁）と同様に、いわば消極的・弁明的な合憲論を展開してきた。

しかしながら、このような合憲論は、沿革的理由を根拠とするにもかかわらず、明治憲法下の立法的努力や行政裁判所の判例などに対する然るべき考慮を払わず、むしろそれを無視ないし軽視して組み立てられた立論であり、また、政教分離の原則とともに現行憲法の基本原理を形づくる信教の自由への正当な配慮を忘れた立論にすぎない、と評することができよう（国有境内地処分法違憲論については、その批判がより強く妥当する）。国有境内地処分法については、むしろ政教分離原則と信教の自由との合理的調整を図ったものとして、積極的にその合憲性を認めるべきであろう。

また、国有境内地処分法をめぐる立法事実と従来の憲法論との間には、大きなずれがある。すなわち、憲法学は、国有境内地処分法の合憲性について、第一条所定の無償譲与の問題を中心に議論してきたが、現行憲法や国有境内地処分法の制定時の議論をみる限り、むしろ同法第二条所定の半額売払制度こそ問題視されるべきであった。

(2)　この点において、裁判実務の動きには注目すべきものがある。すなわち、最高裁の沿革的合憲論（前出・最大判昭和三三年一二月二四日）の後、すでに述べた富士山頂譲与不許可取消請求事件が生じたが、この事件では、いわゆる神体山信仰の対象たる富士山八合目以上の土地が、同法第一条にいう「宗教活動を行うのに必要なもの」に該当するかどうかが争われた。

これについて第一審は、総司令部側からも問題視された国有境内地処分法第二条の「いわばぬえ的性格」を指摘するだけでなく、上記の沿革をもつ社寺国有境内地について、日本国憲法の施行に伴い従前の無償貸付関係を持続することが不可能となったからといって、その断絶を計ることは、私法的（財産的）支配権を無視することになるだけでなく、社寺等に認められていた永久の無償使用権を奪い、その宗教活動に重大な支障を与え、その存立を脅かすことになる旨を説いた（名古屋地判昭和三七年三月二七日判時二九四号二頁）。

その上告審も、日本国憲法の下において社寺等に対する国有境内地等の無償貸付関係を持続することはできないとしつつ、「これを清算するにあたり、ただ単にその消滅のみをはかるとすれば、上記の沿革的な理由から従来社寺等に認められていた永久、無償の使用権をゆえなく奪うこととなり、財産権を保障する日本国憲法の精神にも反する結果となるのみならず、その結果、社寺等の宗教活動に支障を与え、その存立を危くすることにもなりかねないのであるが、そのような結果は、実質的にみて特定宗教に対する不当な圧迫であり、信教の自由を保障する日本国憲法の精神にも反する」ことを指摘していた（最三判昭和四九年四月九日判時七四〇号四二頁）。

(3)　そうだとすると、本報告の冒頭で紹介した砂川市政教分離事件（最大判平成二二年一月二〇日）において、いわば積極的な合理的調整論を示した最高裁大法廷の判断枠組みは、すでにこの富士山頂譲与事件において用意されていたと言うことができよう。

その意味において、国有境内地処分法をめぐる憲法史的考察は、立法・判例と学説・憲法解釈との関係を問い直す契機を提供し、あるべき姿への見通しを示唆するように思われる。

（1）　付言しておくと、二〇一一年（平二三）の報告に際しては、与えられた時間の関係から、本文に掲げた諸課題のうち、二以下を中心に検討するにとどめた。

（2）　以下の叙述における関係資料については、とくに大蔵省管財局編『社寺境内地処分誌』（大蔵財務協会、一九五四年）、

梅田義彦『改訂増補　日本宗教制度史〈近代篇〉』（東宣出版、一九七一年）、文化庁文化部宗務課編『明治以降宗教制度百年史』（一九七〇年）などを参照。

（3）以下の経緯については、大石眞「いわゆる国有境内地処分法の憲法史的考察」同『憲法史と憲法解釈』（信山社、二〇〇〇年）二〇四頁以下で詳しく取り扱っている。

（4）その詳細については、大石・前掲書二〇九〜二一〇頁を参照されたい。

（5）なお、戸上宗賢「社寺領国有地処分の意義と影響」井門富二夫編『占領と日本宗教』（未来社、一九九三年）二三九頁以下は、中田博士の後のもう一つの論考「徳川時代における寺社境内の私法的性質」（国家学会雑誌三〇巻一〇・一一号所載）を参考にしつつ、社寺領の性格を論じるとともに、それがとくに仏教界における還付・下戻し運動の「理論的支柱」となったことを指摘している。

（6）新田邦達『宗教行政法概論』（敬文堂書店、一九三三年）二一九頁。

（7）これを第二次宗教法案と称するのは、かつて国有土地森林原野下戻法が成立した後に宗教法案が帝国議会に提出された経緯があるからで、これを一般に第一次宗教法案と呼んでいる（但し、同案には寺院等の国有境内地処分に関する規定は見当たらない）。

（8）この点については、大石眞『憲法と宗教制度』（有斐閣、一九九六年）二四二〜二四四頁参照。

（9）大石「いわゆる国有境内地処分法の憲法史的考察」前掲『憲法史と憲法解釈』二二一〜二二三頁参照。

（10）砂川市政教分離訴訟については、周知の通り、最高裁の破棄差戻判決をうけて破棄自判した札幌高裁（札幌高判第二民事部平成二二年一二月六日民集六六巻二号七〇二頁）を経て、その差戻上告審判決も出ている（最一判平成二四年二月一六日民集六六巻二号六七三頁）。

（11）社寺境内地処分審査会は、中央審査会と地方審査会に分かれ、中央審査会は大蔵次官を会長として大蔵本省に設けられた。

（12）その後、一九六七年に、「神社、寺院、仏堂又は教会が境内地又は墓地等として使用している普通財産」について、その処理の促進を図るために、大蔵国有財産局長から各財務局長あてに「社寺境内地等として使用されている普通財産の処理について」という通知が出されている（昭和四二年七月二四日）。そこでは境内地を三種に区別して、その処理方法を指定しているが、第一種はほぼ第二次国有境内地処分法施行令第一条所定の各号に対応しているものの、同令には明記されていない「社寺等が管理している墓地等」（墓地及びこれに準ずる土地）が登場している。

（13）以下の経緯については、大石・前掲書二三六頁以下において、第一次資料等を活かしつつ詳しく分析している。

# Ⅶ　宗教法規としての墓地埋葬法
## ――フランスの葬儀・墓地埋葬法制を手がかりに――

### はじめに――問題の所在

(1)　わが国の墓地と埋葬に関する法制は、長く明治憲法制定前の「墓地及埋葬取締規則」(明治一七年一〇月四日太政官布達第二五号、全八カ条)の定めるところであった。しかし、それは、「公衆衛生政策と治安政策という二つの観点」(1)から、墓地・火葬場について管轄庁の許可した区域に限られること(第一条)、所轄警察署の取締りを受けること(第二条)、死体は死後二四時間を経過しなければ埋火葬に付しえないこと(第三条)、葬儀は寺堂・家屋構内や墓地・火葬場で行うこと(六条)などを定めるにすぎなかった(2)。

これに代わる現行法である「墓地、埋葬等に関する法律(昭和二三年五月三一日法律第四八号)――以下「墓地埋葬法」と略称する――は、「墓地、納骨堂又は火葬場の管理及び埋葬等が、国民の宗教的感情に適合し、且つ公衆衛生その他公共の福祉の見地から、支障なく行われることを目的とする」ものとされている。

しかしながら、墓地埋葬法は、附則を含めても全二八カ条の規定を有するにすぎず、墓地・火葬場等の設置及び墓地・火葬場等の経営について知事による許可を要すること(3)(第二条第五項~第七項、第一〇条第一項)、埋葬・火葬等の執行について市町村長による許可を要すること(第五条)などを定めるだけで、墓地埋葬法制の一環として「国民の宗教的感情」に配慮した規定は、ほとんど見出すことができない。

しかも、墓地埋葬法は、現在、厚生労働省が所管する健康・生活衛生対策の一環を構成する法令として位置づけられ、したがって、また、同法律施行規則（昭和二三年七月一三日厚生省令第二四号）においても、「国民の宗教的感情」に配慮した規定は、ほとんど見当たらない。

(2)　しかしながら、そもそも墓地と埋葬の問題は、それに先立つ死と、死者を弔い葬る葬儀の意味づけに深く関わり、個人や家族の自己決定の問題であると同時に、国民の宗教又は宗教的感情の問題と切り離して考えることができない。それは、もともと遺体の保存・処理といった、いわば物理的な面から捉えられた公衆衛生・生活衛生上の問題として議論の対象とされてきたが、人々が死と葬儀をどのように受け止め、その想いをかたちにするかという、すぐれて精神的な、宗教的・文化的問題としても議論すべきことがらなのである。

したがって、それらの事項に関わる法規範についても、たんに公衆衛生法規としての取扱いだけを問題とするのではなく、自己決定権の要素をも含んだ宗教法規としての位置づけもありうるという前提に立って、その意味を検討してみる必要がある。とくに、わが国の場合、世界最高の火葬率を示しているのであるから、遺体の腐乱等から生ずる公衆衛生上の問題よりも、他の保護法益が優先的に考慮されるべきであって、その観点から現行法制の根本的な再検討を要するのではないかと思われる。

実際、二〇一一年（平二三）三月に起こった東日本大震災の被災地では、地方自治体が身元不明者の供養にどこまで関与すべきかについて、憲法が定めている政教分離の原則（第二〇条第三項・第八九条参照）との関係を考えて苦慮している様子が、各種新聞などによって報じられていた(4)。

それらによると、例えば、無縁仏の合同供養を行うことを明言する市もあれば、ある市営霊園に急造されたプレハブの建物の中に身元不明の多くの遺体が市職員によって安置されたが、仏教会側の申入れがあったにもかかわらず、政教分離原則を理由に、僧侶による読経も四十九日の合同供養も行われなかったところもある。また、市営の納骨堂をもたないある市では、無償で場所の提供を申し出たある寺の本堂に仮安置したが、市職員の焼香も香炉の設置も自粛している、という。ここには、葬儀や墓地埋葬といったことがらが、たんなる公衆衛生上の問題ではなく、宗教法的な問題であることが如実に表れているのである。

(3)　そこで本稿では、いわゆるライシテ原理の一環として葬儀自由法をもち、葬儀・墓地埋葬について詳細な規律を設けているフランス法に比較法的な素材を求めて、これを紹介しつつ墓地埋葬法制に関する多様な問題点を検討することにしたい。

その際、現行法制の分析・検討は、つとに森謙二教授の多くの業績(5)において相当行われてきたことを忘れることはできない。ただ、森教授の研究は基本的に法社会学的な視点に立ったものであり、その基本的なスタンスは、「墓地問題を宗教問題から切り離し、家族や地域社会に関わる社会問題と位置づけてきた」ところに、大きな特色がある。

この観点は、実地調査をも踏まえて得られた見地として充分に頷けるところがある。ただ、本稿では、これまで述べた通り、宗教問題それ自体ではなく宗教法的な問題を避けることはできないとの認識に立ったうえで、主として墓地埋葬法制をめぐる公法学的な側面を検討することにしたい。

(1)　森　謙二『墓と埋葬の現在――祖先崇拝から葬送の自由へ』(東京堂出版、二〇〇〇年)本文二頁。
(2)　この太政官布達は、「此規則ヲ施行スル方法細目ハ、警視総監府知事県令ニ於テ便宜取設ケ、内務卿ニ届出ヘシ」(第八条)とも定めており、国の法令ではなく、地方自治体の条例が多くを定めている現行制度の原型を提供している。この明治一七年太政官布達制定の背景については、森　謙二「明治初年の墓地及び埋葬に関する法制の展開――祖先祭祀との関連で」藤井正雄ほか編『家族と墓』(早稲田大学出版部、一九九三年)一九七頁以下を参照。
(3)　なお、墓地埋葬法は、最近のいわゆる第二次地方分権一括法(地域主権改革整備法)――正式には「地域の自主性及び自立性を高めるための改革の推進を図るための関係法律の整備に関する法律」(平成二三年八月三〇日法律第一〇五号）という——の第二四条によって改正され、墓地の設置許可及び墓地・火葬場等の経営許可は市長又は特別区の区長の権限とされ、二〇一二年（平二四）四月一日から施行されることになった。

（4）例えば、二〇一一年（平二三）五月一一日付け信濃毎日新聞・京都新聞など参照。

（5）註(2)に引用した「明治初年の墓地及び埋葬に関する法制の展開——祖先祭祀との関連で」のほか、埋葬義務の問題に焦点を当てた森 謙二「埋葬と法——家族・市民社会・国家」法社会学六二号（二〇〇五年）八七頁以下や、厚生省生活衛生局「これからの墓地等の在り方を考える懇談会」報告書（平成一〇年六月）に対する「葬送の自由をすすめる会」会長の抗議文に対する回答をも収めた貴重な論考集である同『墓と埋葬の現在——祖先崇拝から葬送の自由へ』（前掲）などを参照。

# 一　墓地埋葬法の公法学的検討

## 1　墓地埋葬法の位置づけ

(1)　冒頭に述べた通り、わが国の墓地埋葬法は、「墓地、納骨堂又は火葬場の管理及び埋葬等が、国民の宗教的感情に適合し、且つ公衆衛生その他公共の福祉の見地から、支障なく行われることを目的とする」（第一条）ものである。にもかかわらず、後に詳しく検討するフランスの葬儀及び墓地・埋葬法制などと比較すると、それは宗教法規としても位置づけられうることがあまり明確に意識されてはいないように思われる。こうした事情は現行の国家行政組織のあり方にも反映され、「埋葬、火葬及び改葬並びに墓地及び納骨堂に関すること」は、もっぱら厚生労働省の事務に属し、その内部組織としては、健康局生活衛生課の所掌事務とされている（厚生労働省〈旧厚生省〉設置法四条一項二五号、厚生労働省組織令第五条第一三号・第四四条第二号参照）。

しかしながら、もともと、墓地埋葬法の施行に当たって発せられた各都道府県知事あての厚生次官通達「墓地、埋葬等に関する法律の施行に関する件」（昭和二三年九月一三日）は、「そもそも人の死に係るこれ等（墓地、納骨堂、火葬場の管理及び埋葬、火葬）の事務は一面公衆衛生の見地より、その指導等取締の徹底を期する必要があるのであるが、他面その執行の適否は、国民の宗教的感情に至大の関係がある」という認識に立って、「本法の施行が、徒に事務的に流れて宗教的感情を無視する如き取扱をすることは、本条の趣旨に背反するものというべき」であることを説いていた。

(2)　しかも、これも冒頭に述べた通り、わが国では、火葬率がほぼ一〇〇パーセントを占めるのが現状であるから、「墓地行政のなかで公衆衛生政策の占める割合は重要性を失うようになってくる」(6)ことは、当然であろう。そうだとすると、墓地埋葬法第一条が「墓地、納骨堂又は火葬場の管理及び埋葬等が……支障なく行われる」ための考慮要素として例示したことがらに即して言えば、「公衆衛生の見地」より、むしろ「国民の宗教的感情」や「その他公共の福祉」に配慮すべき状況がすでに到来しているように思われる。

実際、「都道府県等の行政運営のための指針（自治事務における国の技術的助言）」として出された「墓地経営・管理の指針等について」(7)（平成一二年一二月六日生衛発第一七六四号、各都道府県知事・各指定都市市長・各中核市市長あて厚生省生活衛生局長通知）に添付された別紙一「墓地経営・管理の指針」においても、「公衆衛生の確保もさることながら、これ以外の部分、例えば墓地の永続性（安定的な経営・管理）の確保、利用者の多様なニーズへの対応など、利用者の利益の保護、あるいは広域的な需給バランスの確保、周辺の生活環境との調和等の公共の福祉との調整が重要である」ことが指摘されている。

## 2　墓地埋葬法の運用をめぐる諸問題

### (1)　関係条例の位置づけ

墓地埋葬法の執行のために、各地方自治体では関係の条例や規則が制定されたが、これらを通覧しても、墓地埋葬法第一条の本来の趣旨――「公衆衛生の見地」とともに「国民の宗教的感情」に配慮することなど――との関係を問うと、その位置づけが微妙に異なっていることが判る。

例えば、東京都の「墓地等の構造設備及び管理の基準等に関する条例」（昭和五九年一二月二〇日条例第一二五号）は、墓地等――墓地、納骨堂又は火葬場――の経営主体を地方公共団体、都内の宗教法人及び公益法人に限定しつつ、「公衆衛生その他公共の福祉の見地から支障がないと認めるときは、この限りでない」としている（第三条）。ここでは、少なくとも文面上は、同法第一条にいう「国民の宗教的感情に適合」するかどうかは、考慮要素の外に置かれており（墓地・火葬場の設置場所、墓地の構造設備基準に関する同条例第六条第二項・第七条第一項第五号・第一〇条第二項も同じような配慮を示すにとどまる）、その趣旨をそのまま具体化しているかどうか明らかでないように思われる。

これに対し、法第一条の趣旨を規定の上で明確にしている例も見られる。例えば、大阪府「墓地、埋葬等に関する法律施行条例」（昭和六〇年三月二七日条例第三号）は、東京都条例と同様に、墓地等の経営主体を、地方公共団体、府内の宗教法人及び公益法人に限定してはいるが、「知事が、府民の宗教的感情に適合し、かつ、公衆衛生その他公共の福祉の見地から支障がないと認めるときは、この限りでない」として、墓地埋葬法第一条の趣旨にそった規定を設けているのである（墓地等の設置場所、墓地・納骨堂・火葬場の構造設備の基準に関する同条例第一二条～第一五条も同じ配慮を示している）。

他方、近年改正された京都府「墓地等の経営の許可等に関する規則」(8)（平成一二年三月三〇日規則第一一号）のように、「墓地等の経営は、住民の宗教的感情に適合し、かつ、公衆衛生その他公共の福祉の見地から支障なく行われるよう、その公益性及び永続性が確保されなければならない」（第二条）として、墓地等の経営の理念を明示する例もある。

なお、この点については、近年の地方分権改革との関係で注意すべきことがある。まず、多くの府県では、いわゆる地方分権一括法（平成一一年七月一六日法律第八七号）の施行とともに導入された地方自治法第二五二条の一七の二の規定に基づいて、特定の市町村との協議を経て制定した「知事の権限に属する事務の処理の特例に関する条例」において、墓地埋葬法所定の事務を市町村の処理するところとしているが(9)、京都府のように、そうした知事権限特例処理条例を定める場合でも、一定限度の墓地に限って特定の市町村の事務とする例もある(10)。

次に、すでに注記したように（「はじめに」註(3)参照）、墓地埋葬法は、いわゆる第二次地方分権一括法（地域主権改革整備法）――「地域の自主性及び自立性を高めるための改革の推進を図るための関係法律の整備に関する法律」（平成二三年八月三〇日法律第一〇五号）を指す――の第二四条により改正され、墓地の設置許可及び墓地・火葬場等の経営許可の権限は、都道府県知事から市長又は特別区の区長に移されたので（二〇一二年四月一日から施行）、右に掲げた都道府県の条例・規則などはすべて、これに合わせて廃止されることになる。

いずれにしても、こうした地方分権の流れは、先に述べた現行の墓地埋葬法が抱えている曖昧さを前提とすると、次に述べる国の行政解釈が法の運用内実を決定している現状と相俟って、墓地埋葬法制の位置づけをいっそう複雑にするもののように思われる。

(2)　墓地の設置・経営等の許可基準

墓地埋葬法には、墓地の設置やその経営等の許可について、明確に基準を法定した条項がまったく存せず、そのため、国が示した行政指針がそれらの事項について一方的に幅を利かせているのが実情である。

実際、先に紹介した例で言えば、京都府規則に登場する墓地等の経営の理念としての墓地の「公益性及び永続性」の確保という観念や、東京都・大阪府条例に示される墓地等の経営主体を地方公共団体、宗教法人及び公益法人に限定する要件などは、墓地埋葬法それ自体には何ら記されていない。しかし、それらは、実は、以下に述べる行政解釈で示されたところを取り入れたものにすぎない。

すなわち、まず、早くから、「墓地の経営許可は、都道府県知事の自由裁量行為に属し、覊束される基準はない」（昭和二九年一〇月七日衛環第一〇〇号、京都府衛生部長あて厚生省公衆衛生局環境衛生部環境衛生課長回答）とされてきた。また、

「従来、墓地、納骨堂又は火葬場の経営主体については……原則として市町村等の地方公共団体でなければならず、これにより難い事情がある場合であつても宗教法人、公益法人等に限ることとされてきたところである。これは墓地等の経営については、その永続性と非営利性が確保されなければならないという趣旨によるもの」（昭和四三年四月五日環衛第八〇五八号、各都道府県・各指定都市衛生主管部局長あて厚生省環境衛生局環境衛生課長通知）とも解されている。

そのため、先に述べた平成一二年末の「墓地経営・管理の指針等について」に添付された「墓地経営・管理の指針」においても、「墓地の永続性及び非営利性の確保の観点から、従前の厚生省の通知等により、営利企業を墓地経営主体として認めることは適当ではないとの考え方が示されている」ことを確認している。と同時に、同指針は、墓地経営主体としては、従来どおり「市町村等の地方公共団体が原則であり、これによりがたい場合であっても宗教法人、公益法人等に限る」との行政指針にのっとって行うことが適当」であることをも明言している。

(3)　法律による行政との関係

このように、墓地埋葬法の運用には、法律には定められていない基準や要件を行政解釈で生み出してきたという特殊性が認められる。そこには、「墓地、埋葬等に関する法律では、墓地の許可に対する拒否の要件が明記されていないのであるが、これは知事に対して許可に関する自由裁量を認めているものである」（厚生省公衆衛生局環境衛生部環境衛生課長の京都府衛生部長あて回答、昭和二八年四月一日衛環第二七号）とする前提がある。

しかしながら、法律に明確な基準が設けられず、すべて都道府県知事の自由裁量にゆだねられるという現状は、「法律による行政」の原理との関係から言うと、やはり異様と評するほかはない。右に紹介した平成一二年厚生省通達は、添付した「墓地経営・管理の指針」の性格について、「墓地に関する指導監督事務を行う際のガイドライン」と位置づけている。けれども、その指針自身が述べているように、墓地埋葬法は、「墓地等の経営を都道府県知事又は指定都市等の市長の許可によるものとし、報告徴収、改善命令、許可取消し等の権限を付与している」ものであるから、少なくとも、「具体的な運用に当たっては、こうした要件を条例、規則等に定めておくことが望ましい」と考えられる。また、豊富な研究蓄積をもつ森謙二教授が主張されるように、ドイツその他のヨーロッパ各国と同様、「地方公共団体は墓地を提供する義務がある」とし、「住民は地方公共団体に墓地を要求する権利をもつ」(11)と考えるなら、「行政は、墓の供給を『福祉行政』の一環と考え……明確に認可基準を設ける必要がある」(12)と言わなくてはならない。

(4)　「葬送の自由」との関係

さらに、もし、葬儀の方法に関する自己決定の自由といった観念を当て嵌めることができるとすれば、従来の行政通達が繰り返し述べて来たような、「墓地の経営許可は、都道府県知事の自由裁量行為に属し、覊束される基準はない」(前掲・昭和二九年一〇月七日厚生省公衆衛生局環境衛生部環境衛生課長回答）といった単純な裁量行為論は、通用しなくなるであろう。

そこで問題は、そうした観念を、日本国憲法や現行法令の解釈として読み込むことができるかであるが、これに近い観念として、わが国ではしばしば「葬送の自由」というものが語られる。この点については、厚生省生活衛生局がまとめた「これからの墓地等の在り方を考える懇談会」報告書（一九九八年六月）において、葬送に関する国民意識の変化を指摘しつつ、以下のように述べられていたことが注目される(13)。

……「私」の死後を私の意思によって決定したいという考え方（「葬送の自由」）が自己決定権の具体的表現として主張されるようになった。その表現形態は多様であるが、散骨という葬送の選択もその一つである。伝統的な慣習からの解放や価値観の多様化を背景とした「葬送の自由」の要求は尊重されるべきものであろう。しかし、葬送に関して法律が想定していない状況も生まれてきたからには、新しい時代の葬送に適合するような法の体系の整備が求められる。

この報告書は、言うまでもなく、NPO法人「葬送の自由を進める会」などが主唱する「葬送の自由」観念を念頭に置いているようであるが、右の懇談会報告書に対する「葬送の自由をすすめる会」会長名の抗議文に対する森謙二教授の回答は、その点を的確に補って、次のように述べている(14)。

私は、「葬送の自由」を「葬法の自由」や「散骨の自由」と同義に捉えているわけではありません。「葬送の自由」とは、自己の死後の葬送について子孫の意思に任せるのでなく、自己の意思によって決定しようとする、葬送に関する自己決定権と規定することができると思います。このような自己決定権は、法解釈上は憲法第一三条に基づくものという理解も可能ですが、現実には生成途上の「生ける法」としてこれから具体的な枠組み作りがなされていく必要があると考えています。

……今回の報告書の立場は、現行法のこのような理解を前提としたというより、より積極的に「葬送の自由」を踏まえて「葬骨の自由」を主張したものと考えています。

ここで言われるように「葬送に関する自己決定権」という意味における「葬送の自由」は、確かに、憲法第一三条にいう「生命、自由及び幸福追求に対する国民の権利」の一つとして基礎づけることができるかも知れない。ただ、森教授も指摘されるように、「葬送の自由」をめぐるシステムは、むしろ「死者の意思を尊重する枠組み（自己決定権）を前提として、最終的には社会が死者の葬送に責任をもつ枠組みでなければならない」(15)という立場からすれば、法解釈論的な根拠の問題とともに、それを制約する「公共の福祉」の問題も当然考慮しなくてはならない要素になるであろう。

そこで、この問題を吟味するための比較法的素材として、以下では、制定法上「葬儀の自由」観念を古くから採用しているフランスの制度と考え方を検討することにしたい(16)。それは、同時に、先に述べたような行政解釈優位の墓地埋葬法制の現状を再考する契機になるであろう。

(6)　森　謙二『墓と埋葬の現在――祖先崇拝から葬送の自由へ』九頁。
(7)　この通達によれば、同指針は、厚生省内に設けられた「これからの墓地等の在り方を考える懇談会」報告書（平成一〇年六月）において指摘された種々の検討事項について、「墓地経営管理指針等作成検討会」で検討した成果を具体化したものである、という。
(8)　京都府のように、墓地埋葬法を施行するために、議会が制定する条例ではなく、知事が制定する規則によって細則を定める例としては、愛知県「墓地、埋葬等に関する法律施行細則」（昭和二四年一二月二七日規則第九九号）や兵庫県「墓地、埋葬等に関する規則」（昭和六三年二月一九日規則第二号）、福岡県墓地等の経営の許可等に関する規則（昭和六三年五月一〇日福岡県規則第三七号）などがある。
(9)　埼玉県では、「知事の権限に属する事務処理の特例に関する条例」（平成一一年一二月二四日条例第六一号）の別表において墓地埋葬法所定の事務を市町村事務とする一方、「墓地、埋葬等に関する法律施行条例」（平成一一年一二月二四日条例第六五号）は平成二一年一二月二五日条例第六二号により、同県「墓地、埋葬等に関する法律施行細則」（平成八年一〇月一八日規則第七一号）も平成二一年一二月二五日規則第一一三号により、それぞれ平成二二年四月一日に廃止された。また、千葉県でも「知事の権限に属する事務処理の特例に関する条例」（平成一一年三月二四日条例第一号）の別表において墓地埋葬法所定の事務が市町村事務とされたのに伴い、「千葉県墓地等の経営の許可等に関する条例」（昭和五九年千葉県条例第一八号）は、事務処理特例条例の施行日（平成一二年四月一日）に廃止された。
(10)　「京都府の事務処理の特例に関する条例」（平成一二年三月二八日条例第四号）は、墓地面積が千平方メートル未満のものに限って、墓地埋葬法第一〇条一項による墓地の経営の許可や同条二項による墓地区域の変更の許可などを特定市町村の事務としている（別表第二項）。
(11)　森・前掲書六二頁・一〇八頁。
(12)　森・前掲書一〇九頁。但し、ここにいう「福祉行政」とは、「公共政策として達成すべきサービス」という意味であって、いわゆる社会的弱者の保護に関する施策を指すものではない（同書六二頁参照）。
(13)　先に紹介したように、平成一二年一二月六日付けの厚生省生活衛生局長通知通達「墓地経営・管理の指針等について」

は、基本的に同報告書を基礎としたものである。

(14) 森・前掲書二〇八〜二〇九頁。同教授は、別の箇所で、懇談会報告書は「『葬送の自由』という新しい流れを肯定的に評価しながら、散骨についてもそのルールの必要性を答申している。しかし、『葬送の自由をすすめる会』はこれを法的規制とし、これに反対した」とも述べる（同書二〇三〜二〇四頁）。

(15) 森・前掲書二〇四頁。

(16) いわゆるセクトの問題を取り扱ったマシュロン報告書も、その問題を取り上げている（Rapport au ministre d'Etat, ministre de l'Intérieur et de l'Aménagement du territoire, *Les relations des cultes avec les pouvoirs publics*, 2006, pp. 59-66）。

## 二　葬儀自由法とライシテの原理

### 1　反教権主義立法としての葬儀自由法

(1)　第三共和制は、国家・教会関係史という視点からみると、いわゆるライシテの原理を標榜する諸立法とともに進行する。その動きの初期に、いわば妥協政策の一環として制定された一八八七年一一月一五日「葬儀の自由に関する法律」（Loi du 15 novembre 1887 sur la liberté des funérailles）——もちろん現行法であり、以下「葬儀自由法」という——は、第三条において、次のように定めている。

①　すべて遺言能力のある成年者又は親権を解かれた未成年者(17)（mineur émancipé）は、その葬儀の条件、とくに葬儀を民事葬とするか宗教葬とするか及びその埋葬の方法を決定することができる。

②　すべて遺言能力のある成年者又は親権を解かれた未成年者は、一人又は二人の人に、その遺言条項の執行を監視することを依頼することができる。

③　遺言書又はその形式でなされた宣言に明示されたその意思は、公証人の立会いの下でなされたか私的な署名の下でなされたかを問わず、財産に関する遺言条項と同一の効力を有し、取消条件に関する同一の規律に服する。

このように、同条は葬儀が故人の意思に従って行われるべきことを求めているが、第一項にいう「葬儀の方法」には、それまで一般的だった埋葬（土葬）のほかに火葬（crémation）に付すこと――フランスでは火葬は葬儀自由法と同じ年に始まったと言われる――も含まれる。この火葬法は、歴史的には、反教権主義・反カトリックの意味合いを伴っていたのであって、その文脈で登場することもあるが、この点については、すぐ後で述べることにしよう。

なお、葬儀の方法を決定する自由があると言っても、例えば遺体を冷凍保存に付すような方法は――二〇〇二年の行政判例によれば――法令にいう「埋葬」とは認められない（CE. 29 juillet 2002, Consorts Leroy, *Rec.* 282）。そうすると、実際には、故人は埋葬か火葬かの選択権しか行使できないことになる[18]。

**(2)**　右の葬儀自由法が「妥協政策の一環」だと言われるのは、一九世紀後半の教育のライシテに始まる反教権主義の動きと関連しているからである。反教権主義の運動は、一九〇五年一二月九日のいわゆる政教分離法――正式には「教会と国家の分離に関する法律」――の制定によって一応の完成をみることになるが[19]、墓地埋葬の問題もこの動きと密接に関係している[20]。

すなわち、一八八一年一一月一四日のいわゆる墓地中立化法は、一八〇四年六月一二日命令の第一五条――市町村に一つしか墓地がないときは、宗派ごとに、個別の入口をもち、各々の住民人口に比例して、壁、垣根又は溝で仕切った空間を配分することを定めたもの[21]――を明示的に廃止した。これによって、市町村墓地（公立墓地）に宗教の違いによる区別を設けることや、宗派墓地を創設し又は拡張することを禁止するなどして、墓地の宗派的性格を除去することにしたのであるが、ここで言及した一八八七年の葬儀自由法の制定も、そうした動きを色濃く反映したものであった。

このような状況のなか、外国で発展しつつあった民事葬や火葬をおこなうことは、当時、火葬を教会法典によって禁じていたカトリック教会(22)に対する敵対的態度を示す手段と受け取られ、民事葬で葬られた下院議員などの人々の遺骸に対する葬儀が拒否されることもあったようである。そこで共和派は、これを苦い想い出として持っており、民事葬とするか宗教葬とするかという葬儀条件の決定権はすべての成年者にある、と定めたのである(23)。

## 2　「葬儀の自由」をめぐる諸問題

(1)　いずれにせよ、右に掲げた一八八七年葬儀自由法第一項の規定の趣旨から、「成年者は葬儀の条件と埋葬の方法を決定することができる」という意味における「葬儀の自由」(liberté des funérailles) というものが語られることになる。

しかしながら、この自由をどのような性格のものとして理解するか——法令による過度の制約を許さない憲法上の権利とみるか、たんに法律上の権利にすぎないと解するか——は一つの問題である。この点について、同時代の古典的な行政法概論は、それを信仰の自由 (liberté de conscience) の帰結として説くとともに、埋葬・墓地に関する警察的規制を公衆衛生の見地から論じていた(24)。

近年でも、この問題は、ヨーロッパ人権保護条約との関係で論じられるところであって、最近の行政判例においても興味ぶかい判断が下されている。すなわち、コンセイユ・デタは、二〇〇六年一月六日の判決で、私生活及び家庭生活の尊重についての権利と思想、良心及び宗教の自由を保障した同条約第八条・第九条の解釈として、私生活に密接に結び付いているものとして埋葬方法の選択権を保護していることを認めつつ、同時に、その選択権は、とくに公の秩序及び公衆衛生の維持の観点から制限の対象となりうることを説いているのである (CE. 6 janvier 2006, Martinos et al. *Rec.* 8.)。

なお、これとは別の事件において、ヨーロッパ人権裁判所は、同じく二〇〇六年一月、基本的にこれと同様の判断を示している。すなわち、亡夫の遺灰を納めた骨壷を移動しようとした妻が、それを拒否したスウェーデン当局の措置はヨーロッパ人権保護条約第八条で認められる葬儀の自由を侵害すると主張した事案において、同裁判所は公の秩序を保護するために必要な措置だとして、その主張を斥けている（CEDH. 17 janvier, Elli Poluhas Döesbo c/Suéede, *AJDA*, 2006, p. 470.）。

(2)　さて、故人の意思に対する侵害は刑事制裁を受けるものとされ、その制裁は刑法典に定められている（同〈法律〉第四三三－二一－一条・第四三三－二二条）。とくに、刑法典の法律編第四三三－二一－一条は、一九九二年一二月一六日法により廃止された、一八八七年の葬儀自由法の第五条を回復している、と言われる。同条によれば、「故人の意思又は司法的決定を知りつつ、それらに反するような性格を葬儀に与えた者は、すべて六月の禁錮及び七五〇〇ユーロ〔約七五万円〕の罰金に処する」とされるからである。

これらの規定は、葬儀の自由に対する侵害行為に刑事制裁を科すものであるが、それが置かれた位置からすると、その自由は人格権（droits de la personnalité）と結び付けられていることになる(25)。

(17)　ここに「親権を解かれた未成年者」とは、結婚による法定解放（émancipation légale）又は一六歳に達した未成年者が父母の要求などに基づき所定手続で行われる任意解放（émancipation volontaire）によって、成年者と同じ民事法上の行為能力を与えられた未成年者を指す（フランス民法典第四七六条～第四八二条参照）。

(18)　Marion Perchey, La liberté des funérailles, une liberté limitée, *AJDA*, 2008, p. 1313.

(19)　参照、大石眞『憲法と宗教制度』（有斐閣、一九九六年）一九頁以下、小泉洋一『政教分離と宗教的自由』（法律文化社、一九九八年）三頁以下など。

(20)　学校から病院、そして公的制度全般に拡大するライシテへの動きの中で、とくに墓地埋葬制度に焦点を当てたものとして、Clément Benelbaz, *Le principe de laïcité en droit public français*, 2011, pp. 80-81.

(21)　なお、その規定は、特例的な宗教法制をもつアルザス・ロレーヌの三県では、今日でも維持されている（現行の地方公共団体一般法典第二五四二－一二条参照）。ここから新たな問題が生じているが、これについては、後で詳しく取り扱うことにする（三4(3)参照）。

(22) 旧教会法典第一二〇三条参照。この火葬禁止令は、ユダヤ教の伝統にしたがって土葬により遺体を葬ってきたが、これは火葬が死者の復活に関する信条を蔑視するものと考えられたことに基づくのであろうが、二〇世紀後半になって正式に廃止された。

(23) Geroges Weill, *Histoire de l'idée laïque en France au XIX*[e] *siécle*, nouv. éd., 1929, p. 291 ; M. Perchey, *op. cit.*, p. 1310.

(24) Henri Berthélemy, *Traité élémentaire de droit administratif*, 13[e] éd., 1933, pp. 276 et s., 411 et s.

(25) 以上について、Janine Dufaux et al., *Liberté religieuse et régimes des cultes en droit français : Textes, pratique administrative, jurisprudence*, nouv. éd., 2005, p. 65.

## 三　フランスの葬儀及び墓地・埋葬法制

### 1　警察権と公役務

(1)　以上に示したように、葬儀の自由があることを前提として、初めて、それに対する公的規制という観念が成立することになる。つまり、公権力は、葬儀の自由の行使要件を決定し、公の秩序及び公衆衛生の維持を理由としてその範囲を制限することができるわけである。実際、冒頭に掲げた一八八七年葬儀自由法第四条には、「公衆衛生のために採られるべき措置に関する市町村長の権限は、この法律によって、何らの制限も受けることはない」ことが明記されている（第三項）。したがって、他の分野と同様に、この領域においても、自由の保障の内容と制約、そして警察権による規制とその限界が重要なテーマとなる。

この点を現行の地方公共団体一般法典（Code général des collectivités territoriales）に即してみると、第二部「市町村」の第二編「市町村の運営及び役務」の第一章「取締り」中の第三節「特別対象に対する取締権限」の第二款にいう「葬儀及び埋葬場所の取締り」（Police des funérailles et des lieux de sépulture）において（同〈法律〉第二二一三－七条から第二二二三－一五条まで、同〈命令〉第二二二三－一－一条から第二二二三－五七条まで）、また、第二編第二章「市町村の役務」中の第三節「墓地及び葬儀」（Cimetières et opérations funéraires）中の第一款「墓地」と第二款「葬儀の執行」において（同〈法律〉第二二二三－一条から第二二二三－四六条まで、同〈命令〉第二二二三－一条から第二二二三－九八条まで）、きわめて詳しい規律が設けられている。

こうした詳しい墓地・葬儀関連規定をみると、例えば、わが国の現行地方自治法と比べて異様な印象をもってしまう。しかし、つとに森謙二教授も指摘されたように、ヨーロッパの国々は、伝統的に、「墓地は国家（あるいは自治体）によって供給されるべきもの」[26]と考えていることを想えば、それほど違和感を覚えるには及ばない。

**(2)**　さて、本稿の主題に関連する最近の動きの中で注目されるのは、葬儀立法（législation funéraire）に関する二〇〇八年一二月一九日法律第一三五〇号による一連の法律改正である。すなわち、同法は、地方公共団体一般法典の改正はもちろん、民法典・刑法典や建築・住宅法典の改正などを含んでいるほか、二〇〇五年七月二八日オルドナンス第八五五号[27]による改正を承認し、法律化する条項を含んでいるが、その主な内容を纏めると、以下の通りである。

①　**市町村の役務としての葬儀事務の授権資格の免許に関する規制の強化など**　地方公共団体一般法典法律編第二二二三－二三条を改正するとともに、同第二二二三－二五－一条を新設した。

②　**葬儀及び埋葬場所の取締りと管理の強化など**　遺体を死亡地の市町村の外に移送するとき又は火葬に付すときの閉棺措置、並びに発掘・遺体の移動に際して警察官等の立会いを義務づける（同〈法律〉第二二二三－一四条改正）とともに、遺体の埋葬に充てる土地の広さを指定し（同〈法律〉第二二二三－二条改正）、建立する記念碑の大きさを市町村長が決定しうる（同〈法律〉第二二二三－一二－一条付加）ことにした。

③　**火葬に付した場合の遺骨の位置づけとその処理の明確化など**　遺骨・遺灰の取扱いに関する規定を地方公共団体一般法典に新設する（〈法律〉第二二二三－一八－一条〜第二二二三－一八－四条）とともに、民法典を改正して遺

体・遺骸に対する敬意と品位をもった取扱いを定め（民法第一六－一－一条の新設と第一六－二条の改正）、同趣旨の刑法典の改正をおこなった（刑法第二二五－一七条二項の改正）。

④　**墓地の計画と管理に関する規定の整備など**　倒壊のおそれのある墓碑又は崩落により安全を脅かす墓碑などについて、市町村長の修繕・取壊し命令権限をみとめる規定を新設する（建築・住宅法典第五一一－四－一条の新設）とともに、これと趣旨を同じくする所要の規定の改正と新設をおこなった（地方公共団体一般法典〈法律〉第二二二三－一二条・第二二二三－二四条）。

(3)　右に示した法改正のうち、とくに注目すべき部分を取り上げると、まず、ここで新設又は改正された民法典の規定がある。それは、その第一部「人」第一編「民法上の権利」中の第二章「人の身体の尊重」（Du respect du corps humain）――一九九四年七月二九日法律第六五三号により新設された――に関する諸規定（第一六条・第一六－一条〜第一六－九条）と相俟って、主として次第に増加しつつある火葬を念頭に置いたもので、その規定は次のごとくである。

**第一六－一－一条**　人の身体に払われるべき敬意（Le respect dû au corps humain）は、死によって止むことはない。
〔新規〕

②　遺体が火葬に付された人の遺骨（les cendres de celles dont le corps a donné lieu à crémation）を含めて、死亡した人の遺骸は、敬意、尊厳及び品位（respect, dignité et décence）をもって取り扱わなければならない。

**第一六－二条**　裁判官は、死後も含めて、人の身体に対する不法な侵害又はその要素若しくは所産に対して向けられた不正行為を防ぎ又は止めさせるのに適切なあらゆる措置を命ずることができる。〔傍線部改正〕

この前者の規定は、火葬に付された場合に、死者の尊厳に対する侵害について実効的なコントロールを欠くことを憂えた或る上院議員が、法的保護の対象とすべく提出した民法典第一六－一条改正案を基に成立したものである(28)。それは、森謙二教授が強調される「死者の尊厳性」(29)という観念を想起させるものがある。

また、そうした遺体や遺骨に敬意を払うことを前提として、いわゆる自然葬を正面から認めたことも、先に述べた「葬儀の自由」との関係から注目される。その点は、以下に掲げる遺骨の処理（destination des cendres）にかかわる新規の諸規定に表れているが、違反行為に対する罰則を伴っている点にも留意する必要がある。

**第二二二三－一八－一条**　火葬後は、遺骨は粉砕して、故人の身元確認及び火葬場を記したプレートを外側に付した骨壷に納めるものとする。

**第二二二三－一八－二条**　葬儀を行う資格を有する者の求めにより、遺骨は、その全体を以下のように取り扱う。

〔1〕　骨壷に保管する。〔後略〕

〔2〕　墓地の中に作られた特定の場所又は法律編第二二二三－四〇条に定める納骨所に散布する。

〔3〕　自然の中に散布する。但し、公道上を除く。

**第二二二三－一八－三条**　自然の中に散布する場合は、葬儀を行う資格を有する者は、故人の生誕地の市町村長に対し、その旨の宣言を行うものとする。故人の身元確認並びにその遺骨の散布の日付及び場所は、そのために作成された登録簿に記載する。

**第二二二三－一八－四条**　本法典に違反して、公的墓地又は骨壷の一時若しくは確定的委託又は遺骨の散布に充てる委託地若しくは墓所以外に、共同地を創設し、所有し、使用し又は管理する行為は、一五〇〇〇ユーロ〔約一五〇万円〕の罰金に処する。〔後略〕

## 2　葬儀の執行をめぐる諸問題

以上のような法改正などを経た葬儀及び墓地・埋葬に関する取締法規とその限界のすべてを、ここで紹介する余裕はないが、その主要なものを取り出してみると、以下のようになろう。

まず、葬儀に関して言えば、現行法上、「市町村長は、葬儀及び墓地の取締りを行う」（地方公共団体一般法典〈法律〉第二二一三－八条）とされるが、同時に、その警察権限の行使も、「故人の信条若しくは宗派又は死亡した状況に基づく区別又は特別な規則を設けることができない」（同〈法律〉第二二一三－九条）とされ、先にみたように、生前の故人の意思や家族の自由なども尊重されなくてはならない(30)。

したがって、市町村長は、故人及び家族の自由に干渉することはできず、「民事葬又は宗教葬のいずれであるかに応じて葬儀に適用する特別な規定を設けることはできない」（同〈法律〉編第二二一三－一三条）。つまり、市町村長が、家族に宗教葬にすべきだとか、逆に、宗教葬を断念すべきだとかいった圧力をかけることはできないことになる。

のみならず、現行法上、「儀式は、慣習に適合し、かつ各宗派に従って、執り行うものとする」（同〈法律〉第二二一三－一一条）と規定されている。したがって、市町村長は司祭その他の礼拝執行者に対する圧力をかけることはできない、という意味でも、その警察権限は制約されることになる。この点については、かつて、一九〇五年一二月にいわゆる政教分離法が制定された後に出された、コンセイユ・デタの行政判例を想起する必要があろう。

すなわち、コンセイユ・デタは、まず、一九〇九年二月、葬儀に際して伝統的な形で行われる儀式に対する制限はすべて礼拝の自由に対する制約となりうるのであり、そうした措置は「公の秩序の維持に厳に必要でない限り認められない」と判断した(31)（CE. 19 février 1909, abbé Olivier, *Rec.* 188.）。もちろん、伝統的な葬儀をおこなう限りは、公の秩序の維持に厳に必要な規制などほとんど考えられないであろう。

したがって、市町村長は、原則として、祭服を着た礼拝執行者（司祭）が歩いて葬列に付き添うことや、宗教的記章を表示することを禁止することはできない、と判断されることになる[32]（CE. 19 novembre 1909, George et Héroux, *Rec.* 897 ; CE. 4 mars 1910, abbé Gérard, *Rec.* 192.）。

## 3　埋葬の態様に関する問題

次に、遺体の埋葬については、その時期と場所、そして埋葬の態様について、それぞれ固有の問題があり、個別の検討を必要とする。

### (1)　埋葬義務と埋葬時期

まず、埋葬の時期について述べると、市町村長の許可を得て火葬に付される場合[33]（同〈命令〉第二二一三－三四条）を除いて、遺体を埋葬（土葬）することが法的に義務づけられている[34]。この埋葬義務がどこから来るのかは一つの問題であるが、先に紹介した森謙二教授の指摘や、民法典の改正規定からも知られるように（1(3)参照）、つまるところ「死者の尊厳性」の理念に由来すると考えることができよう。

この埋葬は、通例、「死亡後二四時間を超え、かつ六日を超えない期間」に行われなくてはならないが[35]（同命令編第二二一三－三三条）、この場合、市町村長は、「急いで、死亡した人がすべて、宗派又は信条の区別なく、品位を以て埋葬されるよう配慮する」責務を負っている（同〈法律〉第二二一三－七条）。この責務から、市町村長は、時に、故人又は家族の意思と反することになっても埋葬をおこなうことができる、とするのが行政判例のようである[36]（CE. 12 mai 2004, Association du Vajra Triomphant, *Rec.* 690, 793.）。

しかし、一定期間内の埋葬義務については例外も設けられている。というのも、現行法によれば、所定の閉棺手続の後に、委託地の市町村長の許可によって、棺は、「宗教建造物、委託所、仮墓所、故人の家族の住居」などに「一時的に」委託しうることが認められているからである（同〈命令〉第二二一三－二九条）。この一時委託の許可の申請は、例えば、ある宗派の信徒が宗教的指導者などの遺体を崇めるためというように、宗教的理由に基づくことが考えられよう。なお、その許可は最大期限を定めて与えられるが、「一時的に」という文言は、事案によっては数カ月に及ぶ場合も含まれる可能性がある。しかしながら、公の秩序の問題から市町村長がそうした申請に拘束されるいわれはない、と解されているようである。

(2)　埋葬の場所

次に、墓地又は埋葬場所の問題を考えると、現行法上、墓地以外での埋葬の可能性もみとめ、「私有地が市街地の区域外にあり、かつ所定の距離を隔てているときは、その私有地に人を葬ることができる」（同〈法律〉第二二二三－九条）とされている。しかし、これには所定の手続を経た知事の許可を要し（同〈命令〉第二二二三－三一条参照）、その数は限られている――一説には約三〇〇カ所ある由――だけでなく、私的墓地の新設や既存の私的墓地の拡張は、もはや認められる余地がないようである。

したがって、現行法は、墓地の設置を市町村の一つの役務として掲げ、「各市町村は、とくに遺体の埋葬のために整備された一又は複数の土地をそれに充てる」（同〈法律〉第二二二三－一条第一項）ものとされている[37]。この場合、住所に関わりなく、ある市町村の区域内で死亡した者、死亡場所に関わりなくその区域内に住所を有していた者などには、当然に、当該市町村の墓地への埋葬が認められている（同〈法律〉第二二二三－三条）。

そして、墓地の新設、拡張及び移設は、各市町村議会によって決定されるが、この場合、「都市部及び人口密集地域においては、……住宅から少なくとも三五メートルを隔てたもの」でなければ許可されない、とされる（同〈法律〉第二二二三－一条第二項）。この「住宅から三五メートルを隔てた」ものという要件は古く、一八〇四年六月一二日命令と一八四三年一二月の王令に遡るが、ここですでに住宅から少なくとも三五メートル離れ、かつ二メートルの壁で囲まれていることが求められている[38]。

なお、現行法は、礼拝建造物における埋葬を絶対的に禁止している。すなわち、同法律編第二二二三－一〇条によれば、「埋葬は、教会堂、寺院、会堂、病院、礼拝堂、及びおよそ市民が礼拝を行うために集会する密室の建造物、並びに市街地の中心部のいずれにおいても、行うことができない」とされる。こうした禁止規定は古くからあって、一八〇四年六月一二日命令にまで遡ることができる。

これと区別されるべきは、ある宗教共同体によって神聖と考えられた土地における埋葬は認められる、という点である。先に述べたように、「私有地が市街地の区域外にあり、かつ所定の距離を隔てているときは、その私有地に人を葬ることができる」（同〈法律〉第二二二三－九条）とされるからである。もっとも、現行法は私有地への埋葬についても一定の条件を付した上で、「その土地が位置する県の知事が許可する」ものとしている（同〈命令〉第二二二三－三二条）。

この点で興味ぶかい事例を提供したのは、一九九八年三月に死去した新宗教運動「オウム」の創始者の遺体埋葬をめぐって、これを教団所有地内に埋葬することを望んだ信者側と、その許可を拒否した行政当局との間に生じた紛争である。これについて、先に言及した二〇〇四年五月のコンセイユ・デタ判決（CE. 12 mai 2004, Association du Vajra Triomphant, *Rec.* 690, 793.）は、その地域の住民の激しい反対を考えると、公の秩序に対する危険があるとして、原審のマルセイユ行政控訴院の判断を是認している(39)。

### (3)　埋葬の態様

さて、埋葬の態様については、地面にそのまま埋葬することは禁じられ、「死亡した人の遺体は、埋葬又は火葬の前に、納棺する」ことが義務づけられている（同〈命令〉第二二二三－一五条）。したがって、この禁止規定は、宗教上の戒律としてそのままの埋葬を求められるイスラム教徒とユダヤ教徒との関係では、相当問題となりうるであろう(40)。

この点に関するヨーロッパ人権裁判所の判断は、未だ存しないようである。しかし、右の規定は保健衛生を理由とする信教の自由に対する制約であって、その正当性が認められるならば、「宗教又は信念を表明する自由については、法律で定める制限であって公共の安全のため又は公の秩序、健康若しくは道徳の保護のために民主的社会において必要なもののみを課すことができる」と定めた、ヨーロッパ人権保護条約第九条二項によって許されるであろう、とする考えが示されている。

なお、政教分離法第二八条は、公的な場所において宗教的標章を掲げることを禁止しているので、埋葬に際して、何らかの宗教的標章を設けた場合、その規定との関係も一応問題にすることはできる。けれども、同条自体、「宗教活動に用いられる建造物、墓地における埋葬場所、墓碑及び博物館又は展覧会を除いては、いかなる宗教的な記号又は標章も、公の記念物に又はいかなる公の場所であれ掲げ又は貼付してはならない」としているので、とくに問題視されることはないであろう。

実際、地方公共団体一般法典も、「個人はすべて、許可を得ることなく、親又は友人の墓穴の上に、小さな墓石又は墓を表すその他の標章を供えることができる」（同〈法律〉第二二二三‐一二条）ことを定めている。そして、同法典命令編第二二二三‐八条の規定によれば――「事前に市町村長の承認を得る」ことを条件としつつ――「墓石又は墓名碑に」宗教的記載を施すこともできることになっている(41)。

## 4　中立性原則と宗派区画の問題

(1)　ここで、ライシテの原理の一環でもある墓地の中立性の原則とこれに関連する問題点について言及しておこう。すなわち、幾つかの例外的な私的な宗派墓地（ユダヤ教とプロテスタント）を除けば、市町村墓地は公的な宗派間にわたるものであり、その意味で墓地の中立性（neutralité des cimetières）というものが確保されるべきである。したがって、同じ墓地の中に、特定の宗派に割り当てる部分を物理的に分離して宗派ごとに集めることは、先に述べたように（1(2)参照）、一八八一年一一月一四日のいわゆる墓地中立化法――一八〇四年六月一二日命令の第一五条を明示的に廃止したもの——によって、禁止されている。

この点で議論があるのは、とくにイスラム教徒のために、墓地の中に宗派区画（carré confessionnel）を設けることの是非である。すなわち、イスラム教の伝統によれば、遺体は聖地メッカの方角に向けて埋葬するものとされ、このこと自体は禁止されるものではないが、イスラム教徒の墓石をそのように向けた場合に、墓地空間の管理上の問題が出てくるおそれがある、というわけである。もちろん、この場合に、イスラム教徒の墓石を一つの区画にまとめることができれば大きな問題は生じないが、現行法の立場と合わないことは言うまでもない。

(2)　現にこうしたイスラム教区画（carrés musulmans）が作られて問題化した時、政府は、一九七五年一一月二八日及び一九九一年二月一四日の内務省通達を通して、市町村長に対し、イスラム教徒からの要求があり、埋葬数に余裕があれば、現存する墓地の中に、そのための特別の区画——「事実上のまとまり」——を確保するよう勧告してきた。この背景には、出身国に遺体を送還するには費用が高くつき、フランス国内での埋葬となれば自らの戒律を破ることになるという、遺された家族のディレンマを考えざるを得ないからである。

この勧告は、一つの見方からすれば、明らかに右の墓地中立化法に違反するように思われるが、逆に、むしろ問題の一八八一年墓地中立化法こそヨーロッパ人権保護条約第九条に違反するという意見も見られる(42)。

このことは、それらの通達が必ずしも問題の解決に役立ってはいないことを示している。そこで、政府は、二〇〇八年二月一九日、従来の二つの通達を廃止して、故人が同じ宗教に属する者のそばで安らかに眠ることができるようにという家族の願いに応じるかたちで、県知事・警視総監宛に、埋葬地の取締りに関する新たな内務省通達（CIRCULAIRE relative à la police des lieux de sépulture du 19 février 2008 : NOR/INT/A/08/00038/C）を出した。その内容は、市町村墓地の中立性原理と個人の信条の自由を尊重しつつ、①市町村長が、同一宗教の故人を纏める場所、つまり「宗派区画」（espaces ou carrés confessionnels）を整備することを積極的に認めるとともに、②特例的な宗教法制を採っているアルザス・モーゼル地方についても――必要があり、且つ地域の事情が許すのであれば――非公認宗教（cultes non reconnus）について、そうした「宗派区画」を設けることができる、というものである(43)。

(3)　けれども、この第二点の指示は、新たな問題と反応を生むことになった。すなわち、アルザス・ロレーヌの三県は、フランス国内であるのに、歴史的な理由から、宗教関係法制については、一般的な政教分離制度とは異なった公認宗教制度という特例制度を採っている地域である(44)。

本稿で検討している葬儀・墓地埋葬法制についても同様で、フランスの他の地域では、一八八一年一一月一四日の墓地中立化法により廃止された「宗派区画」が、そこでは制度として生きているのである。実際、本稿でしばしば参照してきた現行の地方公共団体一般法典の法律編第二部「市町村」第五章「特別規定」第四節「モーゼル、低地ライン及び高地ライン三県の市町村」には、第二款「警察」の中に、以下のような規定が設けられている（第二五四二－一二条）。

①　複数の宗教が信仰されている市町村では、各宗教は各別の埋葬地を有するものとする。

②　墓地が唯一つしかないときは、個別の入口を備え、その空間を各々の住民人口に比例するかたちで、宗派の数だけ、壁、垣根又は溝によって、配分するものとする。

これは、一八〇四年六月一二日命令に由来する特例法規であるが、第一項にいう「各別の埋葬地を有する」のは、いわゆる公認宗教――カトリック・プロテスタント二派・ユダヤ教――であって、こうした宗派別区制がイスラム教のような非公認宗教に適用されることはない。そこで、先の内務省通達が出されることになるが、実際、ストラスブール市では、二〇一一年から、公的なイスラム教墓地を造成する計画が進められている由である。

けれども、こうしたアルザス・ロレーヌの特例制度の存続自体に反対する立場からは、強い批判が寄せられている。

すなわち、内務省通達に依拠したそうした造成計画は違法なものであって、真の解決策は、公認宗教制度の基となっている旧コンコルダ体制を非公認宗教に拡大することではなく、むしろ、その廃止にこそあるという主張が展開されているのである(45)。

## 5　病院におけるライシテ

(1)　さて、ある調査結果によると、フランス人の七六・五パーセントが伝統的な埋葬（土葬）に頼っており、葬儀の七〇パーセントが宗教色を帯びているが、また、死者の七〇パーセントが病院で亡くなっている、という(45)。

このように、病院で死亡する人が多いとすれば、先に述べた公衆衛生上の配慮がなされることは当然として、同時に、その病院という範囲において、死に行く者の自由、その家族への配慮を確保することが重要となる。そこで、現行法は、本人又は家族に対する宗教面における各種の措置を定めている。

まず、現行の公衆衛生法典は、入院患者本人の信教の自由を保障する立場から、「入院患者は、それぞれの礼拝の執行に参加できる状態に置かれなければならない。入院患者は、施設管理者にあてた要求により、その選択する祭司の訪問を受けるものとする。」としている(47)（同〈命令〉第一一一二－四六条）。

しかし、これは、他の入院患者などがいるところでは、秘密を守ることができず、実行しにくいかも知れない。そこで同法典には、とくに終末を迎える者の処遇が定められ、「入院患者が臨終状態にあるときは、望みうる最大限の慎みをもって、個室に移送する」こと、そして「近親者は、その者の許に留まり、臨終に立ち会うことができる」ことが明記されている（同〈法律〉第一一一二－六八条）。

(2)　さらに注目されるのは、連帯・保健衛生・家族省の病院・治療組織局から、県知事、公立・私立の私病院長などに宛てた二〇〇五年二月二日の「保健衛生施設におけるライシテに関する通達」（CIRCULAIRE N°DHOS/G/2005/57 du 2 février 2005 relative à la laïcité dans les établissements de santé）――官報には登載されていない――である。ここでは、病院で死亡した場合の家族に対する配慮をも示して、「臨終間近い病人及び故人の家族は、その選択する宗教の定める典例・儀式をおこなう可能性を保障されなければならない」ことが明記されている(48)。

これは、法典それ自体には直接に明記されていない配慮措置を述べたものであるが、特定の場面に限られるとはいえ、病院施設の中で宗教的儀式を行いうることを認めたものとして、ライシテの原理との関係からみても注目されよう。

(26)　森『墓と埋葬の現在――祖先崇拝から葬送の自由へ』八〇頁。実際、ここでは省略せざるをえないが、ドイツにおいても、墓地や葬儀・埋葬方法の問題は国家教会法（Staatskirchenrecht）又は宗教法（Religionsrecht）の一環として取り上げられている。そして、ここでは、教会墓地（kirchlichen Friedhöfe）は、ワイマール憲法第一三七条三項の意味における「固有事務」（eigene Angelegenheiten）に属するが、国家が衛生警察上及び他の理由から特別の関心を有する教会事務であること、他方、市町村墓地（公立墓地。kommunalen Friedhöfe）は、ワイマール憲法第一四一条にいう「その他の公の営造物」（sonstige öffentlichen Angestalten）に当たり、そこではすべての宗教団体が宗教的行為を執りおこないうること（Vgl. Axel Freiherr von Campenhausen = Heinrich de Wall, *Staatskirchenrecht*, 4. Aufl., 2006, SS. 185-189, 225）や、信仰の自由を保障するドイツ連邦基本法第四条は埋葬に関する宗教的戒律への顧慮を確保するよう指令する権利をも含みうること、埋葬強制（Bestatungszwang）の原則と教会墓地の独占という状況とは相容れない要素があることなどが論じられている。Claus Dieter Classen, *Religionsrecht*, 2006, SS. 74-75, 236-237.

(27)　法律事項に属する措置を命令により執りうることを認めた憲法第三八条を根拠として、法の簡素化を内閣に授権する二〇〇四年一二月九日法律第一三四三号によって制定されたもので、議会の承認（ratification）があれば法律として完全な効力を有することになる。

(28)　この点については、M. Perchey, *op. cit.*, pp. 1314-1315.

(29)　これは、森・前掲書に頻出するキーワードの一つである。同書プロローグ一三頁、本文一三頁・四四頁・五〇頁・六三頁・一九四頁など、同「埋葬と法――家族・市民社会・国家」（前掲）九一頁など参照。

(30)　この場合、故人や家族はその意思を礼拝執行者（司祭等）に強要することができるかという問題があるが、礼拝執行者は、宗教儀式があると認めるかを判断すること、また、儀式で用いる歌とテキストを選択してそれを具体化することについては、自由に判断することができる、とも考えられる。

(31) このオリヴィエ神父事件における判断は、かつて大石『憲法と宗教制度』において指摘したように、「警察事由不存在の推定」という考え方に集約される（同書五六頁参照）。

(32) 以上については、Xavier Delsol = Alain Garray = Emmanuel Tawil, *Droits des cultes: Personne, activites, biens et structures*, 2005, pp. 382.

(33) 同条によれば、その許可は、故人の最終意思を明示する書面や死亡に法医学上の問題がない旨の医師の証明書などがある場合に、与えられる。

(34) 森・前掲書も「埋葬義務」があることを強調している（四〇頁・五〇頁など参照）。また、同「埋葬と法――家族・市民社会・国家」（前掲）八九頁以下も参照。

(35) 但し、「外国又は海外領土で死亡したときは、フランスに遺体を搬入した後六日を超えない期間」とされている。

(36) X. Delsol = A. Garray = E. Tawil. *op. cit.*, pp. 382. note 9 参照。

(37) なお、同項は、二〇〇八年の改正によって以下のように改められ、二〇一三年一月一日から施行されることになった。

**第二二二三－一条**　各市町村又は墓地に関する権限ある各市町村協同公施設法人（établissement public de coopération intercommunale）は、遺体の埋葬に充てる土地を含む墓地を少なくとも一箇所配置し、かつ、人口二〇〇〇人以上の各市町村又は人口二〇〇〇人以上の墓地に関する権限ある各市町村協同公施設法人は、遺体が火葬に付された死者の遺灰を受け容れるための納骨場を少なくとも一箇所配置するものとする。

右に出てくる「市町村協同公施設法人」については、同法律編第五二一〇－一条以下参照。

(38) H. Berthélemy, *op. cit.*, p. 412 ; Gabriel Le Bras, *L'église et le village*, 1976, p. 74.

(39) この事件については、X. Delsol = A. Garray = E. Tawil, *op. cit.*, pp. 383-384 ; E. Tawil, *Du gallicanisme administratif à la liberté religieuse*, 2009, pp. 185-186.

(40) 後に言及する二〇〇八年二月一九日の埋葬地の取締りに関する内務省通達は、「ユダヤ教及びイスラム教の人々の信仰原理は、このやり方〔火葬〕を明白に禁止している」ことを強調している。

(41) 以上については、X. Delsol = A. Garray = E. Tawil, *op. cit.*, p. 385.

(42) 以上については、X. Delsol = A. Garray = E. Tawil, *op. cit.*, p. 384.

(43) この「宗派区画」をめぐる一連の動きについては、C. Benelbaz, *op. cit.*, pp. 454 et s.

(44)　この特例制度の内容についても、かつて詳しく検討したことがあるので、ここでは省略する。大石『憲法と宗教制度』九六頁以下参照。
(45)　この典型的な主張は、「自由思想」(Libre Pensée) 連盟による二〇〇九年一〇月一四日の公式声明に表れている。
(46)　M. Perchey, *op. cit.*, pp. 1312, 1314.
(47)　なお、同法律編第三三一一‐三条は、精神疾患で強制入院中の者に対する信教の自由の確保の措置を定めている。
(48)　以上については、X. Delsol = A. Garray = E. Tawil, *op. cit.*, pp. 381.

## おわりに――墓地埋葬法制の再検討

(1)　以上のように概観してみると、フランスの葬儀及び墓地・埋葬法制にあっては、信教の自由とライシテ（国の宗教的中立性）の原理という憲法原則を前提として、葬儀の自由の観念、墓地提供の公役務性の理念及び埋葬の義務に立脚するとともに、主として埋葬を念頭に置いた公衆衛生の確保と火葬の場合に表面化する死者の尊厳という「公の秩序」を保護する観点から、地方公共団体一般法典を初めとする国の法令によってかなり詳細な規律が設けられている、というように要約することができよう。

したがって、ここでは――そうした法制が妥当か否かの判断は留保するほかないが――その自由の「重要性を認め、それにより完全な保護を与える」べきだとする立場からは、「制約された自由としての葬儀の自由」というものが語られ、以下のような評価すら見られるのである(49)。

葬儀立法は、故人の葬儀に関して、その意思を限定的に枠付けている。各人が死後に自らの遺体を意のままにすることができるという自由の範囲は、極めて限られているように思われ、葬儀の自由に対する侵害は公の秩序に対する侵害との関係で比例していないのではないかと問うことができるほどである。この厳格な規律の背後には、遺体に対する恐怖というものはないのだろうか。葬儀の自由に対する制限が、公衆衛生規範と公の秩序の尊重という正統な考慮にあることは、明らかである。

(2)　これに対し、日本の現行の墓地埋葬法制は、同じように、信教の自由と政教分離（国の宗教的中立性）という憲法原則を前提とし、しかも、葬儀の自由の観念に近い「葬送の自由」を憲法上の権利として承認する余地を残しながらも、国又は地方自治体は「墓地の中で生き続ける死者」(50)のために一定の土地を用意する義務があるという前提に立った、墓地提供の公役務性といった観念はほとんど顧みられず、死者の尊厳性をも考慮した上での国の法令による規律もほとんど見られない。

したがって、ここでは、むしろ、墓地埋葬法それ自体についても、「法の体系性や論理性においては多くの問題点を内包している」(51)との厳しい批判があることを思い起こす必要がある。これとは異なるアプローチからではあるが、やはり、「墓埋法が制定された当時は土葬文化が強かったため、あくまで衛生面に着目したもの」であったが、「一〇〇％近い火葬率となった」ことを踏まえて、墓地埋葬法自体を見直す必要があることを明言する論考もある(52)。

こうした批判や提言に、われわれは真摯に耳を傾ける必要があるのではないか。死は等しく誰にも訪れる。にもかかわらず、国や地方自治体は、墓地の提供・整備や埋葬義務の問題を公役務の一つとして位置づけて来なかったし、学界も――一部の専門家を除けば――これまで墓地埋葬法制を身近な問題として取り扱っては来なかった。本稿では、比較法的な視点から、主としてその公法的な宗教法規としての側面に焦点を当てて検討したが、墓地使用権のあり方、墓地経営の「公益性」「非営利性」(53)、埋葬の方法、そして無縁墳墓の取扱いなど、この領域においては議論すべき問題は広く、そして重いものがある。

なお付言すれば、先に指摘したように、地方分権改革によって、実質上、墓地埋葬法制の分野では今や許可その他の国の役務から都道府県から市・区の事務に移っているが、このことは、皮肉にも、国の行政解釈が幅を利かせてきた従来の運用がさらに市・区の事務にまで深く入り込んでいくことを意味している。これは果たして地方分権・「地域主権」改革のあるべき姿なのであろうか。

(49)　M. Perchey, *op. cit.*, p. 1315.

(50)　森　謙二「埋葬と法――家族・市民社会・国家」（前掲）九三頁。

(51)　森・前掲論文九〇頁。

(52)　川添善行＝近藤真由子『首都圏における事業型墓地開発の実態とその対策』四〇～四一頁。

(53)　墓地経営の「公益性」に関連して、特定宗派が経営する墓地において異宗派に属する者の埋葬・埋蔵を拒むことができるかという問題がある。これについては、一九六〇年（昭三五）三月八日の内閣法制局の見解（内閣法制局編『内閣法制局意見年報　第八巻』八四頁以下所収）に基づいて、行政解釈が大きく変更されたことをも、記憶しておく必要がある（昭和三五年三月八日衛環発第八号「墓地、埋葬等に関する法律第十三条の解釈について」、各都道府県・各指定都市衛生主管部（局）長あて厚生省公衆衛生局環境衛生部長通知を参照）。この解釈変更が、先に述べた「法律による行政」原理との関係で問題を含むものであることは、言うまでもない（**一 2**(3)を参照）。

# 第三部　結社の自由と団体法制

# I　結社の自由の限界問題
## ——立憲民主制の自己防衛か自己破壊か——

### 一　問題の所在

(1)　一九六五年一二月二一日の国連総会における「あらゆる形態の人種差別の撤廃に関する国際条約」、いわゆる人種差別撤廃条約の採択が、ヨーロッパにおけるネオ・ナチズムの活動や当時の南アフリカ共和国におけるアパルトヘイト政策などを背景としたものであったことは、広く知られている。日本国が同条約を批准し、国内法化したのは、それからちょうど三〇年後の一九九五年（平七）一二月であるが、その締結に際して日本政府がおこなった「留保」は、重要な憲法上の論点を含むものであった。

すなわち、同年一二月二〇日、平成七年条約第二六号として公布された人種差別撤廃条約（翌八年一月一四日発効）の第四条は、次のように定めている。

締約国は、一の人種の優越性若しくは一の皮膚の色若しくは種族的出身の人の集団の優越性の思想若しくは理論に基づくあらゆる宣伝及び団体又は人種的憎悪及び人種差別（形態のいかんを問わない。）を正当化し若しくは助長することを企てるあらゆる宣伝及び団体を非難し、また、このような差別のあらゆる扇動又は行為を根絶することを目的とする迅速かつ積極的な措置をとることを約束する。このため、締約国は、世界人権宣言に具現された原則及び次条に明示的に定める権利に十分な考慮を払って、特に次のことを行う。

(a)　人種的優越又は憎悪に基づく思想のあらゆる流布、人種差別の扇動、いかなる人種若しくは皮膚の色若しくは種族的出身を異にする人の集団に対するものであるかを問わずすべての暴力行為又はその行為の扇動及び人種主義に基づく活動に対する資金援助を含むいかなる援助の提供も、法律で処罰すべき犯罪であることを宣言すること。

(b)　人種差別を助長し及び扇動する団体及び組織的宣伝活動その他のすべての宣伝活動を違法であるとして禁止するものとし、このような団体又は活動への参加が法律で処罰すべき犯罪であることを認めること。

(c)　国又は地方の公の当局又は機関が人種差別を助長し又は扇動することを認めないこと。

日本国政府は、しかし、前年六月に右の第四条について留保をおこなった上で人種差別撤廃条約を批准したアメリカ合衆国と同じような姿勢で臨み、同条約の批准に際して次のような留保をおこなった（平成七年一二月二〇日外務省告示第六七四号）。

日本国は……第四条(a)及び(b)の規定の適用に当たり、同条に『世界人権宣言に具現された原則及び次条に明示的に定める権利に十分な考慮を払って』と規定してあることに留意し、日本国憲法の下における集会、結社及び表現の自由その他の権利の保障と抵触しない限度において、これらの規定に基づく義務を履行する。

(2)　現在、人種差別撤廃条約の承認に際して留保をおこなっているのは、四カ国のみのようである（一九九四年）。その中に日米両国が含まれているわけであるが、アメリカ合衆国の場合、実は、二年半前の「市民的及び政治的権利に関する国際規約」、いわゆる国際人権B規約の批准（一九九二年四月）に際しても、その第二〇条「戦争のためのいかなる宣伝も、法律で禁止する。差別、敵意又は暴力の扇動となる国民的、人種的又は宗教的憎悪の唱道は、法律で禁止する」との規定について、表現の自由を保障した合衆国憲法修正第一条と直接抵触することを理由に、留保をおこなっている。人種差別撤廃条約に対するアメリカ合衆国の留保が、これと同じ趣旨に出たものであることは容易に想像されよう(1)。

日本国政府は、しかし、国際人権B規約の批准に際しては、第二〇条についてアメリカ合衆国がおこなったような留保をしていない。この間の対応のズレも一つの問題であるが、本稿にとってより興味ぶかいのは、右のようなヨーロッパの民主主義諸国では見られなかった留保を政府がおこなった背景に、「日本国憲法の下における集会、結社及び表現の自由」の内容と保障範囲について何か独特の理解があり、ここには日本憲法学のあり方が色濃く反映しているのではないかと疑われることである。

もとより、いわゆる人権条約について日本国政府が留保をした例は、これまでにもあった。最近では、一九九四年五月の「児童の権利に関する条約」（平成六年条約第二号。同年五月二二日発効）の第三七条(c)に関する留保が、比較的よく知られたものといえるが、これは、基本的に成年制度という立法政策の違いに由来するものである(2)。人種差別撤廃条約第四条に対する右の留保は、しかし、そうした問題とは異なり、立憲民主主義を標榜する憲法体制にとっては、本質的な問いかけを伴っている。というのも、ここでは、人権条約というかたちで示された国際的な規制要求と憲法（国内法）による人権保障との関係をどうとらえるべきかが問われているからである。

従来、わが国では、どちらかといえば、国際的人権保障規準に照らして国内法上の権利制限を批判的に吟味するという場面が多かったように思われる。だが、国際協調主義に立ち、明文で「人種……により、……差別されない」ことを保障している日本国憲法の下で、同じく憲法が保障する「集会、結社及び……表現の自由」のゆえに、いわばグローバル・スタンダードに見合った積極的な人種差別撤廃措置をとることを拒否することを、どう評価すべきであろうか。こうした人権条約による規制要求に対する留保という新たな問題に対して、日本憲法学はどういう対応をすればよいであろうか。

(3)　本稿では、とくに「結社の自由」を例にとりつつ、この問題に検討を加えようと思うが、右に示した構図から知られるように、それは広く「自由の背理」「民主主義の自己矛盾」といわれる問題意識に通じるものである。この点について、ヨーロッパ諸国は、周知のドイツ型「たたかう民主政」構想に見られるように一定の態度決定の下に解決を図ってきたのであって、人種差別撤廃条約第四条に対するアメリカ合衆国や日本国政府のような態度をとらなかったのは、それだけの論議の蓄積があるからである。

むろん、右の「たたかう民主政」に関する知識は、わが国でもなかったわけではない。しかしながら、私のみるところ、ドイツ型「たたかう民主政」構想は必ずしもドイツ特有のものということはできず、しばしばこれと対比されるフランスにおける結社・団体法制についても、同じ要素を指摘することができるのである。この点はほとんど知られていないが、日本憲法学における解釈論的な常識は、こうした「たたかう民主政」というものに対する認識の甘さ又は暗さというべきものによって形づくられ、実は、これが人種差別撤廃条約に対する日本国政府の態度に決定的影響を及ぼしたという事情はないであろうか。

そこで本稿では、まず、ドイツ型「たたかう民主政」構想に関する基本的な理解から始め（**二**）、次いで、これと同じ意味をもつフランス型「体制防衛」問題に視点を移し（**三**）、人種差別撤廃条約に対するヨーロッパ型の一般的な対応を解く鍵となるフランス型の結社・団体法制の内実を示したのち（**四**）、最後に、日本憲法学の課題を確認することにしよう（**五**）。

（1）　H. J. Steiner = P. Alston, *International Human Rights in Context*, 1996, pp. 767, 777. なお、人権条約中最も留保の多いのは、女子差別撤廃条約に対するもののようである（*Ibid.*, p. 918）。

（2）　日本国による児童権利条約第三七条(c)に関する留保については、波多野里望『児童の権利条約』二五九頁（有斐閣、一九九四年）。同じような留保をした国としては、イギリス・カナダ・オーストラリアなどがある。

# 二　二つの「たたかう民主政」観

## 1　日本型「たたかう民主政」観

(1)　法哲学者尾高朝雄教授の急逝を悼んで編まれた『自由の法理』（有斐閣、一九六三年）に寄せられた宮澤俊義「たたかう民主制」は、両大戦間期に発表された比較憲法学者カール・レーベンシュタインの着想に拠りつつ、「ワイマアルのいましめ」と「ボンのそなえ」を主要な素材として「民主制のジレンマ」について醒めた考察を加えたもので、わが国における「たたかう民主政」観の形成に大きな役割を果たした。だが、これには幾つか問題点を指摘することができる。

すなわち、故宮澤教授は、フランス第四共和制憲法草案（一九四六年）、世界人権宣言（一九四八年）などを挙げるとともに、ドイツについてはバーデン、ラインラント＝プファルツほかの各州憲法（一九四七年）やドイツ連邦憲法（一九四九年）などの関連規定を示しつつ論旨を展開された(3)。そして、この基本法については、「自由で民主的な基本秩序」を防衛するという観点から設けられた諸条項、つまり教授の自由に関する憲法忠誠（第五条第三項）、反憲法的結社の禁止（第九条第二項）、権利濫用者の基本権喪失（第一八条）及び反憲法的政党の禁止（第二一条第二項）に言及された上で、人間の尊厳・国民主権・共和制・社会国家性などを憲法改正対象から外した憲法改正制限規定（第七九条第三項）まで引きながら、「民主制の自己防衛」を図る「ボン基本法の身がため」について説明された(4)。そこで一九五二年の「社会主義国家党」違憲判決、四年後の「ドイツ共産党」違憲判決に言及されたことは当然であろう。

(2)　その後ドイツでは、新結社法（一九六四年）、次いで政党法（一九六七年）が制定されたが、どういう理由からか、故宮澤教授はすでに成立していたフランス第五共和制憲法に言及していない。したがって、初めて政党を憲法化した同憲法第四条後段で、「政党及び政治団体は、国家主権及び民主制の両原理を尊重しなければならない」と明記されたことの意味も、全く顧みられない。同条項は、しかし、ドイツ基本法第二一条第二項の影響を受けつつ起草されたことは明らかで、主としてスターリニズムへの警戒を示したものである。そして、しばしばナチス支配に対する深い反省から設けられたとされるドイツ基本法の同条項自体、共産党独裁制に対する警戒という側面があった(5)。この点を見落としてはなるまい。

また、右に紹介した通り、故宮澤教授は、フランス第四共和制憲法草案に触れられたものの、これ以外は、第二次大戦末期にフランス共和国臨時政府の下に設けられた憲法改正調査委員会の報告(6)の中の一文、すなわち「すべての市民に対して、すべての政治的教理に関し完全な思想と宣伝の自由をみとめることを、それに伴う危険にもかかわらず、むしろ妥当と考える」ということばを紹介した上で、その決意を評価すべきである、と言われるのみである。

この点を強調される真意は、必ずしも明らかでない。同じ時期に書かれた忠誠条項に関する別の論考では、そこに単なる警告以上の意味をみとめ、それに賛意を表したリヒャルト・トーマに共鳴しているように見えるからである(7)。ただ、文脈の中でとらえる限り、この一文の中にドイツ型「たたかう民主政」とフランス憲法体制との姿勢の違いを見ていることは確かであろう。この対比は、その後も――しばしばフランス的精神への共感とともに――受け継がれているように見受けられる(8)が、そうした理解は果たして十分な根拠をもつのであろうか。

まず、憲法改正制限規定・反憲法的結社の禁止という問題についていえば、確かに、一九五八年憲法第四条前段は、政党の結成について全く自由な形をとりうるものとし、政党禁止条項は存しないように考えられがちである。けれども、フランスには、そもそも共和政体に敵対する政党の禁止という古い共和制伝統があり、現行憲法もそれを憲法改正提案の対象から外している（第八九条第五項）。むろん、一八八四年八月一四日の憲法的法律第二条に由来するこの規定が、シンボリックな効力しか有しないことは広く承認されているが、後述するように、決して共和制に敵対的な政党・政治団体の存在を容認するわけではない。

このことは、すでに一九〇一年結社法、とくに特別法である一九三六年法（戦闘団体及び私兵禁止法）によって明確に制度化されており、現に第二次大戦後だけでも、数十団体が解散させられている。そうであるにもかかわらず、ドイツの共産党違憲判決（一九五六年）が、フランス政府の措置よりも大きな反響を呼んだことについて、ある論者は、その奇妙さを指摘している(9)。

## 2　レーベンシュタインの「たたかう民主政」

実際、宮澤「たたかう民主制」の中でしばしば引用されているレーベンシュタインは、フランス第四共和制憲法草案前後における「政党基本法案」や第五共和制憲法第四条に言及すると同時に、右の一九〇一年結社法及び一九三六年法にも触れ、「後者の場合、軍事的なファシスト『連合』その他の集団を抑圧する立法に基づいて政令が発せられた」という事実まで註記している(10)。

すなわち、まず右の「政党基本法案」に含まれていた基本原則として、複数の政党が存在すべきこと、すべての政党は人権宣言の諸原理に依拠すべきこと、党内秩序は民主的諸原理に合致すべきこと及び政党の収入・支出は公の統制に服すべきことが、的確に紹介されたのち、「しかし、政党自身がこの案を全然歓迎せず、さらに世論も全く無関心であったので、それは第一次憲法草案に組込むことができず、第二次憲法草案ではもはや問題にもされなかった」ことを、レーベンシュタインは指摘する。そして、フランス現行憲法第四条を引きつつ、次のような予測すら立てている(11)。

国民主権の原理の尊重は、地域主義的な分離主義政党やさらには外国政府に依存している政党を排除するだろうし、民主主義の原理の尊重は全体主義団体と衝突するであろう。この規定は、施行法が欠けているのでさしあたり宣言的規定にとどまっているが、場合によっては政党法の出発点となるかも知れない。

むろん、こうした論調に対しては、何より、「自由主義的民主制は、たとい全体主義的なものであったとしても、政党の禁止とは相容れない」という、先に紹介したフランス的精神に根ざした反論はありうるし、仮に全体主義的政党の禁止が正当化されるとしても全く実効性を欠くとの批判も、当然考えられよう[12]。確かに、従来、政党の結成は結社法という一般法によるものと考えられ、最近の政治資金透明化に関する一九八八年法によって、「政党及び政治団体は、自由に結成され、その活動を行う。それらは、法人格を有する。」(第七条第一項)とされるに至った。

しかしながら、一般にフランス現行憲法第四条は、一九〇一年結社法及び一九三六年法などとともに言及され、憲法・政治学の関係書でも、それらの運用に目を向けた記述が見られる[13]。そもそも、政党は結社の自由に基礎を置くものと解されているが、この点を強調すればするほど、結社の自由をめぐる法制度の内実は大きな意味をもつであろう。したがって、結社法という一般法とともに、これに対する特別法の存在にも十分注意を払わなくてはなるまい。

この意味で、ジョルジュ・ビュルドーは、反民主主義政党に対する規制を念頭に置きつつ、多元主義型民主制における「体制防衛」(défense du régime) の問題を扱った際、広く秩序転覆活動 (activités subversives) を視野に入れ、単に政党問題のみならず、一九〇一年結社法や一九三六年法による団体解散制度にも説き及んでいる[14]。こうしてみると、ドイツ的な「身がため」ほどではないにしても、そこには、いわばフランス型「たたかう民主政」というべき構想があるのではないかと考えさせられる。

(3)　宮澤俊義「たたかう民主制」同『法律学における学説』一五一頁以下所収(有斐閣、一九六八年)参照。
(4)　第一八条に焦点を当てたものとして、田口精一「ドイツ基本法に定める基本権喪失条項の意義について」同『基本権の理論』四三九頁以下(信山社、一九九六年)参照。

（5）H. Finer, *Governments of Greater European Powers*, 1956, p. 70l.
（6）J. -É. Callon, *Les projets constitutionnels de la Résistance*, 1998, p. 204 et s.
（7）宮澤俊義「学問の自由と忠誠条項」同『法律学における学説』一七七頁。なお、バートランド・ラッセルを取り上げた「たたかう民主主義者」同『憲法論集』三七一頁以下（有斐閣、一九七八年）参照。
（8）樋口陽一『憲法』九二頁（創文社、一九九二年）、同『比較憲法〈全訂第三版〉』二一四頁、四六二頁、四九七頁、五二三頁（青林書院、一九九二年）、同『憲法Ⅰ』四〇一頁（青林書院、一九九八年）参照。
（9）Y. Mény, *Politique comparée*, 1987, p. 84.
（10）カール・レーベンシュタイン・阿部照哉＝山川雄巳訳『新訂　現代憲法論』四五四頁以下（有信堂、一九八六年）。
（11）レーベンシュタイン・前掲書四五七頁。
（12）Ch. Debbasch = J. -M. Pontier, *Introduction à la politique*, 1982, pp. 316-317.
（13）例えば、M. Prélot = J. Boulouis, *Institutions politiques et droit constitutionnel*, 10e éd., 1987, p. 676.
（14）G. Burdeau, *Traité de Science politique*, t. Ⅷ, 2e éd, 1973, pp. 208-210. なお、その『政治学汎論』第七巻初版（一九五七年）には、右の両法律への言及はなかった。

# 三　フランス型「体制防衛」の基礎

## 1　一九〇一年結社法

フランス結社制度の一般法である一九〇一年七月一日「非営利社団契約に関する法律」（いわゆる結社法）は、別著にも示した通り(15)、一般的団体について結社の自由を原理とし、法人格を取得する場合の実体的・形式的要件や法人の管理・運営のあり方などを定めると同時に、カトリック修道会に関しては厳しい規制の下に置く、という二つの顔をもった現行法である。右に一言したように、政党も前者の一環としてとらえられてきたわけである。

ここでは、非営利団体に対する強制的解散の制度に焦点を当てるが、この一般法としての結社法による規制と、後述する一九三六年特別法による規制との間には、制度上大きな違いがある。しかも、後者は、本稿の冒頭で示した新たな問題領域における団体規制、つまり人権条約による団体規制の要求に応える側面を有していることが注目されよう。

すなわち、まず結社法は、強制的解散としては司法的解散制度のみを用意し、「違法な動機に基づき又は法律、公の秩序に反する目的のために結成された団体若しくは領土保全に対する侵害をもたらし又は武力により共和政体に攻撃を加えようとする目的を有する団体は、すべて無効とする」（第三条）ものとし、「第三条に定める無効の場合、団体の解散は、利害関係人の請求又は検察官の請求に基づき、大審裁判所によって宣告される」（第七条第一項。下略）ことを定めている。

このように、結社法第三条は、一般的にいえば、違法な組織を規制対象とするとともに、とくに(a)領土保全に対する侵害をもたらそうとする団体、(b)共和政体に攻撃を加えようとする団体の二者をも掲げている。この(b)は、言うまでもなく、先に触れた共和政体を憲法改正対象となしえないとする一八八四年八月の憲法的法律第二条を踏まえたものであり、その精神は現行憲法にも継承されている(16)。いずれにせよ、後述する特別法と競合することになるが、同条を現に適用した事例は一九三〇年と一九三四年に見られる(17)。

とはいえ、司法的手続であるだけに解散が確定するまでには相当の時日を要し、折からの全体主義的勢力の台頭、カトリック極右勢力、とくに政治的なスキャンダル・対立関係に乗じて騒乱の扇動を狙う組織の動き——しばしば「連合」(ligue)と呼ばれる(18)——などを前にして、その点に対する強い批判が生まれることになった。

## 2　一九三六年特別法の意味

(1)　この要請に応えるかたちで制定されたのが、団体規制に関する特別法としての一九三六年「戦闘団体及び私兵禁止法」（Loi du 10 janvier 1936 *sur les groupes de combat et millices privées*）である。同法は、もともと、人民戦線内閣の時、当初、右に示した一九〇一年結社法の第七条付加法案として構想されたらしいが、リモージュでの左右両極の衝突事件（一九三五年一一月一六日）を契機に、全体主義・極右組織に対抗するため政府提案として議会に提出されたもので、同法の成立は左翼政権の勝利を意味すると考えられた(19)。

この戦闘団体及び私兵禁止法の最も重要な特徴は、大統領令（décret en Conseil des ministres）による行政的解散制度がとられるという点である。したがって、その行政訴訟に関する専属管轄権をもつコンセイユ・デタへの出訴も可能であるが、早期の決着を確保するため、これに対する判決は緊急手続として行われる（同法第一条第二項）。そして、解散の効果としては、まず①解散団体の維持又は再結成に加わった者に対し、六カ月ないし二年の懲役に処すとともに、刑法典――むろん一九九二年改正前のものである――第四二条所定の公民権停止処分を科しうる（第二条）。また、②そうした社団及び団体の制服、記章、紋章や武器等はすべて没収され、その資産も結社法所定の手続に従って清算されるとしている（第三条）。同法は、このように僅か三カ条からなるにすぎないが、一九〇一年結社法に対する例外を定めたものとしてかなり厳しい内容をもっている。

さて、一九三六年初めに制定された戦闘団体及び私兵禁止法は、ヴィシー体制の下で、いったん「その目的、活動及び策動が国益に反することが明らかな団体」を解散しうるという厳格な制度に置き換えられた（一九四一年七月一一日法）が、フランス解放とともに息を吹き返した（一九四四年八月九日オルドナンスによる）、という経緯をもつ現行法である。しかも、その後、一九四四年・五一年・七二年・八六年の改正によって次第に規制対象を拡大してきたが、今はまず、制定当初の枠組みを検討してみよう。

同法によれば、政府による解散命令の対象となる団体は、次の各要件に該当する「あらゆる結社又は事実上の団体」である（第一条第一項第一号～第三号）。

①「道路において武装街頭行動（manifestations armées）を引き起こすもの」

②政府により認められた軍事訓練組織などとは別に、「その軍事的な形態及び組織により戦闘団体又は私兵的性格を帯びるもの」

③「領土保全に対する侵害をもたらし又は武力により共和政体に攻撃を加えようとする目的を有するもの」

**(2)**　この③は、ⓐ領土保全に対する侵害をもたらそうとする団体と、ⓑ共和政体に攻撃を加えようとする団体の二者を含んでいるため、一九〇一年結社法第三条などとの関係が問題となる。確かに、ⓑは「武力により」という要件を加える点で異なるが、いずれを適用するかで司法的解散・行政的解散という規制のあり方が異なり、司法裁判所・行政裁判所間の権限配分にもかかわるからである。もっとも、今日では、特別法としての一九三六年法が適用されるという解釈が確定しているようである[20]。

その制定理由から容易に推測されるように、同法は、直ちに全体主義的団体又はカトリック極右組織に対して適用された。むろん、右の要件③に該当するというもので、一九三六年二月一三日付で出された「アクシオン・フランセーズ連合」「王党派新聞販売連盟」（Fédération des camelots du roi）及び「アクシオン・フランセーズ全国学生連盟」に対する大統領令は、いずれもⓑの「武力により共和政体に攻撃を加えようとする目的を有する」団体に当たるとして解散を命じた代表的事例であり、コンセイユ・デタも、その合法性を認めている[21]。右の要件②についても、「戦闘団体又は私兵的性格を帯びるもの」に該当するとして三つの団体を解散に付した事例（一九三六年六月一八日・二三日付大統領令）などがある[22]。

参考までに付言すれば、この時期には、他のヨーロッパ諸国でも反全体主義的な立法措置がとられたことに注意すべきである。その詳細は紙幅の都合上省略するが、軍類似組織の禁止を定めたイギリスの公共秩序法（一九三六年）は広く知られており、一八三一年憲法典で「集会・結社の自由をいちはやく憲法上明記した」[23]ものと位置づけられるベルギーでも、実は、フランス法に先んじた形で、右の戦闘団体及び私兵禁止法に類似した私兵禁止法（一九三四年七月二九日法律）が制定され、一九三六年五月に改正・強化された(24)。

(15) 大石眞『憲法と宗教制度』八六頁、九八頁（有斐閣、一九九六年）。
(16) A.-S. Mescheriakoff = M. Frangi = M. Kdhir, *Droit des associations*, 1996, p. 88.
(17) Ch. Ozanam, *Associations, Syndicats et Fondations*, 1947, p. 5 ; R. Brichet, *Associations et Syndicats*, 6e éd., 1992, p. 347 et.
(18) J. Robert = J. Duffar, *Droits de l'homme et libertés fondamentales*, 5e éd., 1994, p. 723. ここでは、同法はもっぱらそうした「連合」禁止法として性格づけられる。
(19) J. Morange, *Liberté d'association en droit public français*, 1977, pp. 76, 185 et s. ; H. Berthélemy = J. Rivero, *Cinq ans de réformes administratives*, 1938, pp. 78-80. 同時に、犯罪扇動的な言論活動を処罰する出版法第二四条の改正が行われたことも記憶されるべきである。
(20) R. Brichet, *op. cit.*, p. 379.
(21) CE. 4 avril 1936, *Recueil Dalloz* 1936, Ⅲ, 38 ; *Recueil Sirey* 1936, Ⅲ, 42.
(22) いずれも合法とされている。CE. 27 nov. 1936, *Dalloz* 1936, Ⅲ, 79.
(23) 佐藤幸治「集会・結社の自由」芦部信喜編『憲法Ⅱ』五六〇頁（有斐閣、一九七八年）。但し、フランス法と同様な結社法が制定されたのは、一九二一年五月二四日の結社自由保障法と同年六月二七日の非営利社団法とによる。
(24) これが現行法として存続している。P. Wigny, *Droit constitutionnel*, t. Ⅰ, 1952, pp. 385-387 ; F. Delpérée, *Droit constitutionnel*, t. Ⅰ, 1987, pp. 242-244.

## 四　戦後憲法と「体制防衛」問題

### 1　政党条項と政党の法的地位

(1) 一九四六年の第四共和制憲法は、結局、政党について明記しなかったものの、失敗に終わった第一草案の人権宣言草案第八条は、次のような規定を置いていた[25]。

単一政党制は、共和制的自由の原理に反するものとして禁止する。選挙人は、合法的に設立された政党に属する候補者について選択を行う。

この性格を有するのは、

(a)　憲法典の冒頭に記載される人権宣言で提示された諸原理を尊重し、

(b)　その内部組織の点で民主的原則に適合し、

(c)　その収支に対する国のコントロールを承認する政党のみとする。

先に引いたレーベンシュタインの「政党基本法案」とは、実は、これだけの政党に関する根本規定を指していたわけであるが、その導入を図ろうとしたのは、一九四五年一二月七日の憲法草案起草委員会であった。しかし、これに強い不安を抱く政党や、無所属候補を禁止し、選挙人・候補者の自由を奪うものだといった強い批判などもあって、起草委員会としては、一九四六年二月二〇日草案でも同じ立場を維持したものの、結局、本会議では採択されなかった[26]。

この点については、しばしば指摘される事実、すなわち、従来、結社の自由に基礎を置く非営利団体として、政党は一九〇一年結社法の定めによるものと考えられてきたが、とくに左翼政党は、法的な規制を嫌って同法による法人として結成することを拒否してきたという事実を思い起こす必要もある[27]。したがって、そうした政党は、結社法上は届出なき非営利団体、つまり事実上の結社として位置づけられるが、判例はこれにも法人格を承認し、権利義務の主体たることを認めるに至った（破棄院一九五四年七月五日判決）ので、どの団体の種類であるかということは、それほど重要な問題ではないとも言われた（この点が最近整備されたことは、すぐ後で述べる）。

(2)　ミシェル・ドゥブレの草稿に始まる一九五八年の現行憲法制定過程では、当初ドイツ連邦憲法第二一条第三項のような形、つまり憲法附属法（loi organique）に委任する案も考慮されたようである。憲法諮問委員会の多数は、ドゥブレの当初案と同様、政党の憲法化を図ることを妥当とし、その最終案（八月一四日）は、「政党及び政治団体は、この憲法に定められた民主的諸原理を尊重しなければならない。本条の適用態様については、憲法附属法で定める。」（第二条の二）としていたからである(28)。

だが、コンセイユ・デタの検討（八月二一日～二八日）を経て、閣議に提出された憲法草案（九月三日）の第四条は、結局、憲法附属法への言及を除いた形で、「政党及び政治団体は、投票の意思表示に協同する。政党及び政治団体は、国家主権及び民主制の両原理を尊重することを条件として、自由に結成され、その活動を行う。」と改められている。

こうして成立した第五共和制憲法第四条は、イタリア憲法の「政党支配制」（particocratie）、ドイツの政党国家制（Parteienstaat）と異なり、政党に対して最少限の機能（選挙面での役割）しか認めない表現になっている(29)。だが、政党に対して「国家主権」「民主制」の尊重を義務づけている点で、ドイツ連邦憲法第二一条の政党条項の影響を受けていることは広く指摘されるところで、とくに「国家主権」への言及は、スターリン主義共産党を念頭に置いたものと考えられている(30)。

(3)　政党の法的地位という点からみて重要なのは、一九八八年三月一一日の政治資金透明化法である。これは、政党の財政面について規制するものとして知られ、九〇年・九二年の改正によって強化されたが、同法第七条は、従来、結社の自由に基礎を置くものとされてきた政党にとっては、別の意味をも有している。すなわち、同条は次のように定める。

政党及び政治団体は、自由に結成され、その活動を行う。それらは、法人格を有する。政党及び政治団体は、訴訟当事者となる。

それらは、有償又は無償で動産又は不動産を取得する権利を有し、その使命に合致するあらゆる行為を行い、とくに現行法の規定に従い新聞及び養成施設を創設し、運営することができる。

これは、一般的な結社の自由と政党の結成・活動の自由とを分離するものと解されている。いわば政党の一九〇一年結社法からの独立宣言をみとめたものであり、その意味で大きな変化のように見えるが、実のところ、根本的な変革というべきものではない。というのも、右に述べた通り、すでに判例によって政党には事実上一定の法的能力がみとめられていたからで、この立場を法制化したにすぎないと考えられるからである。そして、こうした一般的な結社の自由と政党の結成・活動の自由との分離という関係は、結社の自由に関する有名な憲法院判決（一九七一年七月一六日）でも前提とされていたと解されている。

(4) さて、「反民主的政党を禁止することは民主的か」[31]という問題を考える場合、議院規則における院内会派の取扱いのあり方も無視することはできない。この点に関してまず興味ぶかいのは、第四共和制憲法第一一条が、一九五四年の改正によって、「両議院は、各々毎年通常会期の初めに、議院規則に規定した要件により、理事部を選出する」となったことである。この「議院規則に規定した要件により」は、元来、「会派の比例代表により」という文言であったが、実際上、当時反体制的存在とみなされていたフランス共産党を排除する目的で改正されたものである[32]。しかし、その点を規定していた国民議会規則第九条の改正はついに行われなかったため、結果的には、会派の比例代表制による理事部の選出という制度に変更はなかった[33]。

この事実からも、先に述べた第五共和制憲法第四条の背景をうかがうことができようが、同条の存在からいって議院規則の内容が問題となるのは当然であった[34]。すなわち、一九五九年六月三日に下院で議決された規則案第一九条第三項によれば、「国民議会理事部は、その政策綱領（déclaration politique）が憲法第四条の規定に反すると見られる会派によって提出された資料は官報に登載することを延期することができる」とされていた。

衆知の通り、現行憲法上、両議院で議決された規則は、憲法附属法などとともに、新たに設けられた憲法院による事前の合憲性審査に必ず服することになっている（第六一条）が、果たして憲法院は右の規定を憲法違反と判断した（一九五九年六月一七日＝一八日＝二四日判決）。判決によれば、下院規則案第一九条第三項は、「当該会派の政策綱領の憲法第四条適合性に関する国民議会にのみ委ねられた評価によって、会派の結成そのものを妨げる」効果を有するものだからである(35)。

その結果、現行下院規則第一九条は、右部分を削除したものになっている（第二項）。そして、マルセル・プレローが委員長を勤めた上院「憲法改正・立法・普通選挙・議院規則」等委員会の提案を基礎とした一九七一年の元老院規則第五条の改正（四月二二日議決）も、会派が政策宣言を公表すべきことを規定した。ところが、今度は内容に対するコントロールを含まないとの理由で合憲と判断されている(36)（同年五月一八日憲法院判決）。

## 2　一九三六年法の改正と新たな問題領域

(1)　先にみた戦闘団体及び私兵禁止法は、その後、一九四四年・五一年・七二年・八六年と四次にわたる改正によって次第に規制対象を拡大してきた(37)。さらに、一九九二年の新刑法典の成立に伴う改正によって、すでに述べたような最高一〇年の公民権停止を科しうるとしていた同法第二条、社団及び団体の制服、記章、紋章や武器等の没収や結社法所定手続による法人清算などを定めていた第三条は、一九九四年三月一日——新刑法典の施行日である——をもって廃止された。しかし、それらの規定内容が意味を失ったわけではなく、実は、新刑法典によっても継承されていることに注意する必要がある（同法典第四三一―一八条及び第一三一―二六条参照）。

ここで数次の法改正によって拡大された団体規制の内容を検討するが、これについては、総じて言えば、当初は団体の「活動態様」を問題とするものであったのに、次第に団体の「イデオロギー」を問題視するようになったことが疑問視されている(38)。ただ、この論点はのちに改めて取り上げることにし、ここでは改正内容に即して、(一)伝統的な「体制防衛」型の規制領域に属しつつ解散対象を拡大するもの、(二)解散対象の新設が従来にない規制領域を設ける意味を有するものとに大別してみよう（対照の便宜上、先に紹介したものに続く通し番号にする）。

まず、(一)従来型の「体制防衛」構想に属するものを挙げれば、第四共和制成立前後に、次の二つが解散対象に加えられた。

④　その活動が「共和制的合法性の回復（rétablissement de la légalité républicaine）に関する措置を無に帰するおそれのあるもの」（一九四四年一二月三〇日オルドナンスによる）

⑤　「敵国協力首謀者として処罰対象となった個人を再び糾合したり、この協力を賛美したりすることを目的とするもの」（一九五一年一月五日大赦法による）

後者はやや解りにくいが、要するに、対独協力者を念頭に置いて大赦法により釈放された人々の再結集を阻止するため、同法自ら設けたカテゴリィである(39)。実際、「フランス連合社会主義運動」（一九四九年三月五日大統領令）など④に該当する事例もあるが、伝統的な「体制防衛」構想に沿った動きとして重要なのは、むしろ一九三六年法制定当初の諸規定について、この時期に数多の適用例が生まれた点であろう。

すなわち、それらは、①道路で武装街頭行動を引き起こすか、②戦闘団体又は私兵的性格を帯びるか、③(a)領土保全に対する侵害をもたらし又は(b)武力により共和政体に攻撃を加えようとする目的を有するかのいずれかの団体を対象とするが、最後者は、もともと極右勢力に対するそなえとして、ドイツ型「たたかう民主政」に相当する要素を含む。とくに③(a)は、第四共和制憲法の下で植民地独立運動・分離主義運動に対する武器となり、「フランス＝ベトナム協会」に対するものなど、一九四七年から五八年にかけて頻繁に用いられた(40)。

(2)　第五共和制憲法の下では、やや違った展開が見られる。まず、㈠伝統的な規制類型に属するものとして、「コルシカ自決運動」（一九八七年一月二二日。③ⓐに当たる）、「国家主義党」（一九五九年二月一三日。③ⓑに当たる）や「公民行動隊」（一九八二年八月三日。②に当たる）といった団体に対する解散命令もないではない(41)が、この分野で最も耳目を集めたのは、一九六八年における一連の解散命令であろう。とくに合計一一団体を対象とした「五月革命」後の六月一二日付大統領令について、二年後のコンセイユ・デタ判決（一九七〇年七月二一日）が、「国際共産主義組織」「革命主義学生連盟」など三団体に対する処分を違法として取り消す一方、その他の団体に対する措置については合法であるとの判断を下したこと(42)は、フランス型「体制防衛」問題の微妙さを示すものといえよう。

現行憲法の下、戦闘団体及び私兵禁止法第一条には、さらに次の二つが付加された。このうち、後者は一九八六年テロリズム対策法第七条(43)によるもので、むしろ㈠伝統的な規制対象に近いといってもよいかも知れない。けれども、前者は、明らかに性格を異にする。すなわちそれは、すでに見たように、当初とくに極右勢力の政治的「連合」との関係でとらえられた一九三六年法の性格を大きく変える要素をもち、㈡団体規制法の新たな展開を示す意味をもつように思われる。

⑥　人種差別主義団体（groupements à but raciste）、すなわち、「ある人又は人の集団に対する、その出身若しくは特定の種族、国民、人種又は宗教に属し又は属していないことを理由とする差別、憎悪又は暴力を扇動したり、このような差別、憎悪又は暴力を正当化し若しくは助長することを企てる思想又は理論を宣伝したりするもの」（一九七二年七月一日法により追加）

⑦　テロ活動扇動団体、すなわち、「フランス又は外国においてテロ行為を扇動するために、フランス領土で又はフランス領土から、謀略に専従するもの」（一九八六年九月九日法により追加）

前者の規定のしかたは、その文言から推察されるように、本稿の冒頭で取り上げた人種差別撤廃条約第四条による団体規制の要求に呼応したものである(44)。この規定は間もなく現実に発動され、一九七三年六月二八日付大統領令は、一般に「新秩序」(Ordre Nouveau)と略称されるセンターに対して、武装街頭行動を扇動する――上記①の要件を充たす――とともに、本号にいう人種差別唱道団体にも当たるとして解散を命じた(45)。

その後も同種の事例はある。中でも、⑥に該当するとして解散を命じられた反ユダヤ的な人種差別主義団体が、結果的には理由附記法(一九七九年)上の問題からコンセイユ・デタによって取り消されたものの、一九八五年に再び解散を命じられ、これもまた手続的違法を理由に取り消されたのは(一九八七年六月二六日、コンセイユ・デタ判決)、注目すべき事例であろう(46)。また、最近ネオ・ナチ的なアルザス愛国主義団体が解散を命じられたことは(一九九三年九月二日付大統領令による)、記憶に新しい。

(3)　以上のように、一九三六年戦闘団体及び私兵禁止法は、次第に適用対象を拡大しつつ運用されてきたが、伝えられる数字によれば、制定時から一九六三年まで(ヴィシー体制下を除く)の間に、政治的団体の主要なもので約三〇件、計四四団体が解散対象となり、また、第五共和制憲法が制定された一九五八年から一九八四年までの間でも、同法による行政的解散の制度は約四〇回ほど用いられたという(47)。

このように一九三六年法は多くの適用例をもち、それによって現行憲法第四条にいう「国家主権」「民主制」原理の尊重は確保されうるのであるから、敢えて言えば、反憲法的政治団体や政党は、行政的解散という強い手段を通じて、いわば芽のうちに摘み取られるわけである。とくに、領土保全に対する侵害をもたらし又は共和政体に攻撃を加えようとする団体については、結社法による司法的解散の制度も補完的に機能することになる。

むろん、こうした戦闘団体及び私兵禁止法による行政的解散を中心にした結社・団体の規制のあり方に対しては、先に示唆したように、いろいろな評価や批判が寄せられている。最も代表的な批判は、政府の政治的な判断による解釈の余地があるとするもので、とくに団体規制リスト中、③の領土保全を危うくするもの及び⑤の対独協力者を対象とするものは、必ずしも暴力を伴うわけでないこと、それらは活動態様でなくもっぱら目的を対象とする点で妥当でもないことを根拠として、禁止カタログから外すべきだとする強い異論がある(48)。また、一九〇一年結社法のような司法的手続があることを指摘して、明確に一九三六年法の合憲性を強く疑う者もある(49)。

だが、この最後の批判は、反面において結社法型「体制防衛」制度の正当性を前提とするもののようである。また、右の③や⑤を禁止カタログから外すべきだとする論者も、人種差別撤廃条約の承認に伴って法定された⑥などは、市民社会の支配的価値という観点から正当化されることをうかがわせている。

そうだとすれば、結社は、確かに民主的な国家に不可欠だとしても、構成員に対し市民たる存在と両立しがたい忠誠を求めるおそれがあり、常軌を逸した手段を押しつけることもあるので、公の秩序にとっても構成員にとっても危険なものとなりうる(50)、という一般的な認識を結社法制の基礎に据えることも、不当ではあるまい。その意味で、一九三六年に制定され、数次の改正を経て今日に至っている戦闘団体及び私兵禁止法は――むろん濫用されれば危険であるが――暴力によって民主制を破壊しようとする勢力に対する、真の正統な民主制擁護の手段であるという評価が与えられる(51)。

(25) J. -É. Callon, *op. cit.*, pp. 27-28 ; Ch. Debbasch = J. -M. Pontier, *op. cit.*, pp. 312-313.
(26) G. Burdeau, *Traité de Science politique*, t. Ⅶ, 1957, p. 90 note 3 ; Ditto, *Traité de Science politique*, t. Ⅷ, 2e éd, 1974, p. 193 note 29 ; J. -L. Seurin, Commentaire de l'Article 4, in : F. Luchaire = G. Conac, *La Constitution de la République française*, 2e éd., 1987, p. 210.
(27) D. -G. Lavroff, *Le droit constitutionnel de la Ve République*, 1995, p. 329 et s. Ch. Debbasch = J. -M. Pontier, *op. cit.*, p. 318.
(28) J. -L. Debré, *La Constitution de la Ve République*, 1975, pp. 92, 140, 146 ; P. Avril, *Essais sur les partis politiques*, 1990, p. 116.

（29）P. Avril, *op. cit.*, p. 109.

（30）P. Avril, *op. cit.*, p. 114 et s ; D. -G. Lavroff, *op. cit.*, p. 333- ; Th. Renoux = M. de Villiers, *Code constitutionnel*, 1995, p. 235.

（31）Ch. Debbasch = J. -M. Pontier, *op. cit.*, p. 315.

（32）G. Burdeau, *op. cit.*, t. Ⅶ, p. 61.

（33）J. Lyon, *Nouveaux Suppléments au Traité de droit politique d'Eugène Pierre*, t. Ⅱ, 1990, p. 244.

（34）D. -G. Lavroff, *op. cit.*, p. 331 et s.

（35）L. Favoreu = L. Philip, *Les grandes décisions du Conseil constitutionnel*, 6$^{e}$ éd., 1991, p. 33.

（36）D. Maus, *Textes et documents sur la pratique institutionnelle de la V$^{e}$ République*, 2$^{e}$ éd., 1982, p. 343.

（37）その模様については、A. -S. Mescheriakoff et al., *op. cit.*, pp. 41-42, 89 et s. なお、いずれの改正に際しても、一九三六年法の制定時と同じように、出版法第二四条が同時に改正され、当該団体活動に相当する言論を処罰対象としている。

（38）J. Rivero, *Libertés publiques*, 4$^{e}$ éd., 1989, t. Ⅱ, p. 392.

（39）G. Peiser, La dissolution par décret des associations et groupements politiques français, *Recueil Dalloz* 1963, chronique p. 61.

（40）G. Peiser, *op. cit.*, p. 63.

（41）いずれの事案にもコンセイユ・デタ判決がある。CE. 16 oct. 1992, *AJDA* 1993, 156（コルシカ自決運動）, CE. 17 avril 1963, *RDP* 1963, 825（国家主義党）, CE. 13 fév. 1985, *AJDA* 1985, 278（公民行動隊）.

（42）CE. 21 juil. 1970, *AJDA* 1970, 616. Cf. C. -A. Colliard, *Libertés publiques*, 7$^{e}$ éd., 1989, p. 769.

（43）憲法院は、同法中刑法典改正にかかわる一部条項を違憲としたが、第七条を含む多くについて合憲とした（一九八六年九月三日判決）。L. Favoreu（éd.）, *Recueil de jurisprudence constitutionelle*, 1994, p. 275.

（44）J. Foulon-Piganiol, La lutte contre le racisme, *Recueil Dalloz* = *Sirey* 1972, chronique, p. 261.

（45）コンセイユ・デタも、その合法性を認めている（CE. 9 avril 1975, *RDP* 1975, 1494）。同令は、「新秩序」に反撃しようとする極左組織の九団体にも、同じ措置で臨んだ。

（46）CE. 26 juin 1987, *AJDA* 1987, 679. その経緯については、C. -A. Colliard, *op. cit.*, p. 768.

（47）G. Peiser, *op. cit.*, p. 59 ; R. Charvin = J. -J. Sueur, *Droits de l'homme et libertés de la personne*, 1994, p. 195 note 26. なお、戦前から一九八〇年代にかけての代表的な解散命令の実例について、用いられた時期・類型を整理し、年月日を

具体的に示しつつ整理したものとして、R. Brichet, *op. cit.*, p. 378.

(48) G. Lebreton, *Libertés publiques*, 1995, p. 445 ; R. Charvin = J.-J. Sueur, *op. cit.*, p. 195.

(49) Y. Madiot, *Droits de l'homme*, 2e éd., 1991, p. 162.

(50) J. Morange, *Droits de l'homme et libertés publiques*, 3e éd., 1995, p. 248.

(51) D.-G. Lavroff, *op. cit.*, p. 333.

## 五　憲法学の課題

(1)　これまでの検討から、一九〇一年結社法及び一九三六年戦闘団体及び私兵禁止法によって形づくられたフランス型「体制防衛」の構想と実際は、ある程度明らかになったであろう。これを知った上で、改めて、ドイツ型「たたかう民主政」との対比で必ず引き合いに出されてきた命題、すなわち「すべての市民に対して、すべての政治的教理に関し完全な思想と宣伝の自由をみとめることを、それに伴う危険にもかかわらず、むしろ妥当と考える」という一文に触れるとき、われわれにはもはやそれを額面通りに受け取るナイーブさはないであろう。ボンからもパリからもさほど国境線は遠いわけではないのである。

これは、憲法原理又は憲法的保障の実質を考えることの必要、つまり具体的な法制度にまで目を向けた各論的研究の大切さを感じさせる。本稿の主題に即して言えば、それを通して、フランス憲法秩序も決してドイツ型「たたかう民主政」に無縁なわけではないこと、その「体制防衛」構想は、自らの力による問題解決への努力の結晶というべきもので、そこには、とくに結社法や戦闘団体及び私兵禁止法などに具体化された憲法上の政党・結社自由観が前提となっていることなどを教えられるであろう。しかも、人種差別撤廃条約の趣旨に沿った改正などによって、戦闘団体及び私兵禁止法はフランス型「体制防衛」以外の要素を加えられ、新たな展開を見せている(52)。

この点で、樋口陽一教授が「戦後（西）ドイツとフランスの対比は、絶対化してはならない。憲法次元でなく法律次元では、現在のフランスにも『自由の敵には自由をみとめない』制度があるからである[53]」と説かれるのは、大いに注目に値しよう。ただ、その際、特定言論に対する刑事罰を定めた一九九〇年の反差別立法を援用されたのは、必ずしも妥当でないように思われる。本稿で示した通り、団体規制を中心とするフランスの「体制防衛」制度は、すでに半世紀以上の歴史を有しており、この側面の方がよりヴァイタルだからである。

(2)　さて明治憲法第二九条は、「日本臣民ハ法律ノ範囲内ニ於テ……集会及結社ノ自由ヲ有ス」とし、集会及政社法（明治二六年法律第一四号。同名の明治二三年法律第五三号を改正したもの）に代わる治安警察法（明治三三年法律第三六号）も、その趣旨から「政事ニ関スル」結社又は集会については届出制を採用した。ところが、「国体ヲ変革スルコトヲ目的トシテ結社ヲ組織シタル者」等を処罰する治安維持法が改正強化されたのに続いて、「言論、出版、集会、結社等臨時取締法」（昭和一六年法律第九七号）によって許可制が採用された。これが憲法上の結社の自由にとって致命的であったことは多言を要しまい。

したがって、現行憲法の下で結社の自由の保障が高唱されることは自然であるが、衆知のように、暴力主義的破壊活動を行った団体に対する行政的解散などを定めた破壊活動防止法（昭和二七年法律第二四〇号）に対しては、通説的といってよいほど強い批判がある[54]。それは、しかし、単に結社の自由とその限界に関する論議の蓄積が乏しく、戦後占領軍の力に恃んだ強権的措置によって得られた結果を自明視し、これを前提とした議論にすぎないのではあるまいか。

すなわち、占領政策遂行のため、まず「政党、協会其ノ他ノ団体ノ結成ノ禁止等ニ関スル件」（昭和二一年勅令第一〇一号）は、占領軍や日本政府が連合国最高司令官の要求に基いて発した命令に反抗・反対する団体を内務大臣の命令による解散の対象としたが、さらに「日本国ノ侵略的対外軍事行動ノ支持又ハ正当化」「日本国内ニ於ケル軍事的若ハ準軍事的訓練ノ実施……又ハ軍国主義若ハ軍人的精神ノ存続」を唱えるもの、「暗殺其ノ他ノ暴力主義的計画ニ依ル政策ノ変更又ハ斯カル方法ヲ是認スルガ如キ傾向ノ助長若ハ正当化」を行うものなどを対象とした（第一条・第二条）。右の破壊活動防止法に限定的に継承される団体等規正令（昭和二四年政令第六四号）も、「平和主義及び民主主義の健全な育成発達を期する」ため、「秘密的、軍国主義的、極端な国家主義的、暴力主義的及び反民主主義的な団体の結成及び指導」（第一条）等を禁止し、法務総裁の指定により解散を命じていた（第二条・第四条）。同令は、内容的には、右の勅令をほぼそのまま口語化したものにすぎないが、いずれにしても、これらの措置を基礎として戦後憲法体制が築かれたことは疑いない。

言うまでもなく、これらの措置は、集会・結社の自由を保障する日本国憲法の下、一九五二年（昭二七）四月の独立回復前にとられたもので、占領政策として又は占領軍の後押しによって可能であった。それは、いわば他人頼みの問題解決のやり方であって、立憲民主制における「自由の背理」「民主主義の自己矛盾」という問題に自前の思考で取り組み、苦しみつつ選び取った結果ではない。ここに、自らの態度決定が迫られたとき、どちらかといえば問題回避的な対応に終始してきた日本憲法学の脆弱さがある。それは、占領政策として実施された結果のみを受け容れ、その前提自体を憲法論として自覚的に構成しえなかったことの表れといえよう。

冒頭に紹介した――おそらく内閣法制局の見解によりつつとられた――人種差別撤廃条約に対する日本国政府の対応も、こうした憲法学のあり方に幻惑され、かつて植え付けられた「結社の自由」観に囚われた一つの例証のように思われる。

(52)　なお、フランス新刑法典も一九三六年法と連動したほぼ同一表題の規定を設けている（第四三一－一三条～第四三一－二一条）。

(53)　樋口陽一『憲法Ⅰ』（前出）四〇二頁。

(54)　芦部信喜『憲法〈新版〉』一九八頁（岩波書店、一九九七年）、伊藤正己『憲法〈第三版〉』三〇四頁（弘文堂、一九九五年）、佐藤幸治『憲法〈第三版〉』五五三頁（青林書院、一九九五年）など参照。

# Ⅱ　フランスの団体法制と結社の自由

## はじめに

いずれの国であっても、およそ団体に関する法制度が常に結社の自由との強い緊張関係に立つことは言うまでもない。ここに結社の自由とは、何より個人が団体を結成し、これを通じて活動する自由を意味するが、これにとどまらず、結成された団体それ自体の規則や運営のあり方などについても自由の保障が及ぶもの、と一般に理解されている。

しかし、いずれの面についても国家が無関心であることはありえない。とくに公の秩序や国の安全に対する重大な危険をもたらす団体の活動に対しては、団体自体を解散させるという強い態度で臨むこともあり、こうした措置自体が欧州人権保護条約や自由権規約などに反しない、と解されていること(1)も、多言を要しないであろう。

本稿は、そのような関心から、従来あまり注視されることのなかったフランスにおける団体法制――今日のフランスでは非営利団体の総数は約八八万にもなるという――の概要と最近の動向について、その公法的側面を中心として検討しようとするものである。

そこで本稿では、まず、フランスの団体規制法制について、結社の自由を具体化するとともに、逸脱行為に対する制裁を定めた一般法としての結社法及びこれに対する特別法としての戦闘集団禁止法などを概観する（一1）。そして、団体規制と密接な関連をもち、公的秩序に重大な危険をもたらすテロ活動に対する取組みとしてのテロ活動対策関連法の概要(2)を検討する（一2）。

次いで、団体規制法制の内容と運用について、解散制度に代表される団体に対する存立規制及び団体活動に対する規制のあり方を最近の実例をも示しつつ、具体的に検討することにしたい（二）。

（1）Cf. D. Turpin, *Libertés publiques et droits fondamentaux*, 2004, p. 586.

（2）その最新状況については、新井 誠「フランスにおけるテロ対策法制」大沢秀介＝小山 剛編『市民生活の自由と安全——各国のテロ対策法制』（成文堂、二〇〇六年）一二三頁以下、門 彬「テロ対策・フランス」国立国会図書館調査及び立法考査局編『主要国における緊急事態への対処』二〇〇三年など参照。

# 一　結社の自由と団体法制

## 1　一般結社法と特例法制

### (1)　一九〇一年結社法

まず、いわゆる結社法——正確には「非営利社団契約に関する法律」という名称をもつ——は、「非営利社団は、許可も届出も要することなく、自由に結成することができる。但し、非営利社団は、第五条の規定に従ってのみ、法的能力を享受する。」（二条）と定めて、結社の自由を一般的にみとめるとともに、非営利団体による法人格の取得要件や非営利法人の運営のあり方などについて定めた一般法として位置づけられる(3)。

この結社の自由は、現行の第五共和制憲法の下で、憲法的効力を有すると判断されるにいたったこと（一九七一年七月一六日憲法院判決）は広く知られているが、団体（社団）は、結社法第五条所定の届出をすることによって、訴訟上の当事者能力・受贈能力などをもつ一般的な法人格を取得することができる（第六条第一項）。もっとも、より広い法的能力（第一一条参照）をそなえた公益認定法人となるには、行政庁の許可を必要とする(4)（第一〇条）。

この結社法については、なお、以下の二点を注意しておきたい。まず、一八八〇年代から始まるいわゆるライシテの原則（principe de laïcité）——日本でいう政教分離の原則に相当する——への動きを反映して、同法には当初カトリック教会・修道会に対する厳しい規制立法という一面が含まれていた(5)。

また、結社法の中に規定されていた外国非営利団体に関する行政的解散（旧第一二条）と設立許可制（旧第二二条）は、それぞれ一九三九年、一九八一年に廃止されている。この外国非営利団体に関する旧第二一条ないし第三五条は一九三九年に導入されたが、これに相当する構想は結社法の制定当初から提案されていたものであった。

### (2)　一九三六年戦闘集団禁止法

次に、この「戦闘集団及び私兵に関する法律」は、前に記した結社法に対する特別法というべき位置づけを与えられるもので、フランス憲法学の人権論では「結社の自由」の項目で必ず言及されている(6)。その最も大きな特色は、結社法が採用した「司法的解散」、つまり、裁判所の判断によって法人・団体を解散させるという原則的な制度ではなく、大統領の命令によって事実上の団体を解散させるという例外的な「行政的解散」の制度を採用している点にある。

一九三六年戦闘集団禁止法がそうした制度を採用したのは、一九三〇年代に展開された極右勢力の激しい秩序破壊活動を前にして、結社法による司法的解散では時間がかかりすぎるので、いわゆる体制防衛のために迅速な対応を可能にするためであった。

ここで規制対象とされたのは、主として極右の暴力主義的団体である。それは、「国土保全に対する侵害をもたらし、又は武力により共和政体に攻撃を加えることを目的とするもの」（第一条第三号）といった規定のしかたにも表れているが、実際、カトリック過激派団体であるアクシオン・フランセーズなどに対して解散命令が出されている。

この戦闘集団禁止法は、対ドイツ協力的なヴィシー政権の下で一時廃止されて、「その実質目的、活動及び策動が一般的な国益に反することが明らかな事実上の団体、自由な社団、届出社団又は公益認定社団は、すべて閣議で決定したデクレによって解散させることができる」という包括的な解散制度に置き換えられた（一九四一年七月一一日法律第一条）。しかし、三年後には、ドゴール将軍に率いられたフランス共和国臨時政府によって、その効力を回復している（一九四四年八月九日「共和政的合法性の回復に関する法律」による）。

さて、解散対象を定めた第一条は、その後の法改正によって次第にその範囲が拡大されていることに注意する必要がある。すなわち、まず、一九四四年には「共和政的合法性の回復に関する措置を著しく妨げるおそれのある活動を行うもの」（第四号）、一九五一年には「敵国協力首謀者として処罰対象となった個人を再び糾合し、又はこの協力を賛美することを目的とするもの」（第五号）が、それぞれ付加された。前者は反ヴィシー主義立法の一環をなすものであり、後者は対ドイツ協力者を念頭に置いている点で、当初の立法趣旨と共通する要素をそなえている。

これに対して、一九七二年に加えられた人種差別唱道団体（第六号）、一九八六年に加えられたテロ活動団体（第七号）は、それぞれ一九七二年の人種差別対策法、一九八六年のテロ活動対策法によるものである。これらは、伝統的な体制防衛の問題とは異なった要素を帯びており、いずれもむしろ国内外の新しい情況に対応するものといえよう(7)。このうち、テロ活動対策に関係する措置については、すぐ後でまとめて取り扱うことにしよう（**2**参照）。

この戦闘集団禁止法は、もともと全四カ条からなっていた。このうち、第四条はアルジェリア及び植民地への適用を述べたものであったが、現在は廃止されている。また、解散団体の再建への加担又はその主導に対する加重処罰や、外国人の国外追放、解散団体の資産没収などを定めていた第二条・第三条は、新刑法施行法（一九九二年一二月一六日）によって廃止されたが、第二条は現行刑法第四三一－一五条、第四三一－一七条及び第四三一－一九条に、また第三条一項は同第四三一－二一条(8)に、それぞれ引き継がれていることに注意する必要がある。

(3)　二〇〇一年セクト規制法

他方、二〇〇一年のいわゆるセクト規制法――正しくは「人権及び基本的権利に対する侵害を引き起こすセクト団体の予防及び抑制の強化に関する法律」(同年六月一二日法律第五〇四号) という――は、その表題が如実に示すように、一九八〇年代以来しばしば問題視されてきた「新宗教運動」がもたらす弊害を除くために、団体及び構成員の活動に対する各種の規制措置を定めたものである(9)。

全体で二四カ条からなるその内容はかなり広範なもので、法人の刑事責任の拡大、セクト的団体の広告制限、無知又は耗弱状態に乗じた詐欺行為の処罰など、公衆衛生法・消費法・刑法・刑事訴訟法といった多くの法律の改正に及んでいる。しかし、最も注目されるのは、このセクト規制法が結社法と同じような司法的解散の制度を採用している点である。言うまでもなく、そのことは、この場合、戦闘団体禁止法のような緊急性がないことを示唆している。

また、同法による解散対象は、結社法の場合よりも詳しく規定されており、裁判所による解散宣告が下されるのは、以下の要件を充たした場合に限られている (第一条)。すなわち、①「活動に参加する者に対し心理的又は身体的な隷属を醸成し、維持し、若しくは活用する目的又は効果をもつ活動を遂行する法人」であって、②法人自体又はその代表者が、③人の生命・身体に対する侵害、人を危険に陥れる行為、未成年者を危険に曝す犯罪などで処罰された場合は、検察官又は利害関係人の請求によって裁判所が法人の解散を宣告する、というものである。

## 2　テロ対策関連法の展開

(1)　一九九〇年代までの政策展開

①　一九八六年テロ活動対策法　一九八七年に欧州テロ活動抑止条約が採択され、フランスも一九八七年七月の法律によってそれを批准したが、その前年に全一〇カ条からなるテロ活動対策法、すなわち「テロ活動対策及び国の安全

に対する侵害に関する法律」が制定されている（一九八六年九月九日法律第一〇二〇号）。

この法律は、前に記したように、戦闘集団禁止法に対する追加規定――一条七号の新設（後述二1(1)参照）――や、一八八一年出版法の改正のほか、後述する刑法改正をも含んでいたが、主要な内容は刑事訴訟法に対する付加規定を設ける点にあった。

この部分は、当初、「脅迫又はテロによって公共の秩序を壊乱させる目的を有する個人又は団体の企てに関連する犯罪」という編名をもって挿入された。しかし、一九九〇年代に入って編名が改められるとともに一部改正された結果、現行の刑事訴訟法では、特別訴訟手続を定める第四部において、第一五編「テロ行為の訴追、予審及び裁判」として、詳細なかたちで整備されている(10)（第七〇六条の一六～第七〇六条の二五）。

② 一九九一年通信傍受法　高度情報化社会において、とくに組織的犯罪に対処するためには、電話その他の会話・通信の傍受がきわめて有効な手段となることは、今日広く承認されている。実際、フランスにおいても、一九九一年夏に、「電気通信手段により発する通信の秘密に関する法律」、いわゆる通信傍受法が制定された（同年七月一〇日法律第六四六号）。

この通信傍受法第一条は、まず、通信の秘密がもつプライバシー保障機能に配慮して、「通信の秘密に対する侵害は、公的機関により、法律で定める公益上必要な場合に限り、かつ法律で画定した限度においてしか、行うことができない」（第二項）ことを明記している。

続く第二条は、刑事手続のための司法上の傍受を制度化するための刑事訴訟法の大幅な付加改正（現行刑事訴訟法第一〇〇条～第一〇〇条の七）とともに、前記のテロ活動や一九三六年の戦闘集団禁止法による解散団体の再建・維持などの予防のためにする行政上の傍受を「治安上の傍受」というかたちで制度化した点において（第三条～第一二条）、大きな意味を有する。

もちろん、同法は、通信傍受権限の逸脱・濫用をコントロールするため、独立行政委員会としての性格をもつ傍受監視委員会を設置することを定めている（第一三条〜第一九条）。そのほか、盗聴装置の無許可製造、通信の秘密に対する侵害行為や公務員の侵害行為に対する処罰に関する刑法典の改正なども内容としていたが、現行刑法典では第二二六－一三条、第二二六－一五条、第四三二－九条などがそれに相当する(11)。

同法は、二〇〇一年九月一一日にアメリカ合衆国を襲った同時多発テロを受けて、いわゆる日常治安法（二〇〇一年一一月）によって「治安上の傍受」という制度を強化すべく改正されたが、この点については後で述べることにしよう（(2)参照）。

③　一九九二年新刑法と刑事訴訟法　現行のフランス刑法典は、第四部「国民、国家及び公共の平和に対する重罪及び軽罪」第二編において、「テロ活動」の処罰に関する詳しい規定を設けるとともに（第四二一－一条〜第四二二－七条）、先にみた「戦闘集団及び解散団体」についても、第三編「国家の権威に対する侵害」中の第一章「公共の平和に対する侵害」であると位置づけた上で、特別の処罰規定を設けている（第四三一－一三条〜第四三一－二一条）。とくに「テロ行為」については、現行の刑事訴訟法が、その「訴追、予審及び裁判」のあり方について特別訴訟手続（第四部第一五編第七〇六条の一六〜第七〇六条の二五）として多くの特則を定めていることは、前にも述べた通りである。

一方、この刑事訴訟法自体は、これまで述べたように、一九八六年のテロ活動対策法や一九九一年の通信傍受法などによって所要の改正を施されてきたが、次に述べる二〇〇一年の日常治安法によって大幅な改正が加えられている。さらに同法は、二〇〇〇年の「無罪推定の保護及び被害者の権利の強化に関する法律」（同年六月一五日法律第五一六号）や、二〇〇二年の司法指針計画法（同年九月九日法律第一一三八号。いわゆるペルバン法）などによっても、改正されている。

なお、いずれの改正も、直接にテロ対策を内容としたものではないが、テロ行為を対象とする刑事訴訟法の規定が二〇〇二年司法指針計画法によって一部改正されたところもないではない（同法第七七条の三、第七〇六条の二四の三、

第七〇六条の七一など参照)。

(2)　いわゆる九・一一以後

①　二〇〇一年日常治安法　右に述べたように、アメリカ合衆国を襲った同時多発テロ(二〇〇一年九月一一日)の後に制定された「日常治安に関する法律」(同年一一月一五日法律第一〇六二号)は、もともと日常的な治安対策を内容とする法案として、「九・一一」より前に提出されていた。ところが、その衝撃的事件を受けてテロ対策が加えられたという背景をもつ、全七一カ条からなる包括的な治安対策立法というべきものである。

もともと、治安政策全般については、全三五カ条からなる一九九五年の治安指針計画法(同年一月二一日法律第七三号)が制定されている。ここにおいて、治安・安全を市民の「基本的権利」であり、その確保を国の義務と明記し(第一条)、「治安確保に向けた警察、憲兵隊及び税関相互間における活動協力の強化」その他の治安政策に関するいろいろな恒久的施策を述べたうえで(第三条)、とくに「薬物、組織犯罪、及び経済・金融犯罪に関する対策」「テロ活動及び基本的な国益に対する侵害からの国民の保護」といった当面の重点施策を示すとともに(第四条)、向こう五年間の予算措置(第五条)のほか、各種法規に対する所要の改正が具体的に定められたところであった(第六条以下)。

日常治安法は、同時テロに代表される新たな事態の展開をうけて、この一九九五年治安指針計画法を一部改正したものである。すなわち、まず第一章において「治安は国にとっての義務である」ことを強調して、治安を確保するための活動について地方公共団体や警備会社その他の各種組織との連携をうたうとともに(第一条)、市町村長との協力を推進する規定を設けている(第二条・第三条)。

次に、同法第二章以下は、治安を確保するためのいわば各論的な措置を定めたものである。より具体的にいえば、それによって、武器弾薬管理令(一九三九年四月一八日デクレ)の改正、司法警察に関連する規定の整備、道路の安全及び交通に関する規定の整備、金融法の改正のほか、鉄道警察法(一八四五年七月一五日)及び民間警備・現金輸送活動規制法（一九八三年七月一二日法律第六二九号）の改正などがおこなわれている。

このうち、第五章「テロ活動対策を強化する諸規定」は、「とくに麻薬密売及び武器密売を供給源とする、新たな情報通信技術を用いたテロ活動に対するたたかいに緊急に必要な手段を講ずるため、二〇〇三年一二月三一日までの間……適用する」もの（第二二条）とされている。

したがって、同法の施行後約三年間の時限立法とされてはいるが、関係する刑法・刑事訴訟法の規定を改正するだけでなく、金融法・道路法・民間航空法・海港法・郵便及び電気通信法の改正、そして「治安上の傍受」――行政上の傍受――を制度化した前記の一九九一年通信傍受法の改正などをも内容としており（第二三条～第三三条）、包括的なテロ活動対策を講じたものといえよう（これらは、後で述べる二〇〇三年制定の国内治安法制定によって、恒久法化されるものと二年間延長するものとに区分された）。

実際、刑事訴訟法における「真実の発見に必要な暗号化されたデータの解析」を内容とする第一部第四編（第二三〇条の一～第二三〇条の五）、そして「事件途中における電気通信手段の使用」に関する第四部第二三編（第七〇六条の七一）の諸規定は、この二〇〇一年日常治安法によって付加されたものである。

その翌年に制定された二〇〇二年国内治安指針計画法（同年八月二九日法律第一〇九四号、全八カ条）は、大統領が主宰する国内治安評議会の設置や、前に記した一九九五年治安指針計画法に関する予算措置などを定めるとともに、公共の安全及び民間の安全に関わる法令全体を再編成する「国内治安法典」の作成を検討すべきことを定めているほか、一九九五年法と同一の構成をとり（本則条項／計画報告書＝附属資料Ⅰ・Ⅱ）、内容としては、向こう五年間（二〇〇三～〇七年）の財政措置・人員装備計画のほか、新たな治安制度の構築、警察と憲兵隊との協力体制、司法警察の強化などを盛り込んでいる(12)。

② 二〇〇三年国内治安法とその後の動き　しかし、これで完結したわけではない。まず、二〇〇三年の国内治安

法（同年三月一八日法律第二三九号、全一四三カ条）は、テロ対策の強化、つまり、犯罪対策、民間治安活動、電気通信、自治体との連携、武器弾薬管理などを盛り込んだものである。これによって、先に述べた二〇〇一年日常治安法の第五章「テロ活動対策を強化する諸規定」の多くは、「とくに麻薬密売及び武器密売を供給源とする、新たな情報通信技術を用いて行われる可能性のあるテロ活動に対するたたかいに緊急に必要な手段を講ずる必要に応える」ものとして、恒久法化されている。

この国内治安法によって改正された刑法典の規定は約七〇カ条、刑事訴訟法典の規定は約三〇カ条という多数に上っている。とくに先に触れた一九八三年の民間警備・現金輸送活動規制法については、ほとんど全面的に改正されて拡充され、その結果、全一九カ条であったものが全三四カ条となり、名称も「民間治安活動規制法」と改められた。

次に、国内治安法については、その後も数次の改正が加えられ、二〇〇四年八月・一一月、二〇〇五年二月・一二月、そして二〇〇六年一月・四月にも修正されている。このうち、最も新しい二〇〇六年新テロ対策・治安・国境管理法（同年一月二三日法律第六四号、全三三カ条）は、二〇〇五年七月に起こった「ロンドン地下鉄爆破テロ」事件を契機に制定されたもので、一九九五年安全指針計画法の改正、刑法・刑事訴訟法の改正、金融法の改正（テロ活動への資金援助規制）などを内容としている。

他方、二〇〇四年三月には、新たな形態の犯罪に対する施策として、新型犯罪司法適合化法（同年三月九日法律第二〇四号、全二二カ条）が制定され、組織犯罪に対する特別手続を新規に設けるための刑事訴訟法の改正や、組織犯罪の制圧をめざすための刑法の改正などがおこなわれている。こうして付加修正された刑事訴訟法の規定は実に九〇カ条以上、同じく刑法典の規定は六〇カ条を上回っている。

（3）　最近の研究として、井上武史「結社の自由保障の理念と制度（一～二・完）」法学論叢一五五巻四号七六頁以下、同

一五六巻一号九一頁以下（二〇〇四年）参照。

（4）フランスでは、結社法制定百年を記念して多くの参考書が上梓されたが、ここでは、非営利団体関連の法令・判例・通達などを一書にまとめた、X. Delsol = P. Aldrovandi (dir.), *Code des associations*, 2002と、二〇〇〇年秋に上院で開催された総合シンポジウムの記録、C. Andrieu = G. Le Béguec = D. Tartakowsky, *Associations et champ politique : La loi de 1901 à l'épreuve du siècle*, 2001を掲げるにとどめる。

（5）この点について、詳しくは、大石眞『憲法と宗教制度』（有斐閣、一九九六年）二二一〜二二三頁、八六〜八七頁参照。

（6）現代の代表例として、J. Rivero = H. Moutouh, *Libertés publiques*, t. 2, $7^{e}$ éd., 2003, p. 263. ; D. Turpin, *Libertés publiques et droits fondamentaux*, 2004, p. 585.

（7）戦闘集団禁止法の位置づけについて、詳しくは、大石「結社の自由の限界問題——立憲民主制の自己防衛か自己破壊か」『京都大学法学部創立百周年記念論文集　第二巻』（有斐閣、一九九九年）一八六頁以下参照。〔本書第三部Ⅰ論文参照〕

（8）刑法典では、このように、部・編・章の位置を示した後に序数を付すという方式が採用されている。そこでは、例えば、刑法典第四三一－一五条とは、第四部「国民、国家及び公共の平和に対する重罪及び軽罪」中の第三編「国家の権威に対する罪」における第一章「公共の平和に対する侵害」中の第一五条を表すことになる。

（9）フランスにおけるセクト問題とそれへの従来の法的対応については、大石『憲法と宗教制度』（前掲）一八七頁以下参照。

（10）なお、刑事訴訟法典は、刑法典のような体系別条数の方式をとっていないため、後年の追加条数は日本式に「〇〇条の〇」という表現で示すことにする。

（11）以上のフランスの通信傍受法について、詳しくは、皆川治廣『プライバシーの保護と限界論——フランス法研究』（北樹出版、二〇〇〇年）二六七頁以下参照。

（12）二〇〇二年の国内治安指針計画法及び二〇〇三年の国内治安法をめぐる草案・内容、それに対する憲法院判決などは、次の一書に詳しい。JO, *Aux sources de la loi : La sécurité intérieure*, 2003.

## 二　団体規制法の内容と運用

ここでは、団体規制法の内容と運用について具体的に検討するが、まず、最初に「団体規制」ということばの意味について説明しておきたい。それは、法律上必ずしも明確な意味を与えられたものではないが、第一義的には、団体それ自体に対する法的規制、すなわち、⑴団体の設立・解散にかかわる存立規制と、⑵団体の活動・運営にかかわる活動規制とを含んだ観念であることは疑いない。

しかしながら、そもそも、団体の活動といっても、その役員又は構成員の行為からまったく切り離して考えることはできない。したがって、団体に対する規制役員又は構成員の個々の行動に対する法的規制も、ここで合わせて対象としなくてはならない。

そこで、以下では、まず、⑴団体に対する存立規制、すなわち、団体の設立・解散に対する法的枠組みの問題を取り上げた後に、⑵構成員の行為と団体の活動・運営とが密接に関連している活動規制の問題について、検討を加えたい。

### 1　団体に対する存立規制

#### ⑴　存立規制の内容

①　設立規制と解散命令のしくみ　　まず、団体に対する存立規制は、団体の設立及び解散という二面にわたって考えられるが、これまで述べたところから明らかなように、その規制のあり方は、団体の目的又は性質によってかなり異なっている。

そもそも、一九〇一年結社法第二条によれば、およそ団体は、「許可も届出も要することなく、自由に結成することができる」とされている。したがって、法人格を取得することなく活動をおこなう――この場合、事実上の団体にとどまる――か、同法第五条所定の届出によって第六条に定める一般的な法的能力を享受する――届出社団として法人になる――かについても、当該団体の自由な判断に委ねられる。そして、後者による場合、所定の届出規則に違反した行為が処罰の対象となるのは、けだし当然のことであろう（同法第八条第一項参照）。

しかし、結社法第三条は、「不法な動機から若しくは不法な目的のために結成される結社、法令若しくは善良な風俗に反するもの、又は国土保全及び共和政体に対する攻撃を目的とするものは、無効とする」とも規定している。したがって、そのような団体が届出によって法人格を取得する途は法律上閉ざされており、また、活動中の届出社団（法人）も事実上の団体も、そうした団体に該当する限りは、同法第七条による解散措置の対象とされることになる。

この解散命令は、関係者や検察官の請求に基づいて、大審裁判所が宣告するものであり(13)、したがって、いわゆる司法的解散の制度が採用されている（同法第七条第一項・第二項参照）。この場合、裁判所は、暫定的な措置ではあるが、合わせて関係施設の閉鎖と構成員による集会の禁止を命ずることができる（同法第七条第一項）。そして、これに違反したり、集会の便宜を図った者や解散団体の維持又は再建を図った役員などは、当然のことながら、すべて処罰の対象とされることになる（同法第八条第二項・第三項参照）。

なお、二〇〇一年のセクト規制法も、これと同様に司法的解散の制度を採用しているが（同法第一条第二項）、解散宣告の対象となる団体の要件については、かなり詳しい定めを置いている（同法第一条第一項。これについては、前記の一1(3)を参照されたい）。

これに対し、一九三六年戦闘集団禁止法の場合は、むしろ事実上の団体を念頭に置きつつ、先に述べたように、閣議決定を経た大統領令によって解散を命ずるという行政的解散制度を採用している（同法第一条柱書参照）。これにいたる実際の動きとしては、各種の治安情報をつかむことのできる内務省の調査に基づいて、内務大臣が大統領に進言して、閣議請求をおこなうことが多いようであるが、現在、同法が解散対象としているのは以下に掲げる団体である（同条第一項第一号〜第七号）。

① 道路において武装示威行為を引き起こすもの
② 軍事的な形態及び組織により戦闘団体又は私兵としての性格を有するもの
③ 国土保全に対する侵害をもたらし、又は武力により共和政体に攻撃を加えることを目的とするもの
④ 共和政的合法性の回復に関する措置を著しく妨げるおそれのある活動を行うもの〔一九四四年に付加された〕
⑤ 敵国協力首謀者として処罰対象となった個人を糾合し、又はこの協力を賛美することを目的とするもの〔一九五一年に付加された〕
⑥ 出身又は特定の種族、国民、人種若しくは宗教に属し又は属していないことを理由として、ある人又は人の集団に対する差別、憎悪若しくは暴力を引き起こし、又はこのような差別、憎悪若しくは暴力を正当化し又は助長することを企てる思想又は理論を宣伝するもの〔一九七二年付加〕
⑦ フランス又は外国においてテロ行為を引き起こすため、フランス領土で又はフランス領土から謀略に専従するもの〔一九八六年に付加された〕

以上に掲げた団体のうち、一九三六年法の制定当初から存したのは、第三号までの規定にすぎない。第四号以下の諸規定は後の改正で加えられたものであるが、第三号後段に相当する文言は、すでに触れたように、一九〇一年の結社法第三条にも見られるところである。この点については、第四共和制憲法（第九五条第一項）及び第五共和制憲法（第八九条第五項）が、ともに憲法改正によっても共和政体の変更をなしえないとする規定を設けていることが思い合わされる。

さらに、そうした規定の系譜をさらに遡っていくと、第三共和制時代の一八八四年憲法的法律第二条に辿り着くわけで、その意味において、第三号後段は伝統的な規定に属するといってよい。

これに対し、第六号において人種差別主義団体が、次いで第七号においてテロ活動団体が対象に加えられたのは、ともに最近の国内外の時代情況を反映した動きのように思われる。その具体的な解散例については後にみることにしようつ(3)「戦闘集団禁止法による解散例」参照)。

② 解散命令の効果　さて、こうした解散命令にともなう法律上の措置としては、どのようなものが定められているのであろうか。まず、刑法典は、先に述べたように「戦闘団体及び解散団体」という特別の一節を設けているが、ここに定められたものとして、解散団体の維持又は再建に加担した者及び解散団体の再建を主導した者に対する罰則がある（刑法第四三一－一五条、第四三一－一七条）。

また、この行為を含めて、その節に定められたいろいろな犯罪（同第四三一－一四条～第四三一－一七条）を犯したときは、自然人については公民権の停止及び私法上・家族法上の権利の停止や一定の場所への立入禁止が定められている（同第四三一－一八条。第一三一－二六条・第一三一－三一条参照)。そして、とくに外国人については国外追放（同第四三一－一九条。第一三一－三〇条参照)、法人については営業所の閉鎖、営業活動・株式売買・小切手振出などの禁止（同第四三一－二〇条。第一三一－三九条参照）といった制裁が、それぞれ科されることになる。

そして、自然人・法人のいずれについても、戦闘団体又は維持・再建団体が所有・利用している動産・不動産や武器・物資などの没収といった制裁が併科されることになっている（同第四三一－二一条)。こうした一連の制裁措置は、いずれも行政処分の性格が強いように思われるが、すべて刑罰として言い渡されるものである（刑罰の性質・種類については、同第一三一－一条～第一三一－四九条参照)。

次に、行政上の対応として注目すべきものに、一九九一年の通信傍受法による治安上の傍受がある。すなわち、同法

第三条は、傍受の対象となる情報の一つとして、一九三六年の戦闘集団禁止法を明示し、これによって「解散を命じられた団体の再建又は維持の予防」に関わる情報を掲げ、これについての行政上の傍受をみとめている。

ただ、その解散公告は義務づけられていないため、この点を法の不備として批判する論者もないわけではない。しかしながら、解散を命ずる大統領令は、それ自体として官報によって公布されるのであるから、この批判は当たらないというべきであろう。

もちろん、このような行政的解散の制度をとる以上、当事者の権利を尊重するための事前手続の保障という問題が生ずることは、けだし当然であろう。これについては、当初、行政裁判所の判例によって、事前手続として意見陳述の機会が保障されるものと解されていた。しかし、現在では、その機会の保障は、二〇〇〇年四月一二日法律第三二一号――「行政との関係における市民の権利に関する法律」を指す――に基づくものと理解されており、同法第二四条は次のように定めている。

**第二四条**　請求に基づいて決定する場合を除いて、行政行為の理由付記及び行政と市民との関係の改善に関する一九七九年七月一一日法律第五八七号第一条及び第二条を適用して理由を付記すべき処分は、利害関係人が書面で意見を述べる機会を与えられ、かつ、必要な場合には、その請求により、口頭で意見を述べる機会を与えられた後でなければ、行うことができない。利害関係人は、相談員を伴い又はその選任する代理人を出席させることができる。行政機関は、とくに聴聞の回数、繰り返し又は組織的な性格を考慮して、いたずらな聴聞要求には応じないことができる。

Ⅱ　前項の規定は、以下の場合には適用しない。

1　緊急又は例外事態

2　その実施が公の秩序又は国際関係の処理を害することとなるとき

ここに付言しておくと、この規定の第一項にいう「一九七九年七月一一日法律第五八七号第一条及び第二条」とは、行政処分に関する理由付記を制度化した規定を指している。そこで、同様の事前手続を定めていた一九八三年一一月二八日デクレ第一〇〇二号第八条は、第四条から第七条までの規定とともに、二〇〇一年六月六日デクレ第四九二号によって廃止されている。

(2)　裁判的救済との関係

団体に対する存立規制——とくに解散制度——は、以上のような種々の効果をともなうものであるから、これに対する裁判的な救済のあり方についても、少し考察を加えておく必要がある。しかし、この点に関しても、問題視される団体の目的又は性質によって大きな違いがある。

まず、一九〇一年の結社法及び二〇〇一年のセクト規制法に基づく解散がおこなわれた場合、前に述べたように、団体の解散は大審裁判所による決定というかたちをとっている。しかも、これに対する上訴の道は閉ざされていないのであるから、その決定に不服があれば、これに対する抗告をおこなうことができよう。この場合に、例えば、決定送達の日から一四日というように抗告期限が定められることも、一般の民事訴訟の場合と同じである（セクト規制法第一条第六項参照）。

他方、一九三六年戦闘集団禁止法にもとづく解散の場合は、前に記したように、行政府である大統領による解散命令というかたちをとっている。したがって、それに対する不服があって、解散命令の取消しを求めるときは、わが国の場合とは異なって、行政部の行為について適法性を争う行政裁判制度の枠組みにしたがって処理されることになる。

もちろん、この解散命令に対する取消訴訟は、大統領の行為を問題とするものであるため、地方行政裁判所などで判



Ⅱ　フランスの団体法制と結社の自由

断されるべきことがらではなく、最高行政裁判所としてのコンセイユ・デタに対して、直接に提起されることになる。実際、戦闘集団禁止法は、「コンセイユ・デタは、本条第一項に定めるデクレの取消しを求める訴えが提起されたときは、緊急に裁定しなければならない」と規定している（第一条第二項）。現に、後で紹介する多くの事例が示すように(3)「戦闘集団禁止法による解散例」参照）、しばしば解散処分の合法性に対してコンセイユ・デタによる判断が求められており、権限の踰越を理由に大統領令が取り消された例もある。

なお、コンセイユ・デタにおいては、書面審理で裁判がおこなわれるが、この場合、行政判例によれば、刑事手続において収集された資料を事件記録に添付することもできる、と解されている。この点が議論となるのは、刑事訴訟法によって捜査・予審段階における手続は秘密性を要求されているからであるが（同法第一一条参照）、一九七五年四月九日のコンセイユ・デタ判決(14)は、そのことをみとめる判断を示している。

この事案は、一九三六年戦闘集団禁止法にいう「道路において武装示威行為を引き起こすもの」（第一号）に該当するものとして、一九七三年六月二七日デクレによって解散を命じられた「共産主義連盟」なる団体のメンバーが、刑事手続で収集した資料を用いることを問題視して、解散命令の違法性を主張したものであった。これに対して、コンセイユ・デタは、「そのことを明示的に定めた規定がない以上、刑事訴訟法第一一条は、コンセイユ・デタが有する、刑事手続において収集された資料を請求者又は大臣の提出に基づいて事件記録に添付し、それに対する反論ができるように通知した後に、これらの記録の全体を鑑みて裁判するという権限及び義務の障害となるものではない」旨を判示している。

(3)　戦闘集団禁止法による解散例

まず、結社法による司法解散の実例もあるが、その数はあまり多くない。最近の「こうのとり」事件（一九八八年一月二二日コンセイユ・デタ判決）は、珍しい一例であったが、これはドイツ民法典が妥当しているアルザス・ロレーヌ地方における事件であることに注意する必要があろう。ここでは、宗教法制としては一八〇二年以来のフランス公認宗教体制――一般に「コンコルダ体制」と呼ばれる――が、そして団体法制としては一九〇八年に制定されたドイツ旧結社法が、それぞれ現行法として通用している、という特殊な法制度がとられているからである(15)。

これに対し、一九三六年戦闘集団禁止法による解散命令は、同法の制定以来(16)、二〇〇二年一〇月までには約六〇件に達し、対象団体の数としては九六団体に及んでいる。一九五八年の現行憲法の制定以後に限ってみても、三四件の解散命令により、約五〇団体が対象とされている(17)。

これによってかなり多くの解散実例のあることが判るが、解散命令の取消しを求めてコンセイユ・デタに出訴した例も多い。もちろん、解散命令の適法性を認める判決が大半を占めるものの、一九六八年六月に解散命令を受けた極左組織一一団体のうち、国際共産主義党、グループ「反乱」及び「革命主義学生連盟」の三団体については、取消判決が出ている(一九七〇年七月二一日コンセイユ・デタ判決)。

なお、当然のことながら、一つの団体が幾つかの主義・主張を唱道することも多い。そのため、複数の解散事由に該当するとして、解散を命じられることも稀ではない。例えば、コルシカ解放国民戦線は第二号・第三号に(一九八三年一月五日デクレ)、そしてクルド愛国連合は第一号・第二号・第七号に(一九九三年一二月二日デクレ)、それぞれ該当するものとされたものである。

先に述べた規制類型の別でみると、一九三六年法の運用初期は極右組織を対象としたものが多かったが(法第一条第一号〜第三号該当)、学生運動の盛んであった一九六八年前後には、多くの極左暴力組織が「道路において武装示威行為を引き起こすもの」(第一号)に該当するとして、解散を命じられている。

最近では、一九七二年に付加された人種差別主義団体(第六号)や、一九八六年に付加されたテロ活動団体(第七号)に該当すると判断され、解散処分を受けた組織が見られることも注目される。前者の例としては、二〇〇二年の「急進統一党」に対する解散命令があるが(同年八月八日付フランス共和国官報参照)、この団体は、同年七月一四日の革命記念日のパレード中にシラク大統領を狙撃した男が所属する人種差別主義団体であった。とくにテロ活動を理由とする解散事例としては、「アル・エルバイト」「クルド愛国連合」など四件が見られる。

## 2　団体に対する活動規制

### (1)　活動規制の概要――運営・構成員への規制

先に述べたように、団体規制という場合は、(1)団体それ自体の設立・解散という存立規制とは別に、(2)団体の活動・運営にかかわる活動規制という面が考えられる。そして、この場面については、役員又は構成員の行為と団体の活動・運営とが密接に関連していることから、団体の活動規制のあり方をみるときは、個々人の行動に対する法的規制の内容をも念頭において、考察しなければならない。

この意味における活動規制に当たるものとしては、以下のものがある。すなわち、①前に述べた団体の解散にともなうさまざまな刑事制裁のほか、②団体の構成員又は支援者の行為を対象とする刑事法上の規制、③通信傍受を含めた各種領域における治安対策の強化などを内容とする行政的な取締り、④金融法に基づいて執られる団体構成員又は支援者に対する各種のいわゆる資産凍結措置などである。

このうち、①団体の解散にともなう刑事制裁の具体的内容については、すでに紹介した（一1(4)参照）。そこで、以下では、主としてテロ活動や戦闘集団などを念頭に置きつつ、②その支援者又はそうした団体の構成員などを対象とする特別な刑事法的規制、③各種の行政的な取締り、及び④いわゆる資産凍結措置について、それぞれの内容を具体的にみることにしよう。

### (2)　規制の具体的内容

#### ①　刑事特別法による規制

まず、特別な刑事法的規制として、戦闘集団に参加し又はこれを主導した者に対する一連の処罰規定が刑法典に設けられている（刑法第四三一－一三条～第四三一－二一条）。ここにいう「戦闘集団」とは、一九三六年戦闘集団禁止法に定めるものとは異なって、「武器を所持する者又は入手しうる者からなる団体」であって、「階層的組織をもち、公の秩序を乱すおそれのある」ものを指す（同第四三一－一三条参照）。それはかなり広く観念されているのである。

次に、テロ行為に対する厳しい罰則規定があるが（同第四二一－三条～第四二一－六条）、この「テロ行為」もかなり広い観念である。すなわち、刑法所定の生命・身体侵害、略取・監禁、強要・破壊などの犯罪、マネー・ローンダリング、つまり不正資金洗浄関係の犯罪（同第三二四－一条～第三二四－九条）や、前に記した「戦闘集団」に関連する犯罪はもちろん、一九三九年武器弾薬管理令に反する犯罪や生物・化学兵器の製造・所持などの禁止に反する犯罪であって、「威嚇又は恐怖によって公の秩序を壊乱することを目的とする個別又は集団的な企てとの関連を意図して行われた」ものは、すべてテロ行為として処罰されるのである（同第四二一－一条、第四二一－三条）。

それだけでなく、同様の意図の下に行われるいわゆる環境テロ、すなわち、「人若しくは動物の健康又は自然環境を危険にさらすおそれのある物質を……放出する行為」（同第四二一－二条、第四二一－四条）や、テロ行為につながることを知りながら資金援助などをおこなう行為（同第四二一－二－二条、第四二一－五条）も、独立したテロ行為として処罰の対象とされる。

こうしたテロ行為によって有罪とされたときは、先に述べた一九三六年戦闘集団禁止法の場合と同様に、自然人については公民権及び私法上・家族法上の権利の停止や一定の場所への立入禁止（同第四二二－三条。第一三一－二六条・第一三一－三一条など）が科される。とくに外国人については国外追放（同第四二二－四条。第一三一－三〇条参照）、また、法人については営業所の閉鎖、営業活動・株式売買・小切手振出などの禁止（同第四二二－五条。第一三一－三九条参照）といった制裁が科されるほか、さらに自然人・法人を通じて財産の没収も定められている（同第四二二－六条）。ただ、犯罪がおこなわれることを警察などに通報してその発生や共犯者の特定を可能にした犯人に対しては、刑の減軽・免除の措置を講ずることも定められている（第一三二‐七八条。第二二四‐八‐一条、第三一一‐九‐一条など）。

以上のような刑事実体法の制裁が実効性をもつためには、それに見合った特別な刑事手続上の手当てがなくてはなるまい。実際、そうした要請に呼応するように、刑事訴訟法は、まず、住居への立入り・捜索をおこなうには相手方の同意を要するとする原則（刑訴第七六条参照）に対する例外を設けており、爆発物・武器・弾薬などに関する犯罪や前記のテロ行為の捜査については、居住者の同意がなくても、住居への立入り・捜索・証拠物の押収をみとめることができるとしている（同第七六条の一、第七〇六条の二四）。また、こうした犯罪については、一般的な身分検査・身分確認（同第七八条の一・第七八条の二）に加えて、車両検査を実施することもできる（同第七八条の二の二）。

これらの措置に加えて、刑事訴訟法は、とくに暗号データの解析に関する規定を整備し（同第二三〇条の一～第二三〇条の五）、テロ行為に対する特別な訴訟手続を用意するとともに（同第七〇六条の一六～第七〇六条の二五の一）、国外犯罪の訴追・裁判については、テロ活動に対する資金援助の禁止をも対象とした各種の国際条約との関係に留意しながら、所要の規定を整える（同第六八九条の一・第六八九条の三・第六八九条の九・第六八九条の一〇）などしている。そして、とくに二〇〇一年九月一一日の同時多発テロ事件以来、フランスのテロ活動・組織犯罪対策は大きく展開しつつある。

②　行政的取締り　次に、行政的取締りとしては、空港・海港業務や民間警備業務などにおける治安対策があり、前記のように、この面でも最近の二〇〇一年日常治安法によってかなり強化されている。まず、同法によって改正された一九九五年治安指針計画法は、とくに国と地方公共団体との協力を強めると同時に、民間の警備・輸送部門などとの連携を強化する規定を置いている（第一条）。これとともに、同法は、新たに、治安・国防上の理由などからとくに保護地域とされた所への立入り、危険物質などの使用割当て・承認などについて決定をおこなう場合に、申請者の身元や素行を確認するための一般的な行政調査権をみとめている（同法第一七条の一）。

これと連動するかたちで、二〇〇一年日常治安法、次いで二〇〇三年国内治安法などによって、民間航空法典・海港法典や一九八三年民間警備・現金輸送活動規制法――この法律は、前記のように、二〇〇三年国内治安法により、「民間治安活動規制法」と改称された――なども改正されている。これによって、空港その他の立入禁止区域で不審な人物・車両・貨物などを発見した場合に、司法警察員だけでなく、所定の承認を受けた司法警察職員などにも検査をおこなう権限が与えられるとともに、当該職員の素行・態度にも注意を払い、必要な場合には、その職員を所定の任務から外すことができることになった（民間航空法典〈法律〉第二八二－八条第一項～第三項、海港法典〈法律〉第三二三－五条第一項～第三項）。また、所定の認可を受けた民間の警備会社の職員も、手荷物に対する検査とともに、とくに「公共の安全に対する重大な脅威と結び付く特別の事情があるときは」、治安上の身体検査をおこなうことができる（一九八三年民間治安活動規制法第三条の一）。もっとも、手荷物の中身の検査や身体検査をおこなう場合に、所有者や本人の同意を必要とする点は、民間航空業務でも海港業務でも変わらない。

なお、通信関係については、二〇〇一年日常治安法によって改正された郵便・電気通信法典が改められた。もともと、同法は、通信の終了と同時に記録の削除・匿名化を義務づけられている通信事務取扱事業者などに対し、とくに犯罪の捜査・検証・訴追の必要があるときは、捜査機関に情報を提供するために、特定種類の技術データの削除・匿名化の作業を延期することができる旨を定めていたのであるが（同〈法律〉第三二－三－一条）、改正後の通信傍受法は、データ暗号化の業務を担当したものに対し、公的機関の要求があった場合には暗号解読表を引き渡すべきことを定めている（第一一条の一）。

③　いわゆる資産凍結措置　しばしば用いられる「資産凍結措置」という言葉が法律的にどういう意味をもち、具体的にどのような措置を指すのかは、必ずしも明らかでない。しかし、ここでは、一応、とくに外国との金融関係において、銀行その他の金融機関を媒介とする支払い及びその受領などに対して許可その他の統制を加えることを意味する

ものと考えておこう。

この点について、金融法典は、フランスと外国との間の取引自由の原則をうたいつつ（同〈法律〉第一五一－一条）、為替取引・資本移動・あらゆる決済行為や、フランスにおける外国人の投資の設定・清算などに対して、政府が届出・許可などの措置をとることができる旨を定めている（同〈法律〉第一五一－二条）。しかし、とくに外国人の投資が公の秩序・安全に関わるものであったり、爆発物・武器・弾薬などの生産・取引などに対するものであったりすることを確認した場合には、無許可の取引に対する中止命令を発することができ（同〈法律〉第一五一－三条）、そうした内容をもつ契約は無効になるとされている（同〈法律〉第一五一－四条）。

こうして執られた資産凍結措置の一例として、近年の「特定の人又は団体との金融関係を規制する二〇〇一年九月二五日デクレ第八七五号」がある。ここでは、「別紙に掲げる自然人又は法人の計算のために、フランスと外国との間でなされる為替取引、資本移動及びあらゆる決済行為は、経済担当大臣の許可に服するものとする」（第一条）とされた。その「別紙」には、ウサマ・ビン・ラディン、アル・カーイダ、グループ「アル・サヤフ」など、約一七〇に上る団体・個人が指定されている。

最近加えられた条規としては、いわゆるインサイダー取引の禁止にかかるものがあるが（金融法典〈法律〉第四六五－一条）、最後に、マネー・ローンダリング（不正資金洗浄）の関係についても少し述べておこう。

これについて金融機関は、麻薬取引・組織犯罪などから生じたおそれのある金額に関わる取引――いわゆる疑わしい取引――について届出義務を負っている（同〈法律〉第五六二－二条）。この届出は、一九九〇年、経済財政産業省に特別に設けられた「違法金融流通対策室」（TRACFIN）――わが国の金融庁総務企画局に置かれた「特定金融情報室」(18)に相当する――に対しておこなわれるが、同室において、収集した情報から収益などが麻薬取引・組織犯罪などから生じたものと判断した場合には、検事正に通知するものとされている（同〈法律〉第五六二－四条）。現に、二〇〇〇年には二五二九件、二〇〇二年には、八七一九件、そして二〇〇四年には一万八四二件に上る疑わしい取引の届出があり、それぞれ一五六件、二九一件、三四七件が検事正に通知されている、という(19)。

(13) この大審裁判所は、原則的な第一審の裁判管轄を有するもので、ほぼ日本における地方裁判所に当たる。
(14) CE, 9-4-1975, Sieurs Krivine, Roussel et Weber, *Lebon*, p. 223.
(15) 大石『憲法と宗教制度』(前掲) 九六～一一八頁参照。
(16) もっとも、前に記したように (**一 1 (2)**参照)、ヴィシー体制の下で、同法は一時廃止されていた。
(17) その概要については、大石「結社の自由の限界問題」(前掲) 一八九頁、一九五～一九七頁参照。〔本書第三部I論文参照〕
(18) 同室は、組織犯罪処罰法 (平成一一年法律一三六号) に基づいて犯罪収益の規制をおこなうため、「疑わしい取引に関する情報の提供を行う事務」をつかさどる (金融庁組織規則第一条第六項参照)。
(19) 数字は、「違法金融流通対策室」の各年次活動報告書による。近年のものとして、TRACFIN, *Rapport d'Activité 2005*, pp. 36, 45. これによれば、二〇〇五年には一万一五五三件の届出があり、四〇五件が送検されている。

## おわりに

本稿の冒頭でも述べたように、およそ団体に関する法制度は結社の自由との強い緊張関係に立つが、フランスにあっても、その憲法上の重要性を承認しつつ、団体の活動がもたらす公の秩序に対する危険性にも着目して、保障と規制との間に微妙なバランスを確保しようとしている。その立法例は、以上に見たとおりである。

しかも、現在、フランスでは、国内治安に関連する各種法令を体系的に整理して法典化する作業が進められているようである。この数年来、フランス治安法制をめぐる動きはとくに激しいだけに、この法典化が実現すれば、団体規制法を含む治安法制の全体を鳥瞰することができるようになる。その意味で今後の動向が注目されるが、その後の動きは必ずしも明らかでない。

ただ、このような動きを通してわれわれが考えさせられるのは、自由の国フランスにあっても、いわゆる体制防衛――「たたかう民主政」のフランス版――のために一定の団体規制が当然視されること、そして結社の自由は常に具体的な規制措置との関係において真価を問われることである。要するに、結社の自由を観念的に高調するだけでは、現実の制度設計に対する批判的視点は決して得られない、ということである。

# Ⅲ　結社・宗教の自由と団体法制
## ――ヨーロッパの場合を中心に――

### はじめに

わが国の憲法学界では、これまで結社の自由や信教の自由の内実を左右する団体法制や宗教法制に対する関心は弱く、この分野での各論的な研究の蓄積も乏しかった。「オウム真理教」によるいわゆる地下鉄サリン事件（一九九五年）以後、こうした状況はやや改善されたかに見受けられるが、欧米諸国の結社の自由や宗教的自由に関する詳細な議論と較べると、依然としてその論議はいわば総論的であり、各論的研究の点でも立ち後れていることは否めない。

本稿は、このような問題意識から、結社の自由及び信教の自由の憲法的保障の内容を検討するとともに、そのいずれにも深く関係している団体法制のあり方について、欧米各国のあり方を参考にしながら、主要な問題点を析出することにしたい。

### 一　結社の自由とその制約

およそ団体に関する法制度は結社の自由との強い緊張関係に立ち、いずれの国も、結社の自由がもつ憲法上の重要性を承認しつつ、団体の活動がもたらす国の安全又は公の秩序に対する危険性に着目して、保障と規制との間に微妙なバランスを確保しようとする。

結社の自由とは、何より個人が団体を結成し、これを通じて活動する自由を意味するが、これにとどまらず、結成された団体それ自体が組織や運営のあり方などを自律的に決定する自由も含んでいる。しかし、いずれの面についても国家は無関心ではありえず、とくに公の秩序や国の安全に対する重大な危険をもたらす団体の活動に対しては、団体そのものを解散させるという強い態度で臨むこともある。

そこで以下では、結社の自由に関する憲法上の保障について述べた後、その行使に対する制約の問題を検討することにしよう。

## 1　結社の自由に関する憲法的保障

### (1)　英米憲法の場合

古い立憲主義伝統をもつ不文憲法国であるイギリスでは、結社の自由は、他の自由と同様に、制定法上の明文がなくても伝統的に認められてきた。そして一九九八年人権法（Human Rights Act）の制定によって、イギリスでも一九五〇年欧州人権条約が国内法化されたため、結社の自由を保障する以下の同条約第一一条も憲法的効力をもつようになった。

1　すべての者は、平和的な集会の自由及び結社の自由を有する。この権利には、自己の利益の保護のために労働組合を結成し、及びこれに加入する権利を含む。

2　1の権利の行使については、法律で定める制限であって、国の安全若しくは公共の安全のため、無秩序若しくは犯罪の防止のため、健康若しくは道徳の保護のため、又は他の者の権利及び自由の保護のため、民主的な社会において必要なもの以外のいかなる制限も課してはならない。本条の規定は、国の軍隊、警察又は行政機関の構成員による1の権利の行使に対して合法的な制限を課することを妨げない。

ここでは、労働組合の結成を含めた結社の自由が保障されることが明記されるとともに、軍人や警察官などの公務員について例外を設けることができ、結社の自由の行使も合理的な政策目的のために制約されることが、当然視されている。このことは、およそ権利保障がその行使に対する制約を伴うことをも意味するが、日本国憲法のように「公共の福祉」といった概括的文言を用いることなく、自由の行使に対する制約の理由や根拠を具体的に列挙している点もここでは注目されよう。

次に、アメリカ合衆国憲法にも結社の自由を保障した明文の規定はない。しかし、判例上、一七九一年に成立した修正第一条にいう「集会の自由」の中に政治的団体を形成する権利なども含まれる、あるいは各種の精神的自由を保障した修正第一条全体から結社の自由が保障されるというように、解されている。

これに関連して連邦最高裁判所は、団体構成員のリストの提出を義務付けた州法を憲法違反と判断したこともある(NAACP v. Alabama, 1958)。もちろん、違法な目的の集会などに結社の自由の保障が及ばないことは、当然視されている。

(2)　ヨーロッパ大陸の憲法

他方、イタリア・ドイツ・フランスなどのヨーロッパ大陸諸国では、すべて前記の欧州人権条約を批准している。もっとも、それらの憲法典は、結社の自由を明文で保障すると同時に、それへの制限も明記するのが通例であるから、権利保障の内容は、ひとまず各国憲法の問題として考えれば足りることになる。

まず、一九四八年イタリア憲法第一八条は、「市民は、刑法により個人に禁止されていない目的のために、許可を得ることなく、自由に結社する権利を有する」としつつ、第二項で「秘密結社及び軍事的性格の組織により直接又は間接に政治目的を追求する結社は、禁止する」と定めている。このいわば憲法第一八条施行法として、現に一九四八年二月には軍事結社禁止令が、一九八二年一月には秘密結社禁止法が制定されているが、この点については後で述べることにしよう（2(2)参照）。

また一九四九年ドイツ連邦基本法第九条も、「すべてドイツ人は、社団及び団体を結成する権利を有する」として、結社の自由を保障している。ただ、ここでも第二項で、「団体のうち、その目的若しくは活動が刑事法に違反するもの又は憲法的秩序若しくは諸国民の間の協調の思想に反するものは、禁止する」としたほか、さらに違憲の政党・政治団体の禁止に関する規定も設けており（第二一条）、自由の敵には自由を与えないとする「たたかう民主政」の姿勢を明確に打ち出している。

他方、フランスでは、結社の自由について現行の一九五八年第五共和制憲法に明文はないが、第三共和制時代に定められた一九〇一年結社法によって、結社の自由は実定法上の権利と認められていた。それが憲法的効力をもつと確認されたのは、現行憲法施行後の一九七一年憲法院判決によってであるが、結社の自由の内容やこれに対する制約などフランスにおける団体法制の具体的内容については、後に詳しく検討することにしよう（三参照）。

## 2　結社の自由に対する制約

### (1)　一九三〇年代における全体主義勢力とのたたかい

違法な目的のための結社の禁止など、結社の自由の行使に対して一般的・内在的な制約があることは、言うまでもない。また、軍人や警察官などの公務員については、その任務・地位に由来する特別な制約に服することも、当然予定されている。

この点は、先にみた欧州人権条約第一一条二項も明確に示すところであるが、問題は、その第二項にいう「国の安全若しくは公共の安全のため、無秩序若しくは犯罪の防止のため……民主的な社会において必要な」制限とは、具体的に何を意味するか、である。

この点で、一九三〇年代において全体主義勢力とのたたかいの中で生まれた各国の立法は、きわめて興味ぶかい。まずベルギーは、一八三一年憲法第二〇条により集会・結社の自由をいち早く憲法に明記した国であり、一九二一年には結社の自由保障法と非営利社団法を制定したが、一九三四年七月には私兵禁止法を成立させ、軍事組織に類似した団体の結成を禁止している（一九三六年に改正・強化された）。

また、イギリスでも一九三六年に公共秩序法が制定され、公の場所や集会で政治団体や政治目的の推進とのつながりを意味する軍服を着用すること、軍事組織類似団体（quasi-military organizations）を組織することは禁止された(1)。やや時代は下るが、現に、その規定に基づいて処罰された事案として、軍服を着用してナチス式敬礼を交わしていた「先陣」（Spearhead）と呼ばれる団体の幹部に対するものがある（一九六四年）。フランスでも、一九三六年一月にベルギーと同じような戦闘集団・私兵禁止法が制定されているが、その具体的内容については後に詳しく述べることにする（三1(2)および2(1)(b)など参照）。

このように一九三〇年代の自由民主主義国では、台頭する全体主義勢力、とくに暴力主義的な運動や活動に対抗して、自由で民主的な憲法秩序を擁護するために、結社の自由に対する禁止措置がとられたのである。次に見る「たたかう民主政」に通じるものといえよう。

(2)　第二次大戦後の諸憲法と「たたかう民主政」

ナチズムやファシズムを経験した第二次大戦後の各国憲法は、こうした一九三〇年代の反全体主義立法で採用された政策をより強く打ち出してくる。

すなわち、まず一九四八年イタリア憲法は、前記のように結社の自由を保障しつつ、明文により「秘密結社及び軍事的性格の組織により直接又は間接に政治目的を追求する結社」を禁止している（第一八条）。これをうけて一九四八年二月には軍事結社禁止令――正式には「軍事的性格を有する結社（associazioni di carattere militare）の禁止に関する受任命令」という――が、一九八二年一月には秘密結社禁止法――正式には「秘密結社（associazioni segrete）に係る憲法第一八条の施行及びロッジャＰ２(2)と称する団体の解散に関する法律」と称する――がそれぞれ定められ、そうした結社の設立や団体加入を禁じている。この秘密結社禁止法は、首相が閣議決定を経て団体解散や資産没収を命じうるとするとともに（第三条）、公務員が秘密結社に加入することを厳しく禁じた詳細な規定を設けている点（第四条）において、きわめて特徴的である。

次に、一九四九年ドイツ連邦基本法も、前記のように第九条において、「その目的若しくは活動が刑事法に違反するもの又は憲法的秩序若しくは諸国民の間の協調の思想に反するもの」を禁止している。これをうけて一九六四年八月に制定された結社法――正式には「社団の公法的規律に関する法律」（Gesetz zur Regelung des öffentlichen Vereinsrecht）という――は、政党や議会の会派などの団体（これに宗教団体も入っていたが、二〇〇一年一二月の法律改正によって削られた）を除いて、そうした団体であることが確定したときは、連邦政府などの処分により解散を命じるとともに、資産の差押・没収などをおこなうことを定めている（第三条・第一〇条～第一三条）。実際、それに基づいて同法制定以来二〇〇一年までの間にネオナチ的なものを中心として、二〇以上の団体が禁止・解散されたといわれる。

さらにドイツ連邦基本法には、衆知のように「政党禁止」条項で知られる第二一条がある。これは政党結成の自由を認め、その憲法上の地位を明らかにするとともに、「たたかう民主政」の立場から、明らかに憲法敵対的な政党を禁止するもので、次のように定めている（第三項略）。

(1)　政党は、国民の政治的意思形成に協力する。政党の結成は自由である。政党の内部秩序は、民主制の諸原則に合致していなければならない。政党は、その資金の出所及び用途並びにその財産について、公的に報告しなければならない。

(2)　政党のうち、その目的又は支持者の行動からして、自由で民主的な基本秩序を侵害し若しくは除去し、又はドイツ連邦共和国の存立を危うくすることを目指すものは、違憲とする。この違憲の問題は、連邦憲法裁判所が決定する。

第二項の規定は、ナチス又は全体主義勢力を念頭に置いたものである。実際、一九五二年一〇月には社会主義国家党（SRP）について、一九五六年八月にはドイツ共産党（KPD）について、それぞれ連邦憲法裁判所の違憲判断が示され、解散を命じられたことがある。この政党違憲の認定手続・効果は、連邦憲法裁判所法に詳しく定められているが（第四三条〜第四七条）、一九六七年には前記の憲法第二一条一項の趣旨にそって政党法が制定され、政党の任務・概念・内部秩序・国庫助成その他について、詳しく規律している。

他方、フランスでは、第四共和制憲法第一草案人権宣言案において単一政党制の禁止を明文化していたが、成立した一九四六年第四共和制憲法は、結局、いわゆる政党条項を設けなかった。しかし、前記の一九三六年の戦闘集団・私兵禁止法が一九四四年一二月に改正され、新たに「共和政的合法性の回復に関する措置を妨げるおそれのある活動をおこなう」団体を解散対象に加えた事実を忘れてはならない。

現行の第五共和制憲法第四条は、「政党及び政治団体は、選挙による意思表明に協力する。政党及び政治団体の結成及びその活動は、自由である」としつつ、「政党及び政治団体は、国の主権と民主主義の原理を尊重しなければならない」

（第一項）とする政党条項を設けている。

**(3)**　新たな問題領域

近年では、各種の人権条約やテロ活動抑止条約に基づく団体活動の規制という問題が出て来ていることに注意する必要がある。まず人権条約としては、人種的優越性、人種的憎悪及び人種差別に基づく宣伝・団体などを非難し、そうした煽動又は行為を根絶することをうたった一九六五年人種差別撤廃条約第四条の規定が代表的であるが、ここではとくに次に掲げる措置をとることが求められている（ここでは公的機関に関する(c)号は省略する）。

(a)　人種的優越又は憎悪に基づく思想のあらゆる流布、人種差別の扇動、いかなる人種若しくは皮膚の色若しくは種族的出身を異にする人の集団に対するものであるかを問わずすべての暴力行為又はその行為の扇動及び人種主義に基づく活動に対する資金援助を含むいかなる援助の提供も、法律で処罰すべき犯罪であることを宣言すること。

(b)　人種差別を助長し及び扇動する団体及び組織的宣伝活動その他のすべての宣伝活動を違法であるとして禁止するものとし、このような団体又は活動への参加が法律で処罰すべき犯罪であることを認めること。

これをうけて、ヨーロッパ諸国はいずれも国内法的措置を講じており、その具体例については後に取り扱うことにするが（**三1・2**参照）、アメリカ・日本のように、表現・結社の自由との関係から前記の各号について「留保」を付し、その適用を排除しているところもある（3）。

他方、テロ活動対策としては、国内法レベルでは、例えばイギリスの場合、一九八六年公共秩序法が、暴動・騒擾ほかの再定義、集団行進・公的集会の規制、人種的憎悪に基づく行為の禁止などを、また二〇〇〇年テロ活動予防法は「アイルランド共和軍」（ＩＲＡ）その他のテロリスト団体の禁止などを、それぞれ定めており、翌年にはテロ活動対策法も制定されるに至っている。

このテロ活動対策は緊急を要する国際的課題でもあり、そのため、例えば一九七七年一月に欧州テロ活動抑止条約、二〇〇〇年一月にテロ行為に対する資金援助抑止条約が成立した。ここでは、テロ活動を行う団体の結成やそうした団体への加入が禁止されることは当然として、銀行その他の金融機関を媒介とする支払い・受取りなどに対して許可その他の統制を加える「資産凍結」措置が、重要な課題になっている（具体例は、三3参照）。

## 二　宗教的自由と宗教法制

### 1　宗教的自由と国家・教会関係

(1)　宗教的自由の保障

宗教的自由は、通例、信仰の自由（良心の自由）、宗教活動の自由及び宗教団体結成の自由という三つの要素を含んでおり、かつ宗教団体の自由はその組織・運営の自由（教会自律権）を内包している。

しばしば信仰の自由は基本権思想の史的淵源と言われるが、ユダヤ・キリスト教の伝統に立ち、宗教戦争を経験してきた欧米各国の憲法は、例外なく、このような宗教的自由を保障している。欧州人権条約や国際人権規約（自由権規約）などの人権条約も、必ず明文で宗教的自由を認めており、この意味において宗教的自由はいわば普遍的人権に属するといってよい。

(2)　国家と宗教団体との関係

ここで注意すべきことは、等しく宗教的自由を保障するという前提に立つとしても、国家と宗教団体（教会）との関係まで当然に同一になるとは限らない、という点である。

すなわち、国家と教会との関係は、一般に、(a)宗教を公事とし、一つの特定宗教を国の宗教と定める国教制度、(b)複数の宗教団体に特別の地位を認める公認宗教制度、(c)宗教を私事とし、政治権力と宗教権力とを分離しようとする政教分離制度の三つに類型化される。

しかし、まず国教制度といっても、特定宗教以外の信教を認めない、いわば絶対的国教制と、特定宗教を国教としつつ他の信教を寛容する相対的国教制との二つのタイプがある。いわゆる寛容令以後の近代国家の国教制は、むろん後者を前提としたものである。また、イギリス・イタリアは国教制に、ドイツは公認宗教制に、アメリカ・フランスは政教分離制に属するというように、欧米諸国の国家・教会関係も一様ではない。さらに、前記のように、宗教的自由を保障する欧州人権条約や自由権規約は、決して特定の国家・教会関係を指示はしていない。つまり、宗教的自由と政教分離制とは、しばしばわが国で誤解されるように、必然的な関係にあるわけではないのである。

## 2　宗教団体法制

このように宗教的自由は、相対的国教制・公認宗教制・政教分離制のいずれとも両立可能であるが、宗教団体の法的地位という問題になると、そのいずれであるかによって大きな違いが出てくる。この点を次に検討にするが、紙幅の関係上、ここでは、とくに(1)公認宗教制をとるドイツの場合と、(2)政教分離制をとるフランスの制度を中心に取り上げることにしよう。

### (1)　公認宗教制における宗教団体——ドイツの場合

連邦基本法第一四〇条は、一九一九年ヴァイマル憲法のいわゆる教会条項（第一三六条〜第一三九条、第一四一条）を継承し、これを現行憲法規範としている。ここでとくに重要な意味をもつのは、ヴァイマル憲法第一三七条の次のような規定である（第一項・第七項・第八項は省略する）。

② 宗教団体を結成する自由は、これを保障する。ライヒ領域内における宗教団体の結合は、いかなる制限にも服さない。
③ 宗教団体は、各々、すべてのものに適用される法律の範囲内で、その事務を独立して処理し、管理する。宗教団体は、各々、国又は市町村の関与を受けることなく、その役職を付与する。
④ 宗教団体は、民事法の一般的規定により権利能力を取得する。
⑤ 宗教団体は、従来、公法上の社団であった限りにおいて今後も公法上の社団とする。その他の宗教団体は、その根本規則及びその構成員数からして存続することが確実である場合は、その申請に基づいて、それと同一の権利が与えられるものとする。〔以下、省略〕
⑥ 公法上の社団である宗教団体は、市民租税台帳に基づき、ラントの法の定める基準に従って、租税を徴収する権利を有する。

したがって宗教団体は、法人格を有しない事実上の団体にとどまることも、私法上の法人（四項）又は公法上の社団（五項）として活動することもできる。いずれの形態をとるにせよ、連邦基本法第四条にいう信教の自由は当然に保障されるが、後二者、つまり私法上の法人又は公法上の社団となるためには、それぞれ民法・憲法上の要件を充たす必要がある反面、特別の法的地位を認められる。

(a)　公法上の社団

これに該当するのは、(1)ヴァイマル憲法施行時にその地位をもっていた二大教会（カトリック・福音主義）のほか、(2)「その根本規則及びその構成員数からして存続することが確実である」もの、(3)そうした団体の連合体の三つに限られる。その認定権限は各ラントに属するが、現在、キリスト教の二大教会のほか「救世軍」「モルモン教」なども公法上の社団とされ、聖職者の俸給に対する財政的支援や教会税の徴収権（前記第六項参照）などの特典を認められている。

なお、国家と教会の利害にかかわる混合事項を定めるため、カトリック教会の場合には国教制に属するイタリアの場合と同様に、ローマ教皇庁との間にいわゆる政教条約（Konkordat）を結び、福音主義の領邦教会も州との間に教会条約（Kirchenvertrag）を結んでいる。

(b)　私法上の法人

宗教団体は、民法第五五条以下の規定に従って区裁判所に備え付けられた社団登記簿への登記により、同法第二一条にいう非営利社団法人としての権利能力を取得する。なお、教会による病院・学校・慈善施設などの担当団体として活動する限定的な宗教的社団は、民法第二一条以下又は一九六四年結社法の諸規定に基づいて設立されるが、それは、むしろ前記の連邦基本法第九条にいう結社の自由に基礎をもつと解されている。

(2)　政教分離制度下の宗教団体――フランスを中心に

フランスやアメリカの政教分離制の下では、一般に宗教団体は他の私的非営利団体と同じ地位を与えられ、その法律関係も一般的な非営利法人法の枠組みの中で構成される。

すなわち、フランスにあっては、まず、宗教団体法制の法的基礎は、①一般的な非営利団体を対象とした一九〇一年結社法と、②宗教団体に焦点を当てた一九〇五年政教分離法という二つの法律に求められる。このうち、一九〇一年結社法は修道会に対して特別の厳格規制を定めており（第一三条～第二〇条）、制定当時の政府・議会の反カトリック的姿勢を反映しているが、これについては後に述べよう（三1参照）。

一方の政教分離法、すなわち「教会と国家の分離に関する法律」（Loi concernant la séparation des Eglises et de l'Etat）は、良心の自由と自由な宗教活動を保障し、後者について公の秩序のために同法で定める制限に服することを定める（第一条）とともに、「国は、いかなる宗教に対しても公認せず、俸給を支給せず、補助金を与えない」（第二条第一項）として、いわゆるライシテ（laïcité）の原則を明記している。

わが国で「宗教的中立性・非宗教性」の原則とも訳されるこの原則は、第四・第五共和制憲法で明文化されるにいたるが（ともに第一条参照）、政教分離法の宗教団体法制は結社法の枠組みを前提にしている。結社法の詳しい内容については後述するので、ここでは主として政教分離法によるものを取り扱うことにしよう。

(a)　一般団体

これは結社法に基づくもので、所定の要件・手続に従って県庁・郡庁に届け出ることにより、訴訟上の当事者能力・会費徴収権・補助金受領資格などが認められる。こうした団体は、結社法その他に定める一般的な存立規制・活動規制に服することになる（後述三2参照）。

(b)　信徒会

とくに宗教的な礼拝活動のための団体として政教分離法に基づいて結成されるもので、同法所定の要件・手続による届出により、一般的団体と同じく訴訟能力・会費徴収権などのほか、公益認定社団と同じように、行政庁の許可の下に遺贈を含めた受贈能力が認められ、寄附金控除などの税制上の優遇措置を受けることができる。しかし、その反面で、政教分離の原則からいって公的補助金を受領する資格は与えられない。なお、カトリック教会の場合、信徒会と同様の団体は、とくに「司教区会」と呼ばれている。

なお、アメリカ合衆国についていえば、ここでは、法人格取得の問題は各州の専属的立法事項に属するので、連邦レベルにおける統一的な宗教団体法制というものは存在しない。もちろん、衆知のように、連邦内国歳入法典は宗教団体を免税団体の一つに掲げ、教会に対する財務省長官の調査権限も定めているので（第五〇一条・第七六一一条参照）、両者はまったく無関係ではありえない。しかし、宗教団体法制の全体像をみるには、結局のところ、各州の非営利法人法・

宗教法人法によるほかないことになる。

## 三　フランスにおける団体規制法

ここに「団体規制」とは、第一義的には、団体それ自体に対する法的規制、すなわち団体の設立・解散にかかわる存立規制と、団体の活動・運営にかかわる活動規制とを指している。しかし、団体の活動といっても、その役員又は構成員の行為から切り離して考えることはできないから、役員又は構成員の個々の行動に対する法的規制も合わせて対象としなくてはならない。

そこで以下では、まず団体規制法の概要を述べたのち、団体に対する存立規制、すなわち団体の設立・解散に対する法的枠組みの問題を取り上げ、最後に構成員の行為と団体の活動・運営とが密接に関連している活動規制の問題について、検討を加えることにしよう。

### 1　団体規制法の概要

ここでは、結社の自由を具体化するとともに、その逸脱行為に対する制裁を定めた結社法や、その特別法としての意味をもつ戦闘集団禁止法などの枠組みを概観した後に、公的秩序に対してとくに重大な危険をもたらすテロ活動に対する国家的・国際的な取組みを意味する近年のテロ活動対策の概要を検討することにしよう。

#### (1)　一般法としての一九〇一年結社法

正確にいえば「非営利社団契約に関する法律」(Loi relative au contrat d'association) と称する結社法は、「非営利社団は、許可も届出も要することなく、自由に結成することができる」として、結社の自由を一般的に認めるとともに、「但し、非営利社団は、第五条の規定に従ってのみ、法的能力を享受する」（第二条）として、非営利団体による法人格の取得要件や非営利法人の運営のあり方などを一般的に定めている。

この結社の自由は、現行の第五共和制憲法の下で憲法的効力をもつと判断されるにいたったが（一九七一年七月一六日憲法院判決）、いずれにせよ団体（社団）は、結社法第五条所定の届出をすることにより訴訟上の当事者能力・受贈能力などをもつ一般的な法人格を取得することができる（第六条第一項）。ただ、より広い法的能力（第一一条）を認められる公益認定法人となるためには、行政庁の許可を得る必要がある（第一〇条）。

なお、この結社法については、前記のように、一八八〇年代以降のライシテの原則（政教分離原則）への動きを反映して、当初、カトリック教会・修道会に対する厳しい規制立法という一面をもっていたことを、まず注意しておきたい。また、同法に存した外国非営利団体に関する行政解散（旧第一二条）と設立許可制（旧第二二条）は、それぞれ一九三九年、一九八一年に廃止されている。

(2)　一九三六年戦闘集団・私兵禁止法

戦闘集団・私兵禁止法――正式には「戦闘集団及び私兵に関する法律」(Loi sur les groupes de combat et milices privées)という――は、前記の結社法に対する特別法、つまり結社の自由に対する制約法という位置付けを与えられている。それは、結社法が採用した司法解散、つまり裁判所による法人・団体解散命令という制度ではなく、大統領の命令によって事実上の団体を解散させる特別な行政解散制度――特別清算手続に服する――を定めているからである。

ここに同法の最大の特色があるが、こうした制度が採用されたのは、一九三〇年代に展開された極右勢力の激しい秩序破壊活動を前にして、結社法による司法解散では時間がかかりすぎ、体制防衛のために迅速な対応を可能にするためであった。

ここで規制対象とされたのは、主として極右の暴力主義的団体である。それは、「国土保全に対する侵害をもたらし、又は武力により共和政体に攻撃を加えることを目的とするもの」（第一条第三号）といった規定のしかたにも表れている。実際、カトリック過激派団体であるアクシオン・フランセーズなどに対しては、解散命令が出されている。

しかしながら、解散対象を定めた第一条は、その後の法改正により次第にその範囲を拡大していることに注意する必要がある。まず、一九四四年には「共和政的合法性の回復に関する措置を著しく妨げるおそれのある活動を行うもの」（第四号）、一九五一年には「敵国協力首謀者として処罰対象となった個人を再び糾合し、又はこの協力を賛美することを目的とするもの」（第五号）が、それぞれ付加された。

前者は反ヴィシー主義立法の一環であり、後者は対ドイツ協力者を念頭に置いている点において、いずれも、当初の立法趣旨、つまり体制防衛構想や「たたかう民主政」と通ずる要素をもっている、と言えよう。

これに対し、一九七二年に加えられた人種差別唱道団体（第六号）、一九八六年に加えられたテロ活動団体（第七号）は、それぞれ一九七二年人種差別対策法、一九八六年テロ活動対策法によって盛り込まれたものであるが、いずれも伝統的な体制防衛の問題とはかなり異なった要素を含んでいる。これらは、むしろ国内外の新しい情況に対応するものといえよう。

(3)　一九八六年テロ活動対策法・一九九一年通信傍受法

一九七七年に欧州テロ活動抑止条約が採択され、フランスは一九八七年七月により批准したが、その前年には全一〇カ条からなるテロ活動対策法、すなわち「テロ活動対策及び国の安全に対する侵害に関する法律」が制定されている。この法律は、前記のような戦闘集団禁止法に対する追加規定（第一条第七号の新設）や、一八八一年出版法の改正のほか、後述する刑法改正も含んでいたが、主要な内容は刑事訴訟法に対する付加規定を設けるものであった。

この部分は、当初、「脅迫又はテロによって公共の秩序を壊乱させる目的を有する個人又は団体の企てに関連する犯罪」という編名をもって挿入されたが、一九九〇年代に入って編名が改められるとともに一部改正された結果、現行の刑事訴訟法では、特別訴訟手続を定める第四部において、第一五編「テロ行為の訴追、予審及び裁判」に関する規定として詳細なかたちで整備されている（第七〇六 - 一六条〜第七〇六 - 二五条）。

また、高度情報化社会において、とくに組織的犯罪に対処するため、電話その他の会話・通信の傍受がきわめて有効な手段となることは、今日広く承認されているが、フランスにおいても、一九九一年夏に「電気通信手段により発する通信の秘密に関する法律」、いわゆる通信傍受法が制定された。

同法第一条は、まず、通信の秘密がもつプライバシー保障としての重要性に配慮して、「通信の秘密に対する侵害は、公的機関により、法律で定める公益上必要な場合に限り、かつ法律で画定した限度においてしか、行うことができない」（二項）と明記している。続く第二条では、刑事手続のための司法上の傍受を制度化するための刑事訴訟法の大幅な付加改正（現行刑事訴訟法第一〇〇条〜第一〇〇の七条）をおこなうとともに、前記のテロ活動や一九三六年戦闘集団禁止法による解散団体の再建・維持等の予防のためにする行政上の傍受を「治安上の傍受」というかたちで制度化した点（第三条〜第一二条）において、大きな意味を有する。

(4)　二〇〇一年セクト規制法

二〇〇一年六月に制定された「人権及び基本的権利に対する侵害を引き起こすセクト団体の予防及び抑制の強化に関する法律」は、表題が示すように、一九八〇年代以来しばしば問題視されてきた「新宗教運動」がもたらす弊害を除くため、団体及び構成員の活動に対する各種の規制措置を定めたものである。全二四カ条からなる同法の内容はかなり広範で、法人の刑事責任の拡大、セクト的団体の広告制限、無知又は耗弱状態に乗じた詐欺行為の処罰など、公衆衛生法・消費法・刑法・刑事訴訟法といった多くの法律の改正に及んでいるが、最も注目されるのは、このセクト規制法が結社法と同じく司法解散の制度を採用していることである。

同法による解散対象は、結社法の場合より詳しく規定されており、裁判所による解散宣告がおこなわれるのは、次の要件を充たした場合に限られている（第一条）。すなわち、①「活動に参加する者に対し心理的若しくは身体的な隷属を醸成し、維持し、若しくは活用する目的又は効果をもつ活動を遂行する法人」であって、②法人自体又はその代表者が、③人の生命・身体に対する侵害、人を危険に陥れる行為、未成年者を危険に曝す犯罪などで処罰された場合は、検察官又は利害関係人の請求により裁判所が法人の解散を宣告する、というものである。

(5)　二〇〇一年日常治安法

もともと治安政策全般については、全三五カ条からなる一九九五年一月の治安指針計画法が、治安を市民の「基本的権利」であり、その確保を国の義務と明記し（第一条）、「治安確保に向けた警察、憲兵隊及び税関相互間における活動協力の強化」その他の治安政策に関する恒久的施策を述べたうえで（第三条）、とくに「薬物、組織犯罪、及び経済・金融犯罪に関する対策」「テロ活動及び基本的な国益に対する侵害からの国民の保護」といった当面の重点施策を示すとともに（第四条）、向う五年間の予算措置（第五条）のほか、各種法規に対する所要の改正を具体的に定めていたところであった（第六条以下）。

二〇〇一年一一月の日常治安法、すなわち「日常治安に関する法律」は、アメリカ合衆国を襲った同時多発テロ（九・一一）という新たな事態の展開をうけて、この一九九五年治安指針計画法の一部改正を含む全七一カ条からなる包括的な治安対策立法である。

同法は、まず第一章において「治安は国にとっての義務である」ことを強調して、治安を確保するための活動について地方公共団体や警備会社その他の各種組織との連携をうたうとともに（第一条）、市町村長との協力を推進する規定を設けている（第二条・第三条）。これに続く第二章以下は、治安を確保するためのいわば各論的な措置を定めたものであって、具体的には、一九三九年武器弾薬管理令の改正、司法警察に関連する規定の整備、道路の安全及び交通に関する規定の整備、金融法の改正のほか、一九八三年民間警備・現金輸送法の改正などを内容としている。

このうち、第五章「テロ活動対策を強化する規定」は、「とくに麻薬密売及び武器密売を供給源とする、新たな情報通信技術を用いたテロ活動に対する対策に緊急に必要な手段を講ずるため、二〇〇三年一二月三一日までの間……適用する」もの（第二二条）とされている。

したがって、日常治安法は、同法の施行後約三年間の時限立法とされてはいるが、関係する刑法・刑事訴訟法の規定を改正するだけでなく、金融法・道路法・民間航空法・海港法・郵便及び電気通信法の改正、そして治安上の傍受（行政上の傍受）を制度化した前記の一九九一年通信傍受法の改正などをも内容としており（第二三条〜第三三条）、包括的なテロ活動対策を講じたものと言えよう。

## 2　団体に対する存立規制

### (1)　存立規制の内容

団体に対する存立規制は、団体の設立及び解散という二面にわたって考えられるが、これまで述べたところから明らかなように、その規制のあり方は団体の目的又は性質によってかなり異なっている。

#### (a)　一般団体の場合

まず、一九〇一年結社法第二条によれば、およそ団体は「許可も届出も要することなく、自由に結成することができる」から、法人格を取得しないで活動をおこなう（事実上の団体にとどまる）か、同法第五条所定の届出をおこなうことによって第六条に定める一般的な法的能力を享受する（届出社団として法人になる）かについても、当該団体の自由な判断に委ねられる。後者による場合、所定の届出規則に違反した行為が処罰の対象となるのは、当然であろう（同法第八条第一項参照）。

結社法第三条は、「不法な動機から若しくは不法な目的のために結成される結社、法令若しくは善良な風俗に反するもの、又は国土保全及び共和政体に対する攻撃を目的とするものは、無効とする」としている。したがって、そうした団体が届出により法人格を取得する道は法律上閉ざされており、また、活動中の届出社団（法人）も事実上の団体も、そうした団体に該当する限りは、同法第七条による解散措置が講じられることになる。

この解散命令は、関係者・検察官の請求に基づいて大審裁判所が宣告するもので、司法解散の制度が採用されている（同法第七条第一項・第二項。この大審裁判所は、原則的な第一審の裁判管轄を有するもので、ほぼ日本における地方裁判所に当たる）。この場合、裁判所は、暫定的な措置ではあるが、合わせて関係施設の閉鎖と構成員による集会の禁止を命ずることができる（同法第七条第一項）。これに違反したり集会の便宜を図ったりした者や、解散団体の維持又は再建を図った役員などは、すべて処罰の対象となる（同法第八条第二項・第三項参照）。

なお、前記の二〇〇一年セクト規制法も、やはり司法解散の制度を採用しているが（同法第一条第二項）、解散宣告の対象となる団体の要件については、かなり詳しい定めを置いている（同法第一条第一項）。

(b)　指定団体の場合

一九三六年戦闘集団禁止法は、むしろ事実上の団体を念頭に置きつつ、先に述べたとおり、閣議決定を経た大統領令によって解散を命ずるという行政解散の制度を採用している（同法第一条柱書）。実際の動きとしては、各種の治安情報をつかむことのできる内務省の調査に基づいて内務大臣が大統領に進言し、閣議請求をおこなうことになるが、同法が解散対象としているのは、現在、以下に掲げる団体である（同条第一項第一号～第七号）。

①　道路において武装示威行為を引き起こすもの

②　軍事的な形態及び組織により戦闘集団又は私兵としての性格を有するもの

③　国土保全に対する侵害をもたらし、又は武力により共和政体に攻撃を加えることを目的とするもの

④　共和政的合法性の回復に関する措置を著しく妨げるおそれのある活動を行うもの（一九九四年付加）

⑤　敵国協力首謀者として処罰対象となった個人を糾合し、又はこの協力を賛美することを目的とするもの（一九五一年付加）

⑥　出身又は特定の種族、国民、人種若しくは宗教に属し若しくは属していないことを理由として、ある人又は人の集団に対する差別、憎悪若しくは暴力を引き起こし、又はこのような差別、憎悪若しくは暴力を正当化し若しくは助長することを企てる思想又は理論を宣伝するもの（一九七二年付加）

⑦　フランス又は外国においてテロ行為を引き起こすため、フランス領土で又はフランス領土から謀略に専従するもの（一九八六年付加）

以上のうち、一九三六年制定当初から存したのは第三号までの規定にすぎず、第四号以下は後の改正で加えられたものであるが、第三号後段に相当する文言は、先に触れた結社法第三条にも見られる。この点については、第四共和制憲法第九五条及び第五共和制憲法第八九条が、ともに憲法改正によっても共和政体の変更はなしえないとする規定を設けていることを思い起す必要がある。さらに、そうした規定の系譜を遡っていくと、第三共和制時代の一八八四年憲法的法律第二条に辿り着くのであり、その意味において、第三号後段はきわめて伝統的な規定といってよい。

これに対し、第六号で人種差別主義団体を、第七号でテロ活動団体を対象に加えたのは、先にも述べたように、最近の国内外の時代情況を反映した動きであるが、具体的な解散例については後にみることにしよう（(2)参照）。

こうした解散命令に伴う法律上の効果として、まず刑法典は、先に述べたように「戦闘集団及び解散団体」という特別の一節を設けており、ここに解散団体の維持又は再建に加担した者及び解散団体の再建を主導した者に対する罰則が定められている（刑法第四三一－一五条、第四三一－一七条）。また、この行為を含めて、そこに定められた各種の犯罪（同第四三一－一四条～第四三一－一七条）を犯したときは、自然人については公民権及び私法上・家族法上の権利の停止や一定の場所への立入禁止（同第四三一－一八条。第一三一－二六条・第一三一－三一条参照）、とくに外国人については国外追放（同第四三一－一九条。第一三一－三〇条参照）、法人については営業所の閉鎖、営業活動・株式売買・小切手振出などの禁止（同第四三一－二〇条。第一三一－三九条参照）といった制裁が科される。

自然人・法人のいずれについても、戦闘集団又は維持・再建団体が所有・利用している動産・不動産や武器・物資等の没収といった制裁が併科される（刑法第四三一－二一条）。こうした措置は、いずれも行政処分の性格が強いように思われるが、すべて刑罰として言い渡されるものである（刑罰の性質・種類については、同第一三一－一条～第一三一－四九条参照）。

行政的対応として注目すべきものに、一九九一年通信傍受法による治安上の傍受がある。すなわち同法第三条は、傍受対象情報の一つとして一九三六年戦闘集団禁止法により「解散を命じられた団体の再建又は維持の予防」にかかわる情報を掲げ、これについての行政上の傍受を認めている。

(2)　戦闘集団禁止法による解散例

結社法による司法解散の実例もないわけではないが、一九三六年戦闘集団禁止法による解散命令は、同法の制定以来二〇〇三年三月までに約六〇件に達し、対象団体の数からいえば九七団体に及んでいる。一九五八年の現行憲法の制定以後に限ってみても、三四件の解散命令により、約五〇団体が対象とされている。

もちろん、解散命令の取消しを求めてコンセイユ・デタに出訴した例も多い。解散命令の適法性を認める判決が大半を占めるものの、一九六八年六月に解散命令を受けた極左組織一一団体のうち、国際共産主義党・グループ「反乱」・革命主義学生連盟の三団体については、取消判決が出ている（一九七〇年七月二一日コンセイユ・デタ判決）。

先に述べた規制類型別にみると、一九三六年法の運用初期は極右組織を対象としたものが多く（法第一条第一号～第三号該当）、学生運動の盛んだった一九六八年前後には多くの極左暴力組織が、「道路において武装示威行為を引き起こすもの」（第一号）に該当するとして解散を命じられている。近年では、一九七二年に付加された人種差別主義団体（第六号）や一九八六年に付加されたテロ活動団体（第七号）に該当すると判断された組織もあるが、とくにテロ活動を理由とした解散事例として、「アル・エルバイト」「クルド愛国連合」など四件がある。

## 3　団体に対する活動規制

### (1)　活動規制の概要

先に述べたように、団体規制というとき、団体それ自体の設立・解散という存立規制とは別に、団体の活動・運営にかかわる活動規制という面が考えられる。この場合、役員又は構成員の行為と団体の活動・運営とは密接に関連しているのが通例であるから、団体の活動規制のあり方をみるときは、個々人の行動に対する法的規制の内容をも念頭において考えなければならない。

この意味における活動規制に当たるものとしては、①前に述べた団体の解散にともなう各種の刑事制裁のほか、②団体の構成員又は支援者の行為を対象とする刑事法上の規制、③通信傍受を含めた各種領域における治安対策の強化などを内容とする行政的な取締り、④金融法に基づいて執られる団体構成員又は支援者に対する各種のいわゆる資産凍結措置などがある。

このうち、①団体の解散にともなう刑事制裁の内容についてはすでに述べたので、以下では、主としてテロ活動や戦闘集団などを念頭に置きつつ、②その支援者又はそうした団体の構成員などを対象とする特別な刑事法的規制、③各種の行政的な取締りや④「資産凍結」の具体的内容をみることにしよう。

### (2)　規制の具体的内容

まず、特別な刑事法的規制として、戦闘集団に参加し又はこれを主導した者に対する一連の処罰規定がある（刑法第四三一－一三条～第四三一－二一条）。ここにいう戦闘集団とは、一九三六年戦闘集団禁止法に定めるものとは異なり、

「武器を所持する者又は入手しうる者からなる団体」であって、「階層的組織をもち、公の秩序を乱すおそれのある」ものを指すので（同第四三一－一三条）、かなり広く観念されている。

次に、テロ行為に対する厳しい罰則規定があるが（同第四二一－三条～第四二一－六条）、この「テロ行為」もかなり広い観念である。すなわち、刑法所定の生命・身体侵害、略取・監禁、強要・破壊などの犯罪、マネーロンダリング関係の犯罪（同第三二四－一条～第三二四－九条）や前記の「戦闘集団」に関連する犯罪はもちろん、一九三九年武器弾薬管理令に反する犯罪や生物・化学兵器の製造・所持などの禁止に反する犯罪であって、「威嚇又は恐怖によって公の秩序を壊乱することを目的とする個別又は集団的な企てとの関連を意図して行われた」ものは、すべてテロ行為として処罰される（同第四二一－一条、第四二一－三条）。それだけでなく、同様の意図の下に行われる「人若しくは動物の健康又は自然環境を危険にさらすおそれのある物質を……放出する行為」（同第四二一－二条、第四二一－四条。いわゆる環境テロ）も、さらにテロ行為につながることを知りながら資金援助などを行う行為（同第四二一－二－二条、第四二一－五条）も、独立のテロ行為として位置付けられている。

こうしたテロ行為により有罪とされたときは、一九三六年戦闘集団禁止法の場合と同様に、自然人については公民権及び私法上・家族法上の権利の停止や一定の場所への立入禁止（同第四二二－三条。第一三一－二六条・第一三一－三一条など参照）、とくに外国人については国外追放（同第四二二－四条。第一三一－三〇条参照）、法人については営業所の閉鎖、営業活動・株式売買・小切手振出などの禁止（同第四二二－五条。第一三一－三九条参照）といった制裁が科されるが、さらに自然人・法人を通じて財産没収が定められている（同第四二二－六条）。

こうした定めが実効性をもつように、刑事訴訟法は、まず、住居への立入り・捜索を行うには相手方の同意を要するとする原則（刑訴第七六条）に対する例外を設け、爆発物・武器・弾薬などに関する犯罪や前記のテロ行為の捜査については、居住者の同意がなくても、住居への立入り・捜索・証拠物の押収を認めることができるとしている（同第七六条の一、第七〇六条の二四）。また、こうした犯罪については、一般的な身分検査・身分確認（同第七八の一・第七八の二）に加えて、車両検査を実施することもできる（同第七八条の二の二）。

次に、行政的取締りとしては、空港・海港業務や民間警備業務などにおける治安対策があり、この面でも二〇〇一年日常治安法によってかなり強化されている。すなわち、まず、同法によって改正された一九九五年治安指針計画法は、とくに国と地方公共団体との協力を強めると同時に、民間の警備・輸送部門などとの連携を強化する規定を置くとともに（第一条）、新たに、治安・国防上の理由などからとくに保護地域とされた所への立入り、危険物質などの使用割当て・承認などについて決定をおこなう場合に、申請者の身元や素行を確認するための一般的な行政調査権を認めている（治安指針計画法第一七条の一）。

これと連動する形で、二〇〇一年日常治安法によって、民間航空法典、海港法典や一九八三年民間警備・現金輸送法なども改正され、空港その他の立入禁止区域で不審な人物・車両・貨物などを発見した場合に、司法警察員だけでなく、所定の承認を受けた司法警察職員などにも検査を行う権限が与えられるとともに、当該職員の素行・態度にも注意を払い、必要な場合には、その職員を所定任務から外すことができるとされた(3)（民間航空法典〈法律〉第二八二－八条第一項～第三項、海港法典〈法律〉第三二三－五条第一項～第三項）(4)。

また、所定の認可を受けた民間の警備会社の職員も、手荷物に対する検査をおこない、とくに「公共の安全に対する重大な脅威と結び付く特別の事情があるときは」、治安上の身体検査をおこなうことができるが（一九八三年民間警備・現金輸送法第三条の一）、手荷物の中身の検査や身体検査をおこなう場合に、所有者や本人の同意を必要とする点は、民間航空業務でも海港業務でも変わらない。

いわゆる資産凍結が法律的にどういう意味をもち、具体的にどのような措置を指すかは必ずしも明らかでないが、ここでは一応、とくに外国との金融関係において、銀行その他の金融機関を媒介とする支払い及びその受領などに対して許可その他の統制を加えることを意味すると考えておこう。

これについて金融法典は、フランスと外国との間の取引自由の原則を謳いつつ（同〈法律〉第一五一－一条）、為替取引・資本移動・あらゆる決済行為やフランスにおける外国人の投資の設定・清算などに対し、政府が届出・許可などの措置をとることができる旨を定めている（同〈法律〉第一五一－二条）。そして、とくに外国人の投資が公の秩序・安全にかかわるものであったり、爆発物・武器・弾薬などの生産・取引などに対するものであったりしたことを確認した場合には、無許可の取引に対する中止命令を発することができ（同〈法律〉第一五一－三条）、そうした内容をもつ契約は無効とされる（同〈法律〉第一五一－四条）。

なお、マネーロンダリングの関係では、金融機関は、麻薬取引・組織犯罪などから生じたおそれのある金額にかかわる取引（いわゆる疑わしい取引）について、届出義務を負う（同〈法律〉第五六二－二条）。この届出は、特別に設けられた「違法な金融流通に対する情報処理及び行動連絡室」――わが国の金融庁「特定金融情報室」に相当する――に対しておこなわれ、同室は収集した情報から収益などが麻薬取引・組織犯罪などから生じたものと判断したときは、検事正に通知するものとされる（同〈法律〉第五六二－四条）。現に二〇〇〇年には二、五三七件に上る疑わしい取引の届出があり、一五六件が検事正に通知されているようである。

## おわりに

結社の自由は、集会の自由とともに集団行動の自由の一つを形づくるもので、単なる個人の行動の自由とは大きく違っている。そこでヨーロッパ各国の憲法典は、伝統的に必ず集会・結社の自由と表現の自由とを分離して規定するのであり、欧州人権条約第一〇条・第一一条も、同じく表現の自由と集会・結社の自由とを別々に定めるとともに、それらの自由の行使に対する制約事由を具体的に明記するスタイルをとっている。

ところが、わが国での議論は、日本国憲法第二一条が、「集会、結社及び言論、出版その他一切の表現の自由は、これを保障する」（第一項）として、集会・結社の自由と表現の自由とを一括りにした規定を設けるにとどまっているためか、しばしば表現の自由とほぼ同一のものとして語る傾向がある。

この憲法第二一条については、さらに、表現の自由の最も重要な内容の一つをなす「検閲の禁止」が第二項になり、しかも、この「検閲の禁止」が、むしろ秘匿することに意義を認め、その意味でプライバシー保障の一環をなす「通信の秘密」とセットにされているなど、かなり整合性を欠いた規定になっているという問題も指摘できよう。本報告書は、こうした問題点についても注意を喚起したつもりである。

（1）現在では、後に述べる二〇〇〇年テロ活動禁止法第一三条がそれに相当する。
（2）「ロッジャP2」とは、イタリアにおけるフリー・メイソンの団体を指す。
（3）その点については、本書第三部I論文「結社の自由の限界問題」を参照されたい。
（4）以下で〈法律〉とあるのは、フランスで法典が法律（Loi）の部と政府の命令（Reglement）の部とから構成されている法典の場合に、法律「L.」の条数を示すときに用いられる略号を示したものである。

**参考文献**

大石眞『憲法と宗教制度』（有斐閣、一九九六年）。

同「結社の自由の限界問題——立憲民主制の自己防衛か自己破壊か」『京都大学法学部創立百周年記念論文集・第二巻』（有斐閣、一九九九年）。〔本書第三部I論文参照〕

大村敦志「結社と法」同『フランスの社交と法』（有斐閣、二〇〇二年）。

佐藤幸治・木下毅編『現代国家と宗教団体』（岩波書店、一九九二年）。

初宿正典「集会の自由に関する一考察——とくに基本法第八条二項の成立過程を中心として」法学論叢一四八巻五＝六号

（二〇〇一年）。

同「ドイツの結社法改正と宗教団体の地位」ジュリスト一二四三号（二〇〇三年）。

文化庁編『海外の宗教事情に関する調査報告書』（二〇〇一年）。

元山 健「現代イギリスにおける公共秩序法制の研究――一九八六年公共秩序法を中心に」早稲田法学六四巻一号（一九八八年）。
C. Andrieu = G. Le Béguec = D. Tartakowsky, *Associations et champ politique*, 2001.
A. -S. Mescheriakoff = M. Frangi = M. Kdhir, *Droit des associations*, 1996.
F. Lemeunier, *Associations*, 7e éd, 1998.
Conseil d'Etat, *Réflexions sur les associations et la loi de 1901, cent ans aprés*, in : Rapport public 2000.
J. Bric, *Vereinsfreiheit*, 1998.

# Ⅳ　結社の自由

## 一　結社の意味

### 1　結社と自由主義

結社は、本来、①多数の人々がある共同目的を達するために任意に且つ継続的に結合する行為をいうが、政治結社・秘密結社などのように、②その結合によって構成された団体（社団）それ自体をも意味する。①の場合、結社の自由とは、個人が国の干渉を受けることなく他人と結合しうること（個人的自由）をいい、その消極面として、団体への加入が強制されないことも含まれる。②の場合は、団体の組織・運営が国の干渉を受けないこと（団体自治権）の保障になる。

近代諸国の結社に関する態度は、概括的にいえば、一九世紀後半には反結社的姿勢を示す禁圧主義から警察的規制を中心とした容認主義に変わり、今世紀初めには届出も要しない自由主義に移行してきた。

具体的には、結社に対する国の干渉は、(a)結社を組織する個人に対する処罰、(b)団体の結成に関する事前抑制、及び、(c)団体の活動に対する事後規制などに表れるが、自由主義の原理は、一般に、(a)結社を組織する個人を刑罰から解放することを意味するとともに、(b)結社に関する許可制又は届出制の禁止を要求し、(c)必要かつ合理的な禁止・解散制度しか認めない、ということになる。

### 2　結社法制略史

わが憲法史でも禁圧主義から容認主義への傾向は看取されるが、民主政の要石である政事結社・公事結社などについて自由主義がおこなわれたことはなく、戦時体制下には容認主義から禁圧主義に逆行した。すなわち、大日本帝国憲法第二九条は「法律ノ範囲内ニ於テ……結社ノ自由」を保障し、結社は原則として自由であり許可又は届出の義務はないと説かれたが、集会及政社法（明治二三年法律第五三号、明治二六年全面改正）に続く治安警察法（明治三三年法律第三六号）は、政事結社の設立を届出制とし、安寧秩序を保持するためには命令で公事結社を届出制とし、内務大臣が結社を禁止することもできた。

また、「国体ヲ変革シ又ハ私有財産制度ヲ否認スルコトヲ目的トシテ」結社を組織した者の処罰などを定めた治安維持法（大正一四年法律第四六号）は、二度の改正で厳しさを加え、開戦後には「言論、出版、集会、結社等臨時取締法」（昭和一六年法律第九七号）により、政事結社・公事結社の設立は許可制の下に置かれた。

これらの団体関係法規はすべて、敗戦後まもなく占領軍の指示によって廃止された。自由主義に立つ日本国憲法は、「結社の自由」を保障することにより、憲法第一三条の要請とも相俟って、必要最小限の事後規制しか認めないものと考えられる。にもかかわらず、従来「結社の自由」に関する研究は充分でなく、したがって、その保障の内容と限界は必ずしも明らかでないように思われる。

## 二　保障内容をめぐる基本問題

### 1　営利団体と非営利団体

憲法二一条にいう「結社の自由」は、一般に、前述の個人的自由と団体の自由とを包含するものと解されている。これを目的別にみると、政治・宗教・文化・学術・慈善その他の目的をもつ非営利団体の結成がそれに当たり、例えば政党結成の自由も、ここに基礎づけられる。しかし、団体構成員に経済的利益を配分することを目的とする営利団体も憲法第二一条にいう「結社」に含まれるかは、問題である。

この点については、営利団体も含めて考える積極説(1)と、それを除外する消極説(2)との対立がある。むろん消極説も、営利団体の結成は憲法第二二条・第二九条に含まれる営業の自由の問題とするので、憲法上の保障が及ぶという点では、両説の対立は決定的な違いをもたらさない。

しかし、株式会社のような資本団体の設立は、一般に結社の自由の保障に先行するかたちで経済活動の一環として確保されてきた歴史をふまえるとともに、結社の自由は精神的自由の一環をなすという人権体系上の位置や自由規制の深度に差異をもたらす「二重の基準」の枠組みなどを想うと、営利団体まで「結社」に含ませるのは適切でなく、消極説が妥当であろう。

なお、右の論点は、しばしば結社の目的に経済活動を含めて解することが妥当かという形で議論されるが(3)、これは問題のたて方として適切でない。なぜなら、公益団体又は非営利団体であっても、経済的基盤を確保するために収益事業をおこなう例は多く、単にある団体が経済活動をおこなうことが問題となるわけではないからである。諸国の結社法制をみても、構成員に経済的利益を配分する目的の団体でないかどうかが、議論の要点とされている。

## 2　結社の自由と法人格

近代法の原則によれば、自然人はすべて平等な権利能力を認められるのに対し、法人は正当な社会的作用を営む範囲で権利能力を有する(4)。その意味で、立法者は、結社に法人格を付与するについて、どの程度の法的能力を与えるかも含め、特定の要請に拘束されることはなく、法人格付与の問題は結社の自由と直接関係しない、と説かれることが多い(5)。

しかしながら、法人格の付与は独立の権利主体であることを一般に公示する意味をもち、結社に積極的な意義を認めるなら、その適切な管理・運営のために法人格をもちうるようにすることが、結社の自由を尊重する趣旨にかなうであろう。その意味で、「諸個人が法人をつくる場面での憲法上の保障」(6)は、確かに一考を要する問題である。そして、憲法の自由主義原理は、一般的な法人の設立要件について許可主義から認可主義・準則主義へと導くはずである。

実際、現行法は、公益社団の設立について許可主義をとるのに対し、例えば宗教法人などについては認可主義を、労働組合については準則主義をとっている（民法第三四条、宗教法人法第四条・第一二条以下、労組法第一一条など参照）。その点で、今なお非営利団体一般について法人格取得の道がないのは、比較法的にみても問題であろう。ただ、議員立法で成立した特定非営利活動促進法（平成一〇年法律第七号。通称ＮＰＯ法）では、同法所定の活動をおこなう団体に法人格を付与する措置が講じられており、一歩前進したように思われる。

## 三　自由の制約と保障の限界

### 1　設立強制・加入強制の問題

現行法上、弁護士会・司法書士会・土地家屋調査士会のような一定の職業団体の設立を要求し、それへの加入（名簿登録）を開業要件とするかたちで団体加入を強制しているものがある（例、弁護士法八条・三二条・四五条）。前記のように、結社の自由が団体への加入を強制されないことを含み、団体の組織・運営が公的干渉を受けないことを意味するとすれば、当然それらの合憲性が問題とされよう。

これについて、有力な学説は、それを結社の自由そのものの問題とみた上で、業務の性質に着目し、主として当該業務が高度の専門性・公共性をもち、その技術的水準・公共性を維持、確保するための措置として合憲であると解しているが(7)、精神活動の自由に対する制約根拠を適切に示すものといえるかどうか疑わしい。

確かに、現実の立法過程では、司法書士会・土地家屋調査士会・弁護士会などの加入強制の問題が争われている。しかしながら、これは、むしろ職業選択の自由又は営業の自由との関係から議論されたのであって、ここで業務の公共性が「公共の福祉」として位置づけられるにすぎない(8)。最高裁の判例も、その問題を憲法第二二条の関係でとらえ、弁護士法所定の強制加入制度を合憲としている（最一判平成四年七月九日判時一四四一号五六頁）。

なお、労働組合の団結強制にも同じような問題があるが、ここでは立ち入らない。

## 2　反憲法的団体の取扱い

現行憲法は、結社に対する必要最小限の事後規制しか認めないと解されるが、この点で問題となるのは反憲法的結社の取扱いである。六年余りの占領管理体制の下では、まず「政党、協会其ノ他ノ団体ノ結成ノ禁止等ニ関スル件」（昭和二一年勅令第一〇一号）が定められ、占領目的を阻害する団体、軍国主義の存続を図る団体及び暴力主義的計画による政策変更を是認する団体などの結成を禁止し、公職候補者を推薦又は支持する団体、政府の政策に影響を与える行為をおこなう団体等を届出制とする措置がとられた。

この三年後の団体等規正令（昭和二四年政令第六四号）は、右の勅令を継承したものであって、暴力主義的破壊活動をおこなった団体に対する解散措置等を定めた破壊活動防止法（昭和二七年法律第二四〇号）も、その延長線上にある。同法七条の定める解散指定は、行政的解散といわれる制度であるが、同法施行以来、それに基づく解散例は存しない。近年、オウム真理教に対する団体解散請求が行われたものの、公安審査委員会は、「今後ある程度近接した時期に、継続又は反復して暴力主義的破壊活動に及ぶ明らかなおそれがあると認めるに足りるだけの十分な理由があると認めることはできない」として、請求棄却の決定をおこなった（平成九年一月三一日同年二月四日官報）。

この解散制度については、違憲の疑いをもつ学説も有力であるが(9)、憲法上、暴力による憲法又は政府の転覆という破壊活動を目的とする結社に対する規制が許されないわけではない、と解される(10)。実際、立憲民主制諸国は、一般に武力で秩序転覆を図る団体やテロリズム団体などに対する防衛措置を講じており、占領期の措置を前提に成立したわが現行憲法としても、暴力主義的破壊活動をおこなう団体まで容認する趣旨とは考えがたいであろう。

(1) 阪本昌成『憲法Ⅲ』一四七頁、佐藤幸治『憲法〈第三版〉』五五一頁、初宿正典『憲法2』三四七頁など。
(2) 樋口陽一ほか『憲法Ⅱ』三九頁〔浦部法穂〕、長谷部恭男『憲法』二一八頁など。
(3) 芦部信喜・後掲論文①七七頁。
(4) 我妻 栄『民法総則』四四頁以下。
(5) 阪本・前掲書一四九頁参照。
(6) 樋口陽一『憲法〈改訂版〉』二三二頁。
(7) 佐藤・後掲論文六〇四頁。
(8) 山内一夫＝浅野一郎編『国会の憲法論議Ⅰ』一四一二頁以下参照。
(9) 例、伊藤正己『憲法〈第三版〉』三〇四頁、浦部法穂『憲法学教室Ⅰ』二一八頁。
(10) 芦部・後掲論文②一〇二頁参照。


**〈参考文献〉**

芦部信喜「結社の自由の意味」①、同「結社の自由の内容と限界」② 法学教室二一六号・二一七号（一九九八年）。

右崎正博「言論・結社の自由に関する一考察――アメリカにおける一九四〇年スミス法の制定と展開」憲法理論研究会編『精神的自由権』（一九八二年、有斐閣）。

大石 眞「結社の自由の限界問題――立憲民主制の自己破壊か自己防衛か」『京都大学法学部創立百周年記念論文集 第二巻』（一九九九年、有斐閣）。〔本書第三部Ⅰ論文参照〕

佐藤幸治「集会・結社の自由」芦部編『憲法Ⅱ』（一九七八年、有斐閣）。

# 第四部　権利保障と手続保障

# I　憲法第三五条解釈の再構成
## ――「住居の不可侵」と適正手続保障との間――

### はじめに――憲法第三五条成立史から

(1)　日本国憲法第三五条は、「何人も、その住居、書類及び所持品について、侵入、捜索及び押収を受けることのない権利は、第三十三条の場合を除いては、正当な理由に基いて発せられ、且つ捜索する場所及び押収する物を明示する令状がなければ、侵されない」（第一項）と定めている。

この憲法第三五条は、いったい、広く国民一般に対する実体的権利保障の規定なのか、それとも、とくに被疑者を対象とする手続的権利保障の規定であるのか。これが、本稿で取り上げようとする主たる問題である。この問題は、従来あまり意識されないまま見過ごされてきたが、のちに詳しく検討するように、実は、同条が保障する権利の内容・性質についてはかなり本質的な論点が含まれ、同時にそれは、通説的な憲法解釈のありかたに対して強く反省を迫るものでもある。その手がかりとして、ここではまず、現行憲法第三五条の成立過程を簡短に述べ、問題のありかを示すことにしよう。

現行憲法第三五条が、いわゆるマッカーサー草案（昭和二一年二月）の第三三条に由来すること、そして同条自体アメリカ合衆国憲法修正第四条の“Unreasonable Searches and Seizures”条項に基づく案文であることは、衆知の通りである。しかし、こうなるまでの経過を仔細にみると、きわめて興味ぶかい事実に出会う(1)。

(2)　マッカーサー草案の同条は、ある実体的権利を前提として、その例外的な侵害手続(保障解除要件)を憲法上特定するというかたちをとり、むしろ、もっぱら手続的権利保障規定であるかのようなスタイルをとっていた。だが、同案を基礎として、国務大臣松本烝治、法制局第一部長・佐藤達夫を中心に作成されたいわゆる三月二日案の第三四条は、明治憲法の「日本臣民ハ法律ニ定メタル場合ヲ除ク外其ノ許諾ナクシテ住所ニ侵入セラレ及捜索セラル、コトナシ」(二五条)と同じように、実体的権利それ自体を正面から保障する体裁のものであった。むろん、マッカーサー草案の趣旨に沿い、その侵害手続を憲法上指定することによって手続保障規定の要素も残しているから、明治憲法の一般的な「法律の留保」規定とは大きく異なる。けれども、実体的権利保障規定としての性格をはっきり打ち出している点で、それに近いといってよい。

論点を確認しておくために、いま問題のマッカーサー草案(外務省訳による)と「三月二日案」とを対比して掲げておくことにしよう。

〔マッカーサー草案第三三条〕

人民カ其ノ身体、家庭、書類及所持品ニ対シ侵入、捜索及押収ヨリ保障セラルル権利ハ相当ノ理由ニ基キテノミ発給セラレ、殊ニ捜索セラルヘキ場所及拘禁又ハ押収セラルヘキ人又ハ物ヲ表示セル司法逮捕状ニ依ルニアラスシテ害セラルルコト無カルヘシ

各捜索又ハ拘禁若ハ押収ハ裁判所ノ当該官吏ノ発給セル各別ノ逮捕状ニ依リ行ハルヘシ

〔三月二日案第三四条〕

凡テノ国民ハ法律ニ依ルニ非スシテ住所ニ侵入セラレ及捜索セラルルコトナシ

緊急ノ場合ヲ除クノ外住所ノ侵入、捜索及押収ハ正当ナル令状ニ基ツクニ非サレハ之ヲ為スコトヲ得ス

(3)　さて、この「三月二日案」を基礎として、日本側は総指令部（GHQ）との交渉に臨むわけであるが、交渉当日の四日、急遽その場で速成された同案第三四条の英文は、次のごとくであった(2)。

Article XXXIV. No person's place of residence may be entered or searched, except as provided for by law. Except in cases of emergency, no place of residence may be entered, searched, or seized（confiscated, impounded）without due process of law.

ここに、原文にはない「法の適正な手続」という語が登場するのは興味ぶかいが、例外許容文言が二度登場するうえ、第一項の表現は明治憲法の英文(3)に類似している。したがって、民政局の交渉担当者の目には、マッカーサー草案にある"The right of the people to be secure in their persons, homes, papers and effects against entries, searches and seizures shall not be impaired except…"という表現——したがってまた、合衆国憲法のそれ——から大きく逸脱したものと映ったはずであり、とうてい受け入れられるものではなかった。

そのため、翌日夕方までの劇的な交渉以後、規定の仕方は、全体としてマッカーサー草案の線に沿った形に戻ってしまい、ふたたび手続的権利保障規定のスタイルをとることになった。その後、いわゆる四月草案（第三三条）において、「住所」ではなく「住居」等の侵害に対する保障となり、さらに、枢密院の審査により、その主語は「国民が」から「何人も」と修正されたが、こうして提出された案文は帝国議会でそのまま可決され、ここに現行憲法第三五条の正文が成立したのである。

要するに、「住居の不可侵」条項について、大陸法的な思考に馴れていた日本側は、基本的にいわば実体的権利保障として理解し、そのように表現しようとしたのに対し、総指令部側は、むしろ、そのアメリカ憲法的な発想から、手続保障的な側面を強調するかたちで対応した。そのために、しかし、「住居の不可侵」条項のもつ実体的権利保障規定としての性格まで否定されたと考えるべきであろうか。

(1) 参照、佐藤達夫『日本国憲法成立史』第三巻（佐藤功補訂・有斐閣、一九九四年）。
(2) この当日作成英文の全容は、笹川隆太郎＝布田勉「憲法改正草案要綱の成立の経緯(1)」石巻専修大学経営学研究三巻一号（一九九〇年）六八頁以下によって知ることができる。なお、総指令部民政局の報告書『日本の政治的再編成』（*Political Reorientation of Japan*, 2 vols, 1949）の付録にある「三月四日案」なるものは、憲法制定後に作成されたもので、その第三四条の英文は、総指令部案と日本案を折衷したような表現になっている。
(3) 明治憲法第二五条の英文は、次のごとくであった（Hirobumi Ito, *Commentaries on the Constitution of the Empire of Japan*, 3rd ed, 1931 による）。
Except in the cases provided for in the law, the house of no Japanese subject shall be entered or searched without his consent.

# 一　通説的解釈の問題性

## 1　支配的解釈のありかた

(1) 少し抽象的な言い方になったが、まず、ここで問題とする通説的な憲法第三五条解釈の具体的な内容を整理してみよう。支配的な解釈によれば、同条の保障趣旨と内容は、次のようなものである(1)。

(a) 同条は、「私生活の中心としての住居の不可侵」を保障するもので、「侵入……を受けることのない権利」とは、公権力によって侵入等を受けることのない権利をいう。

(b) 本条は、刑事手続に関するものであり、行政手続には直接の適用はないと見るべきである……しかし、それぞれの性質に応じて、本条が準用されるべきは当然である。

この命題(b)にいう「本条」の指示するところは、必ずしも明らかでないが、その文脈から推して、いわゆる令状主義の原則を指すにちがいない。しかし、そうだとすると、命題(a)のように、公権力による侵入一般に対する保障を説きつつ、命題(b)のように、その保障効果を刑事手続に限定するというのは、どう考えても筋が通らない。命題(a)による「住居の不可侵」の保障は、公権力による侵入一般に対するものであって、その適用範囲を刑事手続に限定するいわれは全くないからである。

もちろん、右の命題(b)については、いわゆる川崎民商事件（最大判昭和四七年一一月二二日刑集二六巻九号五五四頁）や成田新法事件（最大判平成四年七月一日民集四六巻五号四三七頁）などにおいて、すでに最高裁判所の注目すべき判例が成立している。だから、その命題には、これらの判例の示したところによって、直接適用される場合もありうるというように、重要な修正を加えなくてはなるまい。

(2)　しかしながら、この憲法判例を考慮しても、命題(a)と命題(b)との間の溝は、なお埋まらない。なぜなら、憲法第三五条の趣旨を「私生活の中心としての住居の不可侵」とみて、命題(a)をたてる以上、その保障内容は、あらゆる公権力による侵入に対して主張できるものでなくてはならないが、これらの判例も、その出発点において、右の命題(b)を基本的な論理とする点で変わりはないからである。右の判例からさらに進んで、いわゆる令状主義の原則をできるだけ拡張して適用しようという立場もありうるが、この立場にたっても、やはり命題(a)と命題(b)との間の論理的なズレを克服することはできまい。

敢えて言えば、実は、右の命題(a)にいう「権利」はほとんど無内容に等しい。なぜなら同じく通説的見解によれば、もともと憲法による権利保障は、個人と公権力との間で直接の効力をもち、とくに「公権力によって」という要素を述べることに格別の意味はないからである。つまり、命題(a)は、実は、「侵入……を受けることのない権利」をそのまま繰り返したにすぎず、その権利の具体的内容について解釈上指示するところも、まったくないのである。いったい、ここでは「住居の不可侵」は、どういう内実をもつ権利として想定されているのであろうか。

## 2　現代学説の一般的傾向

(2)　以上に述べた憲法第三五条解釈をめぐる不可解さ、つまり同条所定の権利の無内容と保障効果の限定という問題性は、残念ながら、今日の代表的な解釈学説についても当て嵌まるようである。

たとえば、「住居の不可侵」を「立憲主義的憲法体系における最も古くかつ重要な権利の一つ」と評言される佐藤幸治教授にあっても、その具体的な保障内容については、ほとんど何も示されていない。しかも、同教授は、憲法第「三五条が、その位置・沿革からして、刑事手続に関するものであることは疑いないが、行政手続としての住居などの調査に対する適用可能性を排除するものとは解すべきではない(2)」とされる。

憲法第三五条が「刑事手続に関するものである」というこの命題は、しかし、一体どういうことを意味するのであろうか。すでに示唆したように、この場合の「三五条が」というのは、実は、はなはだ曖昧な措辞であって、それは、「住居の不可侵」規定そのものを指すようにもとれるが、文脈に即して考えれば、とくに令状主義の原則を指示するものであることに疑いはない。そして、こう解されるとき、その所説は、いわゆる令状主義の行政手続への「適用」可能性を前提とする点で、その「準用」を説くにすぎなかった先の支配的学説とは、明らかに異なるといえよう。だが、そのことは、同時に、「刑事手続に関するものである」というその出発点それ自体において、依然、先の命題(b)と択ぶところはないという意味でもある。

もちろん、「三五条が」という主語を「住居の不可侵」の保障そのものを意味すると解することもできる。しかし、この読み方はあとの文脈と平仄が合わないのみならず、むしろ、「住居の不可侵」の保障範囲をはじめから刑事手続に限定して論じるような結果になる。そう解することは、おそらく、いわゆる通信の秘密の保障（憲法第二一条第二項後段）

とともに、それを「私的生活の不可侵」と位置づけ、公権力による私生活への侵入一般に対する保障を確保しようとする、その基本的な立場とも相容れないであろう。

(2)　これとは異なり、憲法第三五条の趣旨について、一応「住居の不可侵」規定とみるものの、それをむしろ、いわゆる人身の自由の中に位置づけ、端的に「被疑者の権利」規定として構成する見解もある。芦部信喜教授の近年の教科書に代表される立場がそれである(3)が、これによれば、同条は、とくに被疑者を対象として、刑事手続における住居などへの侵害に対し、令状主義の原則という手続的権利を保障した規定として意味を与えられることになる。

たしかに、こう解するときは、これまで指摘してきたような命題のズレ、つまりあらゆる侵害に対する実体的な権利保障規定と解する一方で、その保障効果を刑事手続に限定するといった不整合はなくなる。したがって、憲法第三五条が行政手続にも適用されるかという点は、それ自体として、十分理由のある解釈問題として再構成し、提起されうるであろう。けれども、その反面、このような憲法第三五条の限定的理解は、広く国民一般を対象として、その「私生活の中心としての住居の不可侵」を説いてきた伝統的な理解を、根本から覆すことになり、この点について納得できる説明が必要になろう。

その意味で、この解釈はかなり思い切った試みに挑戦するものということができるが、ここでも、一方では「住居は人の私生活の中心であり……その不可侵はすべての人権宣言の保障するところ」と説かれている。実際、「住居の不可侵」規定は、かの一七八九年人権宣言以来のフランス憲法史でも、一九世紀初頭以来のドイツ憲法史などでも必ず見出され、その保障規定のない例を探すほうがむしろむずかしい。

しかしながら、そうした憲法上の「住居の不可侵」規定が普遍的に見出されるということと、それがとくに被疑者を対象とする、いわゆる令状主義の要求を伴った手続的権利保障の規定であるということは、そもそも同じことを意味するであろうか。国民一般を対象とする実体的権利保障規定としての「住居の不可侵」は、紛れもなく、いわば立憲的公理に属すると考えられるが、右の意味における手続的権利保障は、必ずしも、あらゆる人権宣言を通じて見出されるわけではないのである。

この点で曖昧さを残さず、徹底した論旨を説かれるのは、奥平康弘教授である。すなわち、同教授によれば、憲法第三一条以下の規定は「自由権」の実体的な保障ではなく、市民に対する手続的保障の請求権をみとめたものであり、ここで問題としている第三五条も、捜索・押収を受けない自由が「人間に具わっていることを当然とし、それを剝奪する場合の令状主義という手続、したがって一定の制度の確立」を目的とするものである(4)。

こうして、憲法第三五条は、「住居の不可侵」という権利保障規定ではなく、被疑者を対象とした令状主義という手続的権利保障の規定と解されることになる。ところが、それでは、ひるがえって、あらゆる人権宣言に見出されるはずの「住居の不可侵」の保障は、日本国憲法では、まったく明文規定を欠くということになるのであろうか。むろん、明文規定を欠くということは、その保障がないことを意味するわけではなく、私的自由一般またはプライバシーの内容として構成することもできるだろう。だが、後で述べるように、「住居の不可侵」は、憲法史上、具体的な実質を与えられてきた伝統的・典型的な権利保障なのであり、これを無視して実体的権利の再構成を図るというのは、実定法解釈のありかたとして決して適当とは思われない。

(3)　この点に想い到るとき、われわれは、憲法第三五条の解釈に際して、「住居の不可侵」という場合、実体的権利保障としての側面と、令状主義を伴うその手続的権利保障としての側面とがあることをよく認識し、前者のもつ伝統的な権利内容をふまえたうえで、その保障範囲の問題と後者の意味・適用範囲の問題とを区別し、それぞれを的確に把握する必要があるだろう。

そして、この保障範囲・程度といった問題に直面してみると、私には、むしろ、いわゆる大陸法系の憲法学の中においてそれは適切に論じられてきたように思われる。というのも、ここでの憲法上の「住居の不可侵」は、伝統的に実体的な権利保障の規定であって、アメリカ憲法的な手続保障規定をもたなかっただけに、却って、その実体的な保障内容と保障解除（侵害）要件の問題が正面から取り上げられているからである。

そこで、以下では、まず、明治憲法下の「住居の不可侵」規定の解釈を顧みたのち（二）、その形成に圧倒的な影響を与えたドイツ国法学の論議内容を探るとともに、その背景をもなすフランス憲法の下における保障のありかたについて、その現代人権論をも参考にしながら検討を加える（三）。こうして、「住居の不可侵」規定それ自体がふくむ権利保障の内容や保障が明らかになると同時に、その規定のもつ手続的意味も、従来の論議に比べてかなり明確になるであろうが、最後に、その成果をまとめて憲法第三五条解釈の試論としたい(5)。

（1）宮澤俊義『憲法〈改訂版〉』（有斐閣、一九六九年）一三七頁、同『全訂日本国憲法』（芦部信喜補訂・日本評論社、一九七八年）三〇七頁以下。
（2）佐藤幸治『憲法〈新版〉』（青林書院、一九九〇年）五〇八頁。
（3）芦部信喜『憲法』（岩波書店、一九九三年）一八三頁以下。
（4）奥平康弘『憲法Ⅲ』（有斐閣、一九九三年）二九八頁。
（5）最近における適正手続論の総括的検討としては、とくに棟居快行「適正手続と憲法」樋口陽一編『講座・憲法学4』（日本評論社、一九九四年）二二九頁以下参照。

## 二　明治憲法第二五条の意味

### 1　憲法起草者の「住所の安全」観

(1)　先に一言したように、「住居の不可侵」規定は、立憲主義諸国の憲法典にほぼ例外なく見られ、そのせいか、明治憲法制定過程に登場する各種草案のうち、それを欠くようなものはなかった。一般的にいって、明治憲法制定過程における各草案の権利保障関係の諸規定は、いわゆる統治組織関連規定に比べると、変化は少なく、相当安定したものであったが、ここで問題とする「住居の不可侵」規定についても同様である(1)。

すなわち、成立した明治憲法第二五条は、上に引用した「日本臣民ハ法律ニ定メタル場合ヲ除ク外其ノ許諾ナクシテ住所ニ侵入セラレ及捜索セラルヽコトナシ」というものであるが、いわゆる夏島草案（明治二〇年八月）でも、「日本臣民タル者ハ法律ニ指定シタル場合ヲ除クノ外其承諾ナクシテ其居住ニ侵入シ及其居住ヲ検探セラルヽコトナシ」（五七条）と定めていたのであり、すでに憲法正文にかなり近かった。その後、衆知のように、井上毅の「逐条意見」を受け入れる形で、権利保障関係規定が議会関係規定に前置されることになったが、条文そのものは微細な文言修正が加えられたのみで、保障内容には何ら変化はない（十月草案第二九条・二月草案第二五条・諮詢案第二五条）。

枢密院における審議によってのちの正文が出現するものの、この審議過程でも、その保障内容・効果について格別の意見は出なかった。だから、井上毅によって起稿され、枢密院での審議に際して配布された次の説明文は、同条に関する憲法起草者の意図をそのまま伝えるものといってよい。

本条ハ住所ノ安全ヲ保証ス　蓋家宅ハ臣民各個安棲ノ地タリ　故ニ私人ニシテ家主ノ承諾ナクシテ他人ノ住所ニ侵入スルコトヲ得サルノミナラス警察司法収税ノ官吏民事又ハ刑事又ハ行政ノ処分ニ在テ凡テ法律ノ正条ヲ以テ指定シタル場合ニ非スシテ及法律ノ規程ニ依ラスシテ臣民ノ家宅ニ侵入シ又ハ之ヲ検探スルコトアレハ総テ憲法ノ看テ以テ不法ノ所為ト做ス所ニシテ刑法ヲ以テ論セラルヽコトヲ免レサルヘキナリ（刑法百七十一条百七十二条(2)、人ノ住所ヲ侵ス罪）

これによれば、「住所ノ安全」規定はあらゆる侵入行為に対する保障である。のちの伊藤博文著『憲法義解』は、これを少し修正して「警察・司法及収税の官吏、民事又は刑事又は行政の処分を問はず、凡て法律に指定したる場合に非ずして」云々とした(3)が、これによって、憲法第二五条「日本臣民ハ法律ニ定メタル場合ヲ除ク外其ノ許諾ナクシテ住所ニ侵入セラレ及捜索セラルヽコトナシ」という規定が、あらゆる公的侵入に対して適用されるとする趣旨は、きわめて明確になっている。もちろん、いわゆる法律の留保の下にはあるが、「住所」侵害手続、つまり保障解除手続の要件を法定することは、すべての公的行為に要求されるのである。

なお当初、右に引かれたところに続いて、「臣民官吏不法ノ侵犯ヲ抗拒スルニ当リ其ノ正当防衛タルト否トハ主ラ事状ノ曲折ニ関係スルヲ以テノ故ニ必然ニ法官ノ裁断ヲ仰カサルコトヲ得ス」云々に始まる説明文があった。これは、いわゆる抵抗権の思想に連なる注目すべき件であったが、『憲法義解』では、その箇所はすべて削られ、右に紹介した部分に相当する解説のみが残った。その削除は、憲法制定後のいわゆる共同審査会で行なわれたもので、説明文の起案者井上毅の考えではなかったようであるが、ここでは、その点には立ち入るまい。

(2)　起草者の意図は、また、憲法起草グループの一人で、井上の年若いライバルであった伊東巳代治の遺した著作によっても、確認することができる。その著作とは、逐条註釈書をめざした『大日本帝国憲法衍義』であって、ここには、「住所ノ安全・自由」に関する注目すべき解説が見られる。それは、『憲法義解』が比較にならないほど詳細なものであるが、そのうち、原理的な考察に加えて比較法的な素材をも提供しているという意味で、大いに参考になる部分を、次に掲げよう(4)。

俚諺ニ我ガ住ム所ヲ称シテ我ガ城郭ナリト云ヘリ　此ノ語簡ニシテ善ク尽セリ　実ニ各個人ハ己レノ家内ニ自由ニ安全ニ居住シ他人ノ為ニ侵害セラルルコトナキトキハ其ノ家ヤ神身安楽ノ場所ニシテ家庭団楽ノ快亦始メテ此ニ生ズ……

本条ニ拠レバ官吏公吏ガ其ノ職務執行ノ為ニ臣民ノ家宅ニ侵入シ捜索ヲ行フノ権利モ亦法律ヲ以テ定メンコトヲ命ジタルモノナリ　此ノ事孛漏士憲法第六条、澳地利一千八百六十七年憲法第九条等ニ其ノ文ヲ載セ、而シテ孛漏士ニ於テハ一千八百五十年二月十二日法律ヲ以テ又澳地利ニ於テハ一千八百六十二年十月廿七日法律ヲ以テ詳カニ之ヲ規定シ、前者ニ於テハ一私人ノ住所ハ当該官吏ノ職権若クハ当該官庁ノ発シタル命令ヲ帯ブルモノ、外家主ノ許諾ナクシテ其家宅ニ侵入スルヲ許サズ、且当該官吏ノ職権若クハ当該官庁ノ命令ニ由ルト雖モ特ニ規定セル場合ノ外ハ夜間之ヲ行フコトヲ許サズ、即チ法律上侵入ヲ行ヒ得ル場合ヲ列挙スレバ、犯罪ノ防遏、犯罪者ノ逮捕、証拠物件ノ押収等刑事訴訟上ノ目的及ビ租税ノ徴収、裁判ノ執行、戸籍調査等公務執行ノ目的ノ為メニスルカ若クハ家内ニ居住スル人々ニ現在危険ノ虞アル場合ニ於テスルモノ、是ナリ

「住所」を「神身安楽ノ場所」とし、「家庭団楽ノ快」に意義をみとめ、その自由を確保するために「家宅」の安全を保障するというわけである。その論旨はごく自然で、現在の私生活の自由・プライバシーの確保という思想にも通じるものがあるが、そうである以上、公的侵入が「刑事訴訟上ノ目的」によるものか「租税ノ徴収……戸籍調査等公務執行ノ目的」によるものであるかは、その保障にはまったく関係がない。こうして、「家宅」の安全という憲法上の実体的権利は、あらゆる侵害行為に対して保障されるのである。

のちに明らかになるように、その解説は、実は、当時のプロイセン現行法の内容を敷き写しにしたものにすぎない。とはいえ、「家宅」の安全という趣旨から、法定手続といえども、「夜間」侵入禁止の原則に服するという点に言及していることは、後で述べるように、伝統的にフランスやベルギーなどの憲法・人権論でも強調されるところであって、立憲主義的な侵害手続要件の一端に触れたものとして、注目に値しよう。

## 2　解釈学説にみる「住所不可侵」論

(1)　「住所ノ安全」を保障した憲法第二五条に関する学説の解釈も、憲法起草者の意図に沿うものであった。それは、すでに、いわゆる啓蒙的註釈的憲法学にも表れており、その中には、たとえば、有賀長雄の逐条講義のように、「捜索ニ関シテハ之ヲ日出前日没後ニ於テセス、家族ノ立合ヒ無キ処ニ於テセス」(5)といった注目すべき解説もあった。ここでは、しかし、ひとまず明治三十年代後半以後の「理論的体系的な憲法書」(6)に焦点を絞ることにしよう。

同条の保障は、多くの場合「住所の不可侵」の自由として説かれたが、それはまた「住所の安全権」「住所安全の自由」とも「住所の自由権」とも呼ばれている。問題は、その内容であるが、まず、最も早い時期に体系化された清水澄『国法学第一編・憲法篇』(初版・明治三七年)は、起草者に忠実に「住所の安全」論に立って、次のように述べる(7)。

即チ犯罪ノ捜索、租税ノ徴収、戸籍ノ調査等ノ目的ニ出ツル場合ハ勿論、衛生警察其他広ク警察ノ目的ニ出ツル場合モ亦此規定ノ適用ヲ受クルモノニシテ、尚進ミテ其住所内ノ人民ヲ救護スル目的ニ出ツル場合ニ於テモ……此憲法第二十五条ノ規定ノ結果トシテ法律ノ規定ニ依ラサルヲ得サルナリ

この論旨が起草者の考えと合致することはいうまでもないが、列挙された例示と「此の規定は住所の安全を絶対に保障するものなるが故に」「侵入の目的如何は之を問はず」という立論は、右にみた伊東巳代治の議論の系譜に繋がるものといえよう。そして、この解釈は、「住所の不可侵」「住所の自由権」と構成するかどうかにかかわりなく、また、いわゆる正統学派・立憲学派といった基本的な思潮の対立を超えて、さらに時代を隔てても、変わりなく採用されたのである(8)。ここでは、それらを逐一引用することは避けて、ただ、明治憲法末期に著された佐藤丑次郎の次のような解説によって、そのことを示しておくにとどめる(9)。

茲に一言すべきは、住所の侵入又は其の捜索の如何なる目的に出づるを問はず、本条に依りて広く住所安全の自由を保障すること是れである。故に犯罪の捜索、強制執行又は財産の封印の如き刑事上及び民事上の目的に出づる場合には刑事訴訟法、民事訴訟法又は破産法の定むる所に依るのであるが、行政上の目的に出づる場合に於ても、租税の徴収又は脱税の防止等の為めにする場合は勿論、衛生警察、風俗警察又は保安警察等の為めにする場合にも、官憲が其の許諾を求めずして臣民の住所に侵入し又は捜索を行はんと欲せば、必ず法律の定むる所に依ることを要する……。

これらによって、「住所の不可侵」の規定が、あらゆる公的侵害行為に対する保障であると解されたことは明白であろう。では、それは具体的にどういう内容をもつ実体的権利と観念され、保障解除の要件はどのように考えられていたのであろうか。

(2)　実は、以上にみた状況とは異なり、解釈学説で、この「住所の不可侵」の具体的な保障内容・効果という問題について詳しく論及したものは、意外に少ない。すでに述べたように、憲法起草者の一人・伊東巳代治は「夜間」に着目した註釈を遺し、また有賀長雄も、これに「家族ノ立合ヒ」という重要な要件を付加していたが、その後こうした要素をふまえて具体的な法解釈を展開したのが、立憲学派の総帥・美濃部達吉である。

美濃部は、まず、憲法第二五条を「住所の不可侵」規定ととらえ、「家宅権」、すなわち「家宅内は其の占有者又は管理者が自己の意思に反して他の者の侵入を許さざる権利」を保障したものと解する(10)。その上で、「家宅侵入」と「家宅捜索」を区別し、後者は法律所定の場合に法定手続によってのみ行ないうるが、「家宅侵入は、之に反して、単に家宅内に立ち入るだけの行為で、行政の実際の運用上、警察官吏その他直接に人民と交渉ある職務に従事する官吏は、屢家宅内に立入ることの必要が有り、性質上家宅捜索ほどに厳重なる制限を加へられ得べきものではない」との立場から、行政執行法（明治三三年六月法律第八四号）によりつつ、以下のように説いている(11)。

……行政執行法（第二条）に依り……夜間の家宅侵入に付き……家宅内に於いて賭博又は密売淫の現行ありと認めた時及び生命身体財産に危害切迫せりと認めた時の外は家宅に侵入するを得ないものと定め、但し旅館料理店等夜間でも公衆の出入りする場所は、その公開時間中は此の限に在らざるものとして居る。

昼間の家宅侵入に付いては行政執行法にも別段の規定を設けて居らぬけれども、之を以て、一方に於いては、無制限に警察官吏その他の官吏が何時でも家宅に侵入し得べきことを認めたものと解することが不当であると共に、一方に於いては、家宅捜索の場合と同様に一々法律の明白なる規定の有る場合の外は全く家宅に立ち入ることを許さないものと解することも亦事理に適しないものである。

之を適当に解釈する為には、次の二の点に於いて家宅捜索の場合よりは寛大に解釈する必要が有る。（1）法律又は命令に依つて定められた官吏の職務が、その性質上家宅内に立ち入らなければ行はれ得ないものであれば、その職務実行の必要に依り、特に家宅に侵入し得ることの規定の無い場合でも、昼間に於いては……その中に立ち入ることが出来る。（2）警察権に依る家宅侵入権は、法律に依るの外命令を以てしても之を定むることが出来る。

こうした緩和解釈が、行政執行法その他の行政法規に照らして妥当かどうかは、ここでの関心事ではない。また、「夜間の家宅侵入」に関する前半部分も、たんに行政執行法第二条所定の手続要件を再言したにすぎないといえるかも知れないし、少なくとも憲法上の保障内容を示すというより、たんに法律解釈の結果を表わすにとどまるのかも知れない。

しかしながら、まず「夜間」「昼間」という要素に着目し、「昼間の家宅侵入」に関する後半部分を「事理に適し」た解釈として説いた点は、今日風の術語でいえば、ある「適正」観念を取り入れたものとして注目されよう。のみならず、「夜間でも公衆の出入りする場所であればその公開時間内は昼間に準ずる」ことを付加的に述べる点も、行政執行法の規定を参考にしたものとはいえ、いわばオープンハウスと「公衆の出入り」のない場所（私宅）との違いを意識させるものとして、重要である。およそ「住居の不可侵」が私生活の尊重に由来する権利であるなら、それらがその保障内容にとって考慮すべき要素に当たることは、われわれの生活感覚からみて、きわめて自然だからである。

以上のような「住所の不可侵」規定の解釈は、実は、明治憲法下の学説に圧倒的な影響力をもったドイツ国法・国法学に支えられていた。そこで、次に、明治憲法解釈の比較法的背景を形づくるその「住所の不可侵」（Unverletzlichkeit der Wohnung）の保障について述べることにしよう。

（1）参照、稲田正次『明治憲法成立史（下巻）』（有斐閣、一九六二年）。
（2）これは旧刑法（明治一三年太政官布告第三六号）の条数で、現行刑法（明治四〇年法律四五号）では第一三〇条に相当する。
（3）伊藤博文『憲法義解』（岩波文庫版）五五～五六頁参照。
（4）憲法史研究会版（一九三一年）一〇九頁。参照、三浦裕史編『大日本帝国憲法衍義』（信山社、一九九四年）八一～八二頁。
（5）有賀長雄講述『帝国憲法講義』（明治法律学校講法会、一八九二年頃）一一七頁。
（6）「啓蒙的註釈的憲法学」とともに、宮田豊『日本国法学』（啓文社、第四版・一九八五年）二一四頁に用いられている表現。
（7）清水澄『国法学第一編・憲法篇』（第二〇版・一九二二年）四七六頁。参照、同『逐条帝国憲法講義』（一九三一年）二三〇頁。
（8）代表例のみを挙げると、市村光恵『憲法精理』（一九二五年）八六頁、上杉慎吉『新稿憲法述義』（増補改訂・一九二六年）二九一頁、同『帝国憲法逐条講義』（一九三五年）八六頁、金森徳次郎『帝国憲法要綱』（一九三四年）一四二頁、佐々木惣一『日本憲法要論』（第五版、一九三三年）二三四頁以下など。

（9）佐藤丑次郎『逐条帝国憲法講義』（訂正版・一九四二年）一八九～一九〇頁。
（10）美濃部達吉『憲法撮要』（第五版、一九三二年）一七〇頁。
（11）美濃部『逐条憲法精義』（一九二七年）三七八～三七九頁。

# 三　憲法解釈と比較法的背景

## 1　ドイツ国法と国法学

(1)　改めて説明するまでもなく、当時のドイツ帝国憲法（一八七一年）は、K・レーヴェンシュタインのいわゆる実利的憲法の典型(1)であって、権利保障規定を全くもっていなかった。だから、権利保障の問題は、もっぱら各邦の憲法典の問題として表れることになる。

まず、先にみた通り、伊東巳代治は憲法第二五条の比較法的素材を示していたが、その解説は、とくにプロイセンの一八五〇年憲法典第六条および同年二月の法律に依拠している。同法、すなわち「人身の自由の保護に関する法律」(Gesetz zum Schutz der persönlichen Freiheit vom 12. Februar 1850) は、憲法第六条をうけて、警察目的により例外的に侵害される場合（住居への侵入・家宅捜索・書類等の押収）の実体的・手続的要件を定めたもので、その内容は以下のごとくである(2)（第七条～第一二条）。

①　何人も、官職に基づく権限又は法律上権限ある官庁から付与された任務によるほかは、住人の意思に反して、住居に侵入することはできない。

②　夜間の住居侵入（Eindringen in die Wohnung während der Nachzeit）は、禁止する。但し、火災又は洪水、生命の危険若しくは住居内部からの要請による場合には、この限りでない。

③　この夜間の侵入禁止は、公衆（das Publikum）が自由に出入りする場所については、公衆の入場又は滞在を認めている間は、適用されない。また、現行犯人の逮捕・勾留等のために、関係官吏は、夜間でも住居に侵入することができる。

④　家宅捜索（Haussuchung）は、法律所定の場合と形式にしたがい、裁判官又は司法警察の協力の下にのみ、行なうことができる。家宅捜索は、被疑者又は居住者の立会い（Zuziehung）の下に行なわなくてはならない。

⑤　夜間の家宅捜索の禁止は、刑事判決により警察監視の下にある者の住居、若しくは秘密賭博場、犯罪者の宿泊・集合場所又は売淫婦の滞在所等と認められる場所については、適用されない。

右の①〜③は住居侵入、④と⑤は家宅捜索に関していうものであるが、このように、プロイセンの実定法は、夜間の住居侵入・家宅捜索を原則的に禁止し、家宅捜索には必ず居住者の立会いを保障するといった点に、「住所の不可侵」の具体的意味を示しているわけである。

**(2)**　ドイツ国法学における「住居の不可侵」の内容も、実は、それに即した説明を施したものであった。たとえば、まず、G・アンシュッツのプロイセン憲法註釈書は、その第六条について、「家宅権」（Hausrecht）または「家宅の平和」（Hausfrieden）を保障する趣旨と解しているが、そこで「解釈」として説かれたところ[3]は、右にみた「人身の自由の保護に関する法律」第七条以下の内容にほかならない。

また、浩瀚なG・マイヤーのドイツ国法論は、住人の意思に反して住居侵入・家宅捜索が許される場合として、被疑者の逮捕・証拠の発見など、（連邦）刑事訴訟法所定の刑事手続によるもののほか、「国勢調査・租税徴収・民事判決の執行」（Volkszählung, Steuererhebung, Exekution eines Zivilurteils）などの公務執行によるものを挙げ、この点については「各邦の諸規定が有効に存続する」ことを述べている[4]が、ここでも、とくに右の「人身の自由の保護に関する法律」の参照を求めているのである。

こうしてみると、先に示した伊東巳代治の説明が同法の多くを参照していることは明らかであり、捜索について「日出前日没後」「家族ノ立合ヒ」という要素に注意した有賀長雄の見識も、多分そこに示唆を得たものであろう。そして、右のようなプロイセン憲法および同法の解説が、明治憲法時代の「住所の不可侵」規定の解釈に生かされたことは、ドイツ国法学の影響という一般的な背景もさることながら、憲法第二五条の説明に用いられた文言や思考の枠組みからいって、まず間違いない。美濃部達吉は、おそらく、その最もすぐれた実践者であったといえよう。

右のプロイセン憲法の解釈は、その後のワイマール憲法第一一五条の解釈に際しても基本的に踏襲された(5)が、「住居の不可侵」の保障に大きな意味をもつ諸要素は、決して明治憲法下の学説の依拠したドイツ国法・国法学によって考案された発明品ではない。一般に、プロイセン憲法がベルギー憲法（一八三一年）の影響のもとにあることは広く知られているが、「住居の不可侵」についても、公権力による家宅捜索（visite domiciliaire）を法律所定の要件・手続にしたがってのみという条件のもとに、その保障を解除することを認めている、ベルギー憲法第一〇条の定式の影響がみとめられる。

このベルギー憲法（現行）の規定に関しても、伝統的に、「昼・夜」とか「公の場所」（lieux publics）といった要素に注意を払った解釈がおこなわれている(6)。ところが、その解説に引かれた諸法規や文献からも判るように、ベルギー憲法とその解釈学説自体、実のところ、フランス憲法・憲法学の流れを汲むものである。そこで、次に、フランスにおける「住居の不可侵」規定とその内容を検討し、これをめぐる基本的な考え方を探ることにしよう。

## 2　フランス憲法と人権論

(1)　かの一七八九年人権宣言は、「住居の不可侵」の原理そのものを直接に宣言してはいない。しかし、それを無視ないし軽視したわけでないのはもちろんで、それはむしろ、当然に「安全」の保障に含まれるものと考えられていた。

すなわち、同宣言は、「あらゆる政治的結合の目的は、人間の生まれながらの時効にかからない諸権利を保持することである」とし、その権利を具体的に示して、「自由」「所有権」「安全」そして「圧政への抵抗」の四つであるとする（第二条）。ここで「安全」（sûreté）というのは、直接にはいわゆる人身の自由、つまり恣意的な逮捕・処罰に対する保障（同七条参照）を指しているが、「住居の不可侵」の権利もそのコロラリィとされたのである（7）。実際、フランス最初の憲法典である一七九一年九月の憲法は、第四篇で、人権宣言第一二条にいう「公の武力」（force publique）を、「外敵に対して国を防護し、内にあっては、秩序と法律執行の維持を確保するため」の組織と位置づけて詳細な規定を設けたが、そこに、官憲は「警察・司法命令書の執行のため又は法律ではっきり定められた場合でなければ、市民の住居（maison）に立ち入ることはできない」とする規定が置かれていた（同篇第九条）。

ただ、この場合でも、カフェ・キャバレー・ブティックなどについては、「ふしだらな行為又は規則違反の行為を調べるため、若しくは食料品及び医薬品の衛生……を検査するために」、警察官がいつでも立ち入ることができるということは、当然視されている（同年七月一九―二二日法）。このことは、先にみたような「公衆の出入りする場所」とそれ以外の住居（私宅）との区別がすでに採用されていたことを意味するとともに、「住居の不可侵」の保障にとって、両者の区別がごく自然で基本的な要素であることをも示唆している。事実、L・デュギーは、ここに「私的住居」（domicile privé）と「公衆に開かれた住居」（maison ouverte au public）との違いをみてとり、「夜間における住居の不可侵」原理が後者には適用されないことを指摘するのである（8）。

この「夜間」「昼間」の要素を明確にしたのは、いわゆる恐怖政治を経験した後の共和暦三年（一七九五年）憲法であり、しかもここで初めて、「住居の不可侵」という定式が登場する。これがのちのフランス憲法のみならず、すでにみたベルギー憲法やプロイセン憲法・法律などに継承されるのであるが、その一七九五年憲法第三五九条は、次のように規定していた。

各市民の住居は、侵すことのできない聖域（asile inviolable）である。〔すなわち〕夜間は、何人も、火災、洪水又は住居の内部からの要請がある場合のほかは、そこに立ち入ることはできない。昼間は、そこで憲法所定の機関の命令を執行することができる。家宅捜索は、法律に基づき且つ捜索を命ずる令状に明示された人及び物に関するもののほかは、行なうことができない。

コンセイユ・デタを創設したことで知られる共和暦八年（一七九九年）憲法は、もともと固有の人権宣言条項をまったく含まなかったが、それでも、いわば官吏の職務執行のあり方に関する訓示として、右の定式をほぼそのまま継承している（七六条、とくに「夜間」について）。その後の復古王政・七月王政の憲法典は、ともに権利宣言を有するにもかかわらず、「住居の不可侵」に関する規定を置いていない。ただ、この点については、ナポレオン帝政期に編纂された旧治罪法典（一八〇八年）および旧刑法典（一八一〇年）が、すでに、警察官等の不法な侵入に対して、それを確保する規定を設けていたほか、とくに夜間の住居侵入に対する防衛行為については、「現実の必要」という正当防衛の要件の存在を推定する規定すらあった（旧刑法典第三二八条）ということに注意する必要がある。

一八四八年の共和制憲法は、「フランス国内に居住するすべての人の住居（demeure）は、不可侵である。法律所定の形式及び場合でなければ、そこに侵入することはできない」（第三条）として、ふたたび「住居の不可侵」を明記した。ここでは、ベルギー憲法の定式にきわめて近くなったことが注目されるが、憲法典の中で「住居の不可侵」に関する明文が見られるのは、これで最後である。というのも、人の知るように、フランスではその後、帝政期はもちろん、第三共和制（一八七五年）そして第二次大戦後においても、憲法典には権利宣言条項そのものがなく、その前文で、一七八九年の人権宣言および「共和国の諸法律で認められた基本原則」（principes fondamentaux）に言及し、それらを確認するという形をとるのみだからである(9)。

(2)　そこで、フランスでは、「住居の不可侵」の憲法的保障の具体的な内容は、伝統的に、かの人権宣言以来形成され、法制上確認されたところを核心として観念されてきた(一九四六年憲法・一九五八年憲法)。

その一端は、すでに紹介したデュギーの議論にも窺われるが、同時代のM・オーリウも、「昼間」「夜間」の区別に着目するとともに、「たとえば酒屋のような公衆に開かれた所」については、「閉店時間までは自由に立ち入ることができる」としていた(10)。この点に関しては、衆知のとおり、両巨匠が法律に対する裁判所の違憲審査権を肯定する立場をとっていたことも、想起されるべきであろう。「住居の不可侵」の保障内容を右のように理解するということは、当然、そうした要素を規準として法定手続の合憲性の審査をなしうるという論理へと導くからである。事実、現行の第五共和制憲法は、憲法院（Conseil constitutionnel）による法律の憲法適合性審査の制度を導入し（第六一条）、近年、その点に関する違憲判決も出されたが、これについては、後で簡短に触れることにしよう。

現代フランスの人権論も、個人の「安全」保障の理念から出発した、この伝統的な「住居の不可侵」の権利について詳しく語っているが、ここには、伝統的な理解にはなかった大きな特徴がみられる(11)。というのは、まず、今日の「住居の不可侵」は、これまでの保障内容を維持しつつ、むしろ、広く「私事の自由」（liberté de l'intimité）または「私生活の自由」（liberté de la vie privée）、あるいは「人格の尊重」（respect de la personnalité）といった権利の中に位置づけられ、いわゆる通信の秘密などとともに、その重要な構成要素として論議されている。これは、全体主義の経験に学び、個人の尊重という理念から出発するもので、その構成はわが憲法学のとるところでもある。再構成された「住居の不可侵」は、しかし、さらに、必ず「住居の選定・使用・変更の自由」と相俟って、「住居の自由」または「住居の尊重」を形づくるものとして理解されるという特色をもっており、居住・移転の自由というものの位置づけについて興味ぶかい視点を提供するものといえよう。

それはともかく、こうした視点からフランスの人権論は、「住居の不可侵」について、公権力による侵害の行なわれるのが「昼間」か「夜間」か、また私的な「くつろぎ」の場か「公衆に開かれた」所かといった、基本的な時間的・場所的要素に着目しつつ、その具体的な保障内容を検討している。そして、たとえば「昼間」より「夜間」が、「公衆に開かれた」場所より「私宅」が、そして「戦時」よりも「平時」の方が、それぞれ不可侵の保障は厚いというような秤量と規準が一致して示されるのである。もちろん、先に述べた憲法史を踏まえ、各種の法令や裁判例に照らしつつ構成されたものであるが、こういうかたちで具体的に提示された「住居の不可侵」の段階性ないし濃淡（gradation）は、私生活の尊重・保護という権利保障の趣旨に適うのみならず、われわれの生活感覚にもよくマッチするものといえよう。

**(3)**　右に一言したように、「住居の不可侵」の保障の問題については、最近、憲法院の注目すべき判決があった(12)（一九八三年一二月二九日）。この事案は、一九八四年度予算法の採用した租税犯則調査手続——それまで間接税のみを対象としていた手続を直接税・売上税に関する「違反」（infraction）の調査に適用しようとしたもの——の合憲性が問題とされたものである。憲法院は、納税義務を定めた人権宣言第一三条の憲法的効力を承認し、犯則行為への備えを合憲とする一方、司法部を個人の自由の守護者（gardienne de la liberté individuelle）とする憲法第六六条を、司法部に「とくに住居の不可侵の保護」を図る権限を与えたものと解した上で、八四年度予算法の定める要件は、裁判官がそうした責任をはたしうるほど明確性・具体性をそなえたものとはいえない、つまり「個人の自由及び住居の不可侵の要請にも、脱税摘発の要請にもはっきりと十分に応ずるためには、同法第八九条の規定は、解釈の余地のない又は乱用を禁止するきめ細かなものでなければならない」とする。そこで、当該部分について違憲判断が下されたわけである。

この憲法院判決は、直接には、住居侵入・家宅捜索に裁判官の令状を要する国税犯則事件調査について、法定要件の不備を指摘したものである。したがって、この点を改善した翌八五年度予算法の当該規定は合憲とされ、現行法となっている(13)（租税手続法典〈法律〉第一六条B）が、同判決は、初めて「住居の不可侵」の憲法的効力をみとめたものとしても、広く注目されている[14]。というのも、この判決によれば、立法者は、その保障を解除する例外的手続を設定するものとして、侵害を行なう機関・目的・手続・時間・態様などを精確に限定した上で、立法をしなくてはならないからである。そして、この場合に、すでに何度もふれた伝統的な諸要素は、最も基本的な視点を提供するはずであって、少なくともこれらを取り入れた規準に応ずる法定手続でなければ、「住居の不可侵」という憲法的保障を十分に尊重したものとはいえないということになるだろう。

(1) 参照、カール・レーヴェンシュタイン(阿部照哉＝山川雄巳訳)『新訂・現代憲法論』(有信堂、一九八六年)一八〇頁。

(2) Vgl. Ernst R. Huber, *Dokumente zur deutschen Verfassungsgeschichte*, Bd. 1, 3. Aufl., 1978, SS. 517-519 (Nr. 196). なお、同法は約一年半前に制定された同一表題の法律(Ditto, Nr. 167)を改正したものである。

(3) Gerhard Anschütz, *Die Verfassungsurkunde für den preussischen Staat*, Bd Ⅰ., 1912, SS. 145-146.

(4) Georg Meyer = G. Anschütz, *Lehrbuch des deutschen Staatsrechts*, 7. Aufl., 1919, SS. 958-959.

(5) Vgl. G. Anschütz, *Die Verfassung des deutschen Reichs vom 11. August 1919*, 14. Aufl., 1933, S. 546.

(6) Cf. Paul Errera, *Traité de droit public belge*, 2$^{e}$ éd., 1918, p. 53 ; Pierre Wigny, *Cours de droit constitutionnel*, 1973, pp. 150-151 ; Francis Delpérée, *Droit constitutionnel*, 2$^{e}$ éd., t. Ⅰ, 1987, p. 204.

(7) Adhémar Esmein, *Éléments de droit constitutionnel français et comparé*, 8$^{e}$ éd. t. Ⅱ, 1927, pp. 595-597.

(8) Léon Duguit, *Traité de droit constitutionnel*, 2$^{e}$ éd., t. Ⅴ, 1924, pp. 61-62.

(9) なお、第四共和制憲法草案(一九四六年四月)の第七条は、「住居は不可侵である。いかなる捜索(perquisition)も、法律により且つ司法部の発する令状に基づくのでなければ、行なうことができない」としていた。

(10) Maurice Hauriou, *Précis de droit constitutionnel*, 2$^{e}$ éd., 1929, pp. 717-718.

(11) Cf. Georges Burdeau, *Les libertés publiques*, 4$^{e}$ éd., 1972, p. 176 et s. ; Claude-Albert Colliard, *Libertés publiques*, 7$^{e}$ éd., 1989, p. 378 et s. ; Jean Morange, *Libertés publiques*, 1985, p. 149 et s. ; Jean Rivero, *Les libertés publiques*, t. Ⅱ, 4$^{e}$ éd., 1989, p. 77 et s. etc.

(12) Louis Favoreu = Loïc Philip, *Les grandes décisions du Conseil constitutionnel*, 6$^{e}$ éd., 1991, p. 556.

(13) この点に着目して同判決に言及する例として、Cyrille David et al., *Les grands arrêts de la jurisprudence fiscale*, 1988,

pp. 512-513. ; Jean-Baptiste Geffroy, *Grands problemès fiscaux contemporains*, 1993, p. 541 et s. ; Guy Gest = Gilbert Tixier, *Manual de droit fiscal*, 4e éd., 1986, p. 242.

(14)「住居の不可侵」について、ほとんど見るべき論述のない人権論においてすら、その判決には注目している。たとえば、Jacques Robert = Jean Duffar, *Libertés publiques et droits de l'homme*, 4e éd., 1988, p. 281.

## おわりに——あるべき憲法第三五条解釈

(1)　いわゆるプライバシーの一環として、憲法上尊重されるべき「住居の不可侵」の保障内容は、今なおわが憲法学においてはきわめて曖昧なものにとどまっている。しかも、憲法第三五条は、伝統的な「住居の不可侵」という実体的権利保障を前提とした規定である[1]にもかかわらず、次第に、あたかも、その保障解除の要件を示すいわゆる令状主義の原則という手続的権利のみを保障した規定であるかのように観念されている。その結果、憲法第三五条の保障内容を、もっぱら、その手続的な保障効果の問題、すなわち刑事手続における住居等の侵害手続を特定するにすぎない、令状主義の適用範囲の問題に集約してしまう傾向も生まれてきたということができよう。

これまでの論述からほぼ察せられるように、私には、こうなった根本的な原因は、学説が憲法第三五条を解釈するに際して、令状主義の原則という憲法上の手続的保障にのみ眼を奪われ、この手続的保障が前提としている「住居の不可侵」という実体的権利それ自体への正当な考慮を怠り、その実質的内容や保障範囲の問題に対する原理的な関心を払ってこなかったところにあるように思われる。

なるほど、冒頭に述べたように、日本国憲法第三五条は、そのアメリカ憲法的な由来から、「住居」等の侵害に関する手続保障的な規定のスタイルをとっており、その憲法的効力をもつ令状主義の原則の適用いかんという問題に学説が関心を集中させたことは、それなりに理解できないわけではない。しかしながら、その結果、いわゆる行政手続における家屋への立入・物品の検査などについて、令状主義の適用の可能性だけを問題とする発想は、あたかも手続的保障の理念をそこで遮断し、その他の非刑事手続一般における適正手続の問題を等閑にしてしまった感がある。

しかし、実体的権利保障規定としての「住居の不可侵」は、本稿で示した通り、それ自体として、あらゆる公的侵害に対する豊かな内容をもった基本的権利として再認識する必要がある。日本国憲法にいう「その住居、書類及び所持品について、侵入、捜索及び押収を受けることのない権利」の内容も、純粋な私宅の保護の優越性、「夜間」の侵入・捜索の禁止、「立会い」捜索の原則といった、私生活の本拠を尊重するにふさわしい具体的な要求を内包するものとして、再構成されなくてはなるまい。

そこから、いわば必然的に、その保障にふさわしい手続的要件も導き出されるはずである。とくに、『夜と霧』は常に公権力による私生活の侵害に利用されるという事情を想うとき、「夜間」の要素に着目した憲法的な適正手続を確認することは重要である。そうした闇から個人や家族を守ることは、全体主義の経験が示すように、決して時代遅れの要求ではないのであって、本稿で述べたような「住居の不可侵」をみとめ、私生活の本拠を保障することは、いわゆる人格的自律権の原点を確保するという意味においても、文字通りの「基本的」人権だと考えられる。

**(2)**　本稿の主張するところは、すでに明らかなように思われるが、ここで改めて主要な結論を繰り返しておこう。憲法第三五条をめぐる解釈について、私は、具体的に次のようにあるべきだと考えている。

①　「住居の不可侵」の保障には、実体的な自由権としての保障のほか、この権利を前提として、保障解除の要件を特定する手続保障のしかたがある。前者は、主として大陸法の人権宣言に見られる伝統的な「住居の不可侵」規定であり、後者、すなわち保障解除の要件を令状主義として明示する規定は、アメリカ合衆国憲法に特有のものである。

②　アメリカ憲法の影響をうけた現行憲法第三五条は、直接には、「住居の不可侵」に関して、被疑者のために令状

主義の原則という侵害手続を明示する手続保障規定の体裁をとっている。しかし、それは同時に、国民一般の「住居の不可侵」という実体的な自由権を前提とする規定でもある。

③　この実体的な「住居の不可侵」の権利は、公権力によるあらゆる侵害に対する保障であって、侵害の目的いかんを問わず妥当する。つまり、「住居の不可侵」は、国家の刑罰権の発動にかかわる刑事手続のみならず、いわゆる行政手続その他の非刑事手続における侵害に対しても、当然に直接適用される。

④　憲法第三五条のいわゆる令状主義は、とくに刑事手続における住居侵害について、その要件を明示する適正手続保障としての意味をもち、厳格に法律を拘束するものである。しかし、それは非刑事手続についてまで住居侵害の要件を特定するものでなく、国会は、非刑事手続における「住居の不可侵」保障の解除のために、必要かつ合理的な手続を法定することができる。

⑤　この必要性・合理性は、個人および私生活の尊重と侵害を必要とする公益という二つの要求の調和という観点から判断されるべきもので、その間のほどよい調和を示す法定手続が、憲法上適正な手続と評価される。その際、住居侵入に際して正規の身分証を提示し、家族（居住者）の立会いの下で家宅捜索・物件調査をおこなうことは、いわば最小限の適正手続に属する要求である。

⑥　これを原則的なかたちで定式化すれば、人権の最大限の尊重（憲法第一三条）という基本的な要請からいっても、「昼間」よりも「夜間」、公的「住居」よりも私的「住居」のほうが、いずれも不可侵性は高いと考えられる。したがって、この考量を誤って保障解除の要件を指定した法定手続は、憲法上の適正手続の要求に反するものとして、違憲と判断すべきものである。

**(3)**　右に示したテーゼについて、多少補足をしておこう。まず、言うまでもないが、④にいう令状主義が刑事事件における適正手続でありうるのは、裁判官の令状を要するということよりも、むしろ憲法第三五条の文言が示すように、いわゆる一般令状（general warrants）を厳しく排除するという意味においてである。この点で、同条がアメリカ合衆国憲法修正第四条に由来することは最初にも述べたが、同条が一般令状に対する当時の人々の憎悪を反映して成立したことは、広く知られている(2)。しかも、この合衆国憲法修正第四条自体、「官吏に対し、ある犯罪事実の証拠なしに疑わしい場所を捜索し、若しくは指名されない者又はその犯罪が特記されず且つ証拠に裏づけされない者を拘束することを許可する一般令状は、違法で抑圧的であり、発給してはならない」とした一七七六年のヴァージニア権利宣言（一〇条）その他の影響下にあり、そしてまた、このヴァージニア権利宣言の発想自体、その十年前にイギリス本国で起きた一連のいわゆる一般令状事件（一七六三年～六五年）に源泉をもつであろうことも、想起されるべきである。

また、右の⑤または⑥については、すでに、たとえば「税務職員の質問・検査が相当に強力なものであり……その権限行使にあらかじめ手続法上の拘束を課するのが、憲法の要請するところだというのであっても、ステレオ・タイプ的に憲法三五条でなければならない道理はない。三一条のもとで、いかなる事前の手続が適正なものと考えられるか、所得税法はそうした手続要件を踏まえているか」が問題なのだ(3)、という注目すべき指摘があることも、承知している。ただ、憲法第三一条への言及から判るように、この見解は、「住居の不可侵」規定に実体的権利保障としての意味を認めないという立場を出発点とするもので、この出発点に無理があることは、すでに述べたとおりである（一2(2)参照）。現に、そこでも「住居の不可侵」の保障内容・範囲は具体的なかたちでは示されていない。そのため、立法を拘束すべき憲法的な適正手続のポイントが何であるかは決して明らかでなく、結局のところ、適正手続の選択を立法者に白紙委任しているかのように思われる。

この点については、なお、衆知の通り、いわゆる行政手続における適正さの問題を、むしろ原理的に、憲法第一三条の「幸福追求権」の保障内容として再構成しようとする、もう一つの有力な立場がある(4)。これによれば、非刑事手続における「住居の不可侵」の保障解除の問題は、そのいわゆる「適正な手続的処遇をうける権利」の内実を形づくるものということになるのかも知れない。けれども、すでに紹介したように、この立場にあっても、「住居の不可侵」という実体的権利そのものは、憲法第三五条の保障するところと解しているのである。私は、この原点を維持することは正当な解釈方法だと考えるものであるが、そうである限り、これまで論じてきたような仕方で憲法第三五条解釈の再構成を図るのが筋であるように思われる。

なお、本稿では、この問題を取り扱うときに必ず論及されるあれこれの法律を具体的に検討することは、意図的に避けている。議論が妙に技術的になり、徒にさかしらな憲法解釈に終始してしまうことを嫌ったためであるが、原理的な考察が、反って具体的な成果をもたらすという一例になれば、幸いである。

（1）　小嶋和司『憲法概説』（良書普及会、一九八七年）二三四頁も、その権利を「前提」とすることをいう。だが、その「権利」の具体的な内容は、やはり全く示されていない。
（2）　See, E. Corwin, *The constitution and what it means today*, 13th ed., 1974, p. 301 ; J. Story, *Commentaries on the U. S. Constitution*, 1833, p. 709.
（3）　奥平康弘『憲法Ⅲ』（前出）二三五頁。
（4）　佐藤幸治『憲法〈新版〉』（前出）四〇五頁以下。

# Ⅱ　住居の不可侵

## 一　問題の所在

判例・実務を支配してきた通説的な解釈によれば、憲法第三五条は、①あらゆる権利宣言に見られる「住居の不可侵」を保障したものであるが、②その位置・沿革からして、刑罰権の発動にかかわる刑事手続に関する令状主義の規定であり、原則として行政手続には適用されない、という(1)。これは、政府見解としても、現行憲法制定以来しばしば表明されてきたところである。

むろん、②については、川崎民商事件に関する判例（最大判昭和四七年一一月二二日刑集二六巻九号五五四頁）以降、いわば但書として、行政手続として行われる住居の立入り・調査については、その目的・性質・必要性や強制の態様・程度等に応じて適用されうる、というように修正を施す必要がある。かくて憲法三五条は、もっぱら刑事事件の被疑者又はそれに近い拘束状態に置かれた個人に、その住居等に対する捜索押収について裁判官を介する令状主義の保障を与えたものということになる。

しかし、①の「住居の不可侵」保障は、比較憲法史的にみると、国民一般を念頭に置きつつ、租税徴収その他の手続を含む公権力のあらゆる住居侵入行為に対しても等しく及ぶと解されている。これによれば、②のように、憲法三五条の保障範囲を刑事手続としての捜索等に対するものに限定するいわれはない。したがって、同条を「住居の不可侵」保障とみる限り、①と②との間には論理的なズレがあるといわざるをえない。

## 二　憲法第三五条の意味

### 1　趣旨と沿革

大日本帝国憲法は、立憲諸国の定式にならって、「日本臣民ハ法律ニ定メタル場合ヲ除ク外其ノ許諾ナクシテ住所ニ侵入セラレ及捜索セラルヽコトナシ」（第二五条）と定めた。この場合の保障内容は、住所の不可侵・安全という実体的な自由権であり、ここから「警察・司法及収税の官吏、民事又は刑事又は行政の処分を問はず、凡て法律に指定したる場合に非ずして、及法律の規程に依らずして、臣民の家宅に侵入し又は之を捜索すること」は憲法に反するものと説かれた(2)。学説も一致してそう解釈したが、保障の具体的効果として、家宅侵入を昼間と夜間に分け、公衆が出入りする場所と私宅とを区別しつつ、保障の度合いを論じた点なども注目される。

日本国憲法は、実体的な「住居の不可侵」権を明記した上で保障を解除する――住居侵入を許容する――手続を定めるヨーロッパ諸国の憲法の例（ベルギー憲法第一〇条、イタリア憲法第一四条、ドイツ憲法第一三条等）と異なり、国民が「住居、書類及び所持品について侵入、捜索及び押収を受けることのない権利」を有することを大前提とし、これに対する侵害手続のみを明記するかたちをとっている。これは、アメリカ合衆国憲法修正第四条に依拠し、「不合理な捜索及び拘置・押収に対する……権利」を述べた原案を基礎に作られたマッカーサー草案に由来するが、同条は、判例法上、①修正第五条の「自己負罪拒否特権」と相俟って、押収行為が「不合理な」ものであるときは押収物件は証拠能力を否定される、②他の規定とともにプライバシーの権利を保障するものとして、政府のあらゆる住居侵入行為に対する保障となる、と解されている。

## 2　権利保障の内容

現行憲法第三五条がどのような保障を意味するかについては、大別すると、次の三通りの考え方が区別されよう。まず、(a)説は、通信の秘密の保障（第二一条第二項後段）とともに、プライバシーの保障・私的生活の不可侵というように、個人の私生活を保障する自由権としてそれを理解する(3)。これに対し(b)説は、それをむしろ人身の自由の中に位置づけ、規定の文言に即した形で、刑事手続における被疑者に令状主義を保障したものと説く(4)。さらに(c)説は、憲法第三一条以下をもっぱら手続的保障の請求権をみとめたものとする立場から、令状主義を定めた手続保障規定だと解する(5)。

確かに、規定の位置からみると、(b)説・(c)説に分がありそうであるが、前記のように、憲法第三五条は、むしろ住居の不可侵という権利を前提としたものであること、また第「三五条による保護の対象は、身体の自由そのものではなく、その自由と密接な私生活の自由である」(6)ことを考えると、(a)説のように理解するのが妥当であろう。しかし他方、(a)説は、実体的な自由権を保障したものと解するにもかかわらず、その具体的な権利内容や保障解除要件を全く示さない。のみならず、むしろ保障効果の問題については、一転して憲法第三五条は行政手続にも適用されるかを問題とするので、前述のように本来の趣旨と平仄が合わなくなる。

そこで(d)説は、憲法第三五条は二重の意味で権利保障規定であると解釈する。すなわち、「住居の不可侵」規定は、もともと刑罰権の行使にかかわる刑事手続のみを念頭に置いたものでなく、その保障は一般的な行政警察や税務調査等の非刑事手続にも及ぶという一般原理を踏まえ、同条は①住居の自由という実体的権利を内包するとともに、②その保障を解除する典型的局面である刑事手続について令状主義を定めることにより、手続的保障を明示した規定であると解するのである(7)。これによれば、しばしば争われる「憲法第三五条は行政手続に適用されるか」との通説的な問いは、②の憲法的刑事手続についていうにすぎないことになる。

# 三　保障解除の憲法的要件

## 1　捜索令状主義

公権力による侵入・捜索・押収は、刑罰権の発動の一部としても、また行政手続の一環としてもおこなわれる。その憲法上の要件は、侵害手続の性質によって異なるが、定型的な強制手続である刑事手続の場合、憲法第三五条所定の令状主義によることが厳しく求められる。これは、上記のように、住居の不可侵という実体的な権利を前提としつつ、とくに刑罰権の行使に対する関係で、その保障を例外的に解除する――合法的な侵害を許す――ための適正要件を示すという意味で、いわゆる憲法的刑事手続の一環をなすが、具体的に問題となったものとして、以下のような事例がある。

まず、憲法第三五条は、とくに一般令状を厳しく禁止するところに本来的意味をもつ。この点で、①国税反則事件の強制調査に関して帳簿書類等を包括的に差押えたり、②多数のファイルが入ったフロッピーディスク自体を差押えたりしたため、一般令状ではないかと争われた事例があるが、最高裁は、前者①については現場の状況を、後者②については形状の特質を考慮し、それぞれ違憲主張を斥けている（最二判平成九年三月二八日判時一六〇八号四三頁、最二決平成一〇年五月一日刑集五二巻四号二七五頁）。

また、捜索令状主義については現行法上例外が定められ、逮捕される場合、つまり令状による通常逮捕のほか、現行犯逮捕・緊急逮捕の場合には、令状なしに必要な捜索をなしうるとされている（刑訴法第二二〇条）。緊急逮捕を予定して行われた捜索押収も認められるかが問題とされた事件で、判例は時間的に接着して逮捕が行われる限り、適法としたことがある（最大判昭和三六年六月七日刑集一五巻六号九一五頁）。しかし、これは偶然の結果を適法要素としたもので、批判が多い。

さらに、しばしば違法収集証拠の証拠能力の問題も争われる。これについて、最高裁の判例は、捜査機関の違法行為と証拠物の発見との間に事実的な因果関係があることを前提として、令状主義の精神を没却するような重大な違法行為がある場合には、証拠能力を否定するという考え方を示している（最一判昭和五三年九月七日刑集三二巻六号一六七二頁）。むろん、証拠物の発見と警察官の暴行との間に因果関係がないような場合には、証拠能力が否定されることはない（最三決平成八年一〇月二九日刑集五〇巻九号六八三頁）。

## 2　行政手続の場合

例えば、税務職員の調査、火災予防のための消防署員の立入り・検査、競売執行のための立入りなどのような非刑事手続においても、住居侵入・家宅捜索等が行われる（所得税法第二三四条、消防法第四条、民事執行法第七条など）。これらの場合における憲法上の侵害要件としては、前記の川崎民商事件で争われたように、しばしば憲法第三五条所定の令状主義の適用の可否が問題とされてきた。けれども、刑事手続であるが故に厳格な令状主義を、そのまま非刑事手続に妥当させるのは無理があり、それ以外の適正手続原理による制約のあり方を探るほうが意味があろう。

この場合、憲法上適正な侵害手続であるための要件については、二通りの考え方がありうる。まず(a)説は、政府見解に見られるもので、それを行政手続における適正処遇一般の問題とする。すなわち、国税徴収法による財産の差押え又は捜索、登記官吏の調査などについては、憲法第一三条などの関連から、通知手続・身分証票の提示といった合理的な条件を法定すること、当該立入りは、その目的を達しうる最小限度のもので、合理的に必要とされるものにとどまることが要求される、と説く（8）。

これに対し、(b)説は、「住居の不可侵」という実体的な権利の保障内容に則して検討すべきことを説き、具体的には、比較憲法史の示すところから、居住者の立会い・夜間侵入の禁止・身分証の提示などを基本的な適正要件とみるものである(9)。そして、この憲法上の要件に照らした場合、現行法はそれを充たしていると考えられる（消防法第四条、民事執行法第七条～第九条、国税徴収法第一四二条～第一四七条など）。

（1）宮澤俊義『全訂日本国憲法』三〇七頁以下。
（2）伊藤博文『憲法義解〈岩波文庫〉』五五～五六頁。
（3）宮澤・前出三〇七頁、小嶋和司『憲法概説』二三三頁、佐藤幸治『憲法〈第三版〉』五八一頁など。
（4）芦部信喜『憲法〈新版〉』二二三頁、浦部法穂『憲法学教室Ⅰ』三六六頁、長谷部恭男『憲法』二五四頁など。
（5）奥平康弘『憲法Ⅲ』二九八頁は、その立場を徹底する。
（6）伊藤正己『憲法〈第三版〉』三四一頁。
（7）小嶋＝大石『憲法概観〈第5版〉』一一四頁、初宿正典『憲法2』三九四頁。
（8）山内一夫＝浅野一郎編『国会の憲法論議Ⅰ』二一二三頁以下。
（9）大石・後掲論文①一七四頁以下参照。

〈**参考文献**〉

大石眞「憲法三十五条解釈の再構成」法学論叢一三六巻四＝五＝六号（①、一九九五年）。〔本書第四部Ⅰ論文参照〕

同「『住居の不可侵』保障の再構成」法学教室二〇五号（②、一九九七年）。

杉原泰雄「被疑者の権利」芦部信喜編『憲法Ⅲ』（有斐閣、一九八一年）。

棟居快行「適正手続と憲法」樋口陽一編『講座憲法学4』（日本評論社、一九九四年）。

憲法的刑事手続研究会『憲法的刑事手続』（日本評論社、一九九七年）。

# 第五部　裁判例の検討

# Ⅰ　定住外国人と国会議員の選挙権
## ――最高裁平成五年二月二六日第二小法廷判決（判例時報一四五二号三七頁）

### 一　事実の概要

上告人（原告）はイギリス国籍をもつ外国人で、永住許可（参照、出入国管理及び難民認定法第二二条）を受け、わが国での永住を認められている者であるが、現行の公職選挙法では、「日本国民で年齢満二十年以上の者は、衆議院議員及び参議院議員の選挙権を有する」（九条一項）と定められ、国籍が選挙権の要件となっているため、参議院議員選挙（平成元年七月二三日施行）での投票を行うことができなかった。そこで原告が、国籍要件を定める右の公職選挙法の規定は、参政権を保障した憲法第一五条第一項及び法の下の平等を保障した憲法第一四条に違反すると主張し、国に対し、国家賠償として慰謝料の支払いを求めたのが本件である。

一審、二審とも原告敗訴。上告理由は、①外国人といっても「定住外国人」「一時滞在者」「難民」など、そのあり方は多様であり、外国人であるということのみで一律に権利を制限することは許されない、②社会の構成員として日本の政治社会における政治決定に従わざるを得ない者は、民主主義の原則により自己決定権、その手段としての参政権を有すると解され、その生活実態が日本国民と同一の外国人たる定住外国人は憲法第一五条の選挙権を有する、③したがって、公職選挙法が、「日本国民」たることを選挙権の要件とし、一律に外国人の選挙権を認めないのは、憲法第一四条・

第一五条に違反する、というものである。

## 二　判旨

「国会議員の選挙権を有する者を日本国民に限っている公職選挙法九条一項の規定が憲法一五条、一四条の規定に違反するものでないことは、最高裁昭和五〇年(行ツ)第一二〇号同五三年一〇月四日大法廷判決・民集三二巻七号一二二三頁の趣旨に徴して明らかであり、これと同旨の原審の判断は、正当として是認することができる。」

第二小法廷は、裁判官全員一致の意見でこのように述べ、上告を棄却した。

## 三　解説

(1)　右に見られるように、最高裁判所の応答はすこぶる簡短なものである。その簡短さの所以は、すでに最高裁が、ここに引用されたマクリーン事件(最大判昭和五三年一〇月四日)において、「権利の性質上日本国民のみをその対象としていると解されるもの」を除いて、基本的人権の規定は在留外国人にも保障されるという法理を明らかにしていた点に求められよう。

というのも、その除外部分の中に参政権、ことに国会議員の選挙権・被選挙権が含まれることについては、学説上ほとんど異論がなく、また最高裁自らそう考えていることは、やはりマクリーン事件判決の中で、在留外国人にも保障されるべき政治活動の自由についても、「わが国の政治的意思決定又はその実施に影響を及ぼす活動等」を「外国人の地位にかんがみ」て除外する旨を明言している点から明らかだからである。したがって、本件判旨が、国籍の保有を国会議員の選挙権の要件とする公職選挙法の規定を違憲でないとしたのは確かに初めての判断であるとしても、その趣旨はとうに示されていたわけである。

もっとも、だからと言って、違憲主張の前提となる上告理由の①、つまり等しく外国人といっても「一時滞在者」「定住外国人」「難民」など多様であり、一律に処遇するのは妥当でないとする主張まで斥けたとみることもできまい。判旨は、いずれのカテゴリーの外国人であっても――したがって、いわゆる定住外国人であっても――国会議員の選挙権は認められないと答えたにすぎないと解しうるからである。

上告理由にいう「定住外国人」は、法令上の概念でなく、「その生活実態が日本国民と同一の外国人」とする定義は、一部学説の考え方(1)に依拠したものと考えられ、従来その俗称の下に理解されてきたもの、つまり出入国管理法上の一般永住者（前述参照）および出入国管理特例法（平三法七一）にいう特別永住者より拡がりをもつようである。

このような「定住外国人」論は、外国人に及ぼすべき権利・自由の保障の領域にも、法定在留資格の差異に基づく一種の合理的区別論を導入するという意味をもつが、ほかにも、外国人を一律に考えてはならず、少なくとも定住外国人・難民・一般外国人の三種を区別し、保障される権利自由の範囲や程度を具体的に考慮すべきことを説く有力な学説は見られる(2)。もっとも、ここでは、たとえ「定住外国人」であっても、国会議員の選挙権のごときは認められないという結論に至っているのであって、この点に関する限り、本件判旨と重なっている。判旨が、外国人の一律処遇を不当とする立論まで斥けたとみることのできない所以である。

(2)　上告理由②・③で根拠とされる憲法第一五条は、その第一項「公務員を選定し、及びこれを罷免することは、国民固有の権利である」との規定を指すようである。つまり、いわゆる定住外国人はここにいう「国民」に含まれる――又はそれと同視される――というわけであろう。

しかしながら、元来、その規定は、選挙制度のことを定めたものでなく、「あらゆる公務員の終局的任免権が国民にあるという国民主権の原理を表明したもの」(3)にすぎないのであるから、その主権原理への侵害を主張することができるとしても、個々人の具体的な選挙権を導き出しうるようなものではない。したがって、上告理由の主張する公職選挙法違憲論は、むしろ、憲法第一五条第三項および憲法第四四条に定める普通選挙の原則が、「定住外国人」に関する限り、国籍要件を除外することを要求するもの——選挙権は、その限りで、マクリーン事件判決にいう「権利の性質上日本国民のみをその対象としている」ものではなく、在留外国人にも等しく保障を及ぼすべきもの——と主張するもののようである。

この主張は、一般的な内外人平等という論理から出発することもできる。しかし、憲法は国籍の制度を予定し、その有無によって選挙権の存否を決定することを「政治的関係」における差別とはみていないと考えられるのであるから（憲法第一〇条・第一四条第一項・第四四条参照）、その出発点にはそもそも無理がある。他国でも例外なくそのように考えられており、いわゆる国際人権規約（B規約、昭五四条七）第二五条も、「参政権主体を国籍の有無と結びつけている」(4)。そこで、マクリーン事件判決の法理によれば、選挙権の性質上「日本国民のみをその対象としていると解される」かどうかが、専らポイントになるが、この場合、とくに「定住外国人」という要素はこの問題に決定的な意味をもつ、というのが上告理由の論旨かと思われる。

けれども、この点については、上述のごとく、外国人の類型区分による権利保障の画定を説く学説であっても、参政権に関する限り、「日本国民たる要件」を維持している点(5)に示されるように、決定的とはなしえないとの反論が可能である。のみならず、そうした外国人範疇化の試みそれ自体についても、「永住権の制度をここ参政権問題に転用することの是非」を疑い、「立法的な配慮を媒介とせずに、憲法規範だけで外国人の線引きができるか」を問う、もっともな指摘がある(6)。

(3)　そうすると、論点はやはり、選挙権ないし参政権そのものの性質からみて「日本国民のみをその対象としている」

と解すべきかどうかに絞られる。そして、選挙権・被選挙権のような参政権は、日本国の国家意思の形成に決定的に関与するもの——最高裁判所の用語を借りれば「わが国の政治的意思決定又はその実施に影響を及ぼす活動」を内容とするもの——であるから、当然日本国民にのみ留保されるというのが、一般的な理解である(7)。このような通説的な理解によれば、選挙権・被選挙権に国籍要件を定めた公職選挙法第九条・第一〇条は、たんに立法政策による創設的規定ではなく、憲法上の要求を具体化した確認的規定という性格をもつことになる。したがって、同法を改正して外国人にそれらを与えるようなことは、反って憲法違反の措置とみなされるであろう(8)。

この法理は、選挙以外の他の制度にも及ぼしうるはずで、国民罷免（リコール）の一種とみなされる最高裁判所裁判官国民審査について、法が、審査権者を「衆議院議員の選挙権を有する者」として国籍要件を前提としたことも（審査法第四条）、また、憲法改正に関する国民投票法で表決権（投票権）者を日本国民に限定することも、ともに憲法上の要求ということになる。さらに、通説的理解に立つ限り、右の法理は、たんに国政レヴェルの選挙等のみならず、地方政治の選挙などにも通用する。この見方からすれば、現行法が、地方議会および首長の選挙（選挙権・被選挙権）や条例の制定改廃・議会解散などにかかわる直接請求について、「日本国民たる」ことを要件とするのも（公選法第九条第二項・第一〇条、地自法第一一条～第一三条）、同じように憲法的要求を具体化した規定と解され、法律による改変は許されないことになろう。

このような結論に対しては、もちろん、まず通説的立場から出発しつつ、憲法的な国籍要件は地方レヴェルにまでは及ばず、少なくとも「定住外国人」に選挙権（論者によっては各種の直接請求権も）をみとめることは立法政策上可能だとする考え方も、有力に主張されている。その議論の詳細をここで紹介するだけの余裕はないが、国会制定法の効力をも左右しうる存在として位置づけられる「住民」が、憲法上「日本国民」であることを要しないとする立論は、どう考えても整合的であるとは言えない（憲法第九五条、国会法第六七条、地自法第二六一条参照）。

その意味では、すでに出発点において通説的立場から離れ、「国政・地方いずれを問わず、よく練り上げた立法であれば、〔外国人に〕参政権を与えるのに憲法上の困難はない」(9)とするラジカルな立論の方が、一貫しているように思われる。しかし、そうは言っても、この留保部分はやはり不透明だという批判を免れない。しかも、いったい、外国人に対して自国の国家意思形成に決定的に関与することを認め、外国人が国政を動かしうる状況をつくることを、主権国家の憲法論は容認するのであろうか。翻って、日本国民が他国に永年合法的に在留するからといって、その国の国家意思形成への権利を主張することは、「自国の主権を維持し、他国と対等関係に立たうとする」所以と言えるのであろうか。

(1)　例、浦部法穂『憲法学教室Ⅰ』七〇頁、大沼保昭『単一民族社会の神話を超えて』二〇四頁。
(2)　例、芦部信喜『憲法学Ⅱ〈人権総論〉』一三〇頁、佐藤幸治『憲法〈新版〉』三八二頁。
(3)　宮澤俊義『全訂日本国憲法』二一九頁。同旨、佐藤功『憲法(上)〈新版〉』一三九頁など。
(4)　奥平康弘『憲法Ⅲ』五四頁。
(5)　芦部・前掲書一三二頁、佐藤幸治・前掲書三八二頁参照。
(6)　奥平・前掲書五七頁。
(7)　例、伊藤正己『憲法〈新版〉』一九七頁、小嶋和司『憲法概説』一五六頁、宮澤・前掲書二六三頁。
(8)　この点を明確に説くのは、阪本昌成『憲法理論Ⅰ』一三四頁。
(9)　奥平・前掲書六一頁。

〈参考文献〉

大沼保昭「『外国人の人権』論再構成の試み」『法学協会百周年記念論文集(2)』。〔のちに大沼・前掲書所収〕
初宿正典「外国人と憲法上の権利」法学教室一五二号四九頁。
長尾一紘「外国人の人権」芦部信喜編『憲法の基本問題』(有斐閣、一九八八年)一七二頁。
広渡清吾「定住外国人の選挙権」法律時報五八巻一〇号二頁。

# Ⅱ　愛媛玉串料訴訟上告審判決について
## ――最高裁平成九年四月二日大法廷判決（民集五一巻四号一六七三頁）

### 一　「宗教的中立性」と「非宗教性」は同義か

(1)　愛媛玉串料訴訟の上告審における多数意見は、いわゆる津地鎮祭大法廷判決（最大判昭和五二年七月一三日民集三一巻四号五三三頁）の示した判例法理に従って、憲法第二〇条（第一項後段・第三項）および第八九条の基礎をなす政教分離原則が、「国家……は宗教そのものに干渉すべきではないとする、国家の非宗教性ないし宗教的中立性を意味する」という命題から出発する。

ここでは、「宗教的中立性」と「非宗教性」とは互換可能な観念として用いられ、いずれに関してもそれ以上の説明は見られない。しかし、二つの原則の間には無視しえない違いがあるのではないか、と思われる。

まず、「宗教的中立性」とは、特定の宗教と国家との結び付きやかかわりを排除する原理である。したがって、それ自体としては、複数の宗教が存在することを前提とし、すべての宗教団体に対する平等な取扱い（いわゆる宗派平等の原則）を国家に要求するものである。これに対し、「非宗教性」原則は、国家と宗教との一切のかかわりを排除する論理を含み、国家生活からあらゆる宗教的要素を取り除くことを要求する原理として機能する可能性を秘めている。

この点に注意してみるとき、憲法は信教の自由を確実に保障するために政教分離原則を採用したと説かれる場合、「宗教的中立性」原理を前提とするなら、確かに、そうした意味をもちうるといえよう。ところが、それを「非宗教性」原理として理解する場合には、国家生活における一切の宗教色を排除する意味をもたせられることがあり、全く反対の方向にも進みうるのである。

(2)　また、多数意見は、現実の国家制度では、「国家と宗教との分離にもおのずから一定の限界がある」と説き、憲法解釈の「指導原理となる政教分離原則は、国家が宗教的に中立であることを要求する」が、「国家が宗教とのかかわり合いを持つことを全く許さないとするものではなく」云々とも述べている。ここには、「宗教的中立性」と「非宗教性」との同一視から来る不透明さがあり、憲法解釈としては承服しがたい命題すら含まれている。

つまり、「一定の限界がある」というのは、文字通りには「宗教的中立性」にも「非宗教性」にも当てはまるが、その「限界」の意味は全く異なっている。というのも、「非宗教性」に限界があるという場合、それは、ある限度で国家と宗教とのかかわりを認めるという原則緩和の意味をもつ。が、「宗教的中立性」に限界があるというのは、宗派平等の原則に例外を認めることを意味し、具体的には、一定の公認宗教制度を容認することにも帰着するからである。いくら「一定の限界がある」といっても、これを認めるなら、もはや政教分離原則とはいえないだろう。

## 二　完全分離は政教分離の「理想」型か

(1)　さらに、多数意見は、右に見たように、「国家……は宗教そのものに干渉すべきではない」とする政教分離原則の理解から出発する。そして、いわゆる国家神道に事実上国教的な地位が与えられた明治憲法下の弊害を省み、多元的・重層的な宗教事情を考えると、信教の自由を確実に実現するためには、「国家といかなる宗教との結び付きをも排除する」政教分離規定を設ける必要があったとした上で、憲法解釈原理としての政教分離原則を語るときは、「国家が宗教とのかかわり合いを持つこと」を問題としている。

ここに並んだ「干渉」「結び付き」「かかわり合い」が同義語と言えるかは一つの問題であるが、この点に関して、高橋久子裁判官の意見は、政教分離原則について、「国家は宗教の介入を受けず、また、宗教に介入すべきではないという国家の非宗教性を意味する」とする理解を示している。本来、「介入」とは、第三者の割り込み行為を指すことばであるから、ここにそれが登場するのは措辞として適切でないように思われるが、おそらく、他人の行動に口を出す干渉といった意味で用いられているのであろう。

多数意見は、しかし、右に列記したように、そうした「介入」のみを対象としたものではなく、およそ国家と宗教との「結び付き」や「かかわり合い」をも念頭に置いた上で、その程度を問題にしようとする議論を展開している。国家機関のある行動について、すでにそうした「介入」の要素があったことを前提とするなら、多数意見によっても当然問題視されるであろう。

その意味で、高橋裁判官の意見は論点先取の感を否めないのであるが、このように限定的に捉えられた分離原則を前提にするからこそ、高橋意見は、逆に、いわば安心して、特定宗教と関係のある私立学校への助成、文化財である神社・寺院の建築物や仏像等の維持保存のための宗教団体に対する補助等について、「平等の原則からいって、当該団体を他団体と同様に取り扱うことが当然要請される」と説くのである。ただ、ここで「刑務所等における教誨活動」を含めたのは当を得ないと言うべきである。そもそも津地鎮祭大法廷判決は、精確に「受刑者の信教の自由」という観点から論じていたのであって、それを平等問題として扱ったわけではなかろう。

**(2)**　また、多数意見は、憲法の「理想」を「国家と宗教との完全な分離」に求めつつ、「現実の国家制度として……実現することは、実際上不可能に近い」として、政教分離原則の問題を国家と宗教とのかかわり合いの問題に転化させているが、これは完全分離を「棚上げ」したもの（高橋意見）として厳しく批判されている。その限りでは、同じ道を辿った尾崎行信裁判官の意見（後述）も、同様の批判に曝されることになろう。

ここには、しかし、もっと根本的な問題がある。憲法が「理想」としたといわれる「国家と宗教との完全な分離」とは、一体、どういうかたちの制度的なしくみを指すのであろうか。その規範的内容を明らかにしないことには、いわゆる完全分離は、憲法解釈原理としてはまったく無意味なものであって、所詮、単なることば又は修辞にすぎないことになる。

そもそも、「政教分離」とは何から何をどのように引き離すということなのか。つまり、「政権」と「教権」の分離、ともに組織として捉えられた国家と教会との分離なら外国にも例はあって、実行可能なものである。しかし、教会を「宗教」と置き換え、およそ国家が宗教というものと無縁であるべきだという意味で完全分離をいうとすれば、国家生活における宗教の役割を尊重する憲法の下において、そもそも「理想」といいうるものかが問題とされるべきであろう。

## 三　いわゆる目的効果規準への批判について

(1)　さて、この愛媛玉串訴訟の上告審判決で最も注目される点は、多数意見の依拠した目的効果規準について、異なる二つの方面からきわめて強い批判が加えられたことである。

すなわち、まず、可部恒雄裁判官の反対意見は、同規準の有用性を前提としつつ、津地鎮祭大法廷判決の示した四点の具体的考慮要素に即して、多数意見によるその具体的な適用のあり方を問題とした結果、多数意見が「津地鎮祭大法廷判決の定立した判例法理に従うとして」説示したところは、「論理に従ってその文脈を辿ることは著しく困難」であると論決している。これは、同じ土俵の中で内在的な批判に徹した判断のあり方を示したものとして、大いに注目に値しよう。

同意見は、多数意見が「本件のような形で特別のかかわり合いを持つことは、一般人に対して、県が当該特定の宗教団体を特別に支援しており、それらの宗教団体が他の宗教団体とは異なる特別のものであるとの印象を与え、特定の宗教への関心を呼び起こす」と述べた件について、いわゆる象徴的結合論に立った一審判断と同質のものであって、「専ら精神面における印象や可能性や象徴を主要な手がかりとして」目的効果規準を適用するこうした仕方は妥当でない、と強く批判する。

この点で、可部判事の反対意見は、「社会に与える無形的なあるいは精神的な効果や影響」をも考慮すべきことを説く大野正男裁判官の補足意見とは対蹠的な位置にあるが、その判断を左右する神社の例大祭等の意味づけや「宗教的儀式の二面性」というべきものの考察については、三好達長官の反対意見がとくに詳細に展開している。

もっとも、津地鎮祭大法廷判決自体、すでに述べたように、「結び付き」「かかわり合い」といった、法的観念というよりもむしろ比喩的又は擬人的というべき表現でしか政教分離原則の理解を示さなかったのであり、ここにも、基本的な問題が潜んでいるようにも思われる。以後の判決も同様であるが、本来なら、「政教分離」といわれる原則の規範内容の本質的要素（命題）を提示するというかたちで、議論を積み重ねるべきであった。

(2)　次に、より興味深いのは、確立した判例法理のように見えた目的効果規準について、その「客観性、正確性及び実効性」（園部逸夫裁判官）を疑う意見が、いわば正面から表明されたことである。

これを述べた三名の裁判官の意見のうち、まず高橋意見は、津地鎮祭大法廷判決の示した諸要素による判断を「いわば目盛りのない物差し」と批判している。しかし、それに代わるべき具体的な代替判断規準を積極的に示すまでには至ってはいないので、議論としては中途半端なものである。これに対し、尾崎行信裁判官の意見は、多数意見の採用する判断規準を「極めて多様な諸要素の総合考慮という漠然としたもので、基準としての客観性、明確性に欠け」るとした上で（園部裁判官もこれに賛意を示す）、「基準の客観的定立と適用」に向けた代替規準を具体的に提唱している。

その考え方を要約すれば、①国が宗教とかかわり合いを持つ行為は、原則として禁止され、実際上国家と宗教との分離が不可能で、分離に固執すると不合理な結果を生ずる場合に限って、例外的に認められる、②ある施策を実施する国の行為が、宗教とかかわり合いを持つときは、可能な限り宗教性のない手段を用いるべきである、③宗教とかかわり合いを持たない方法では、その施策を実施しえず、又はこれを放棄すると不合理な結果を生ずるときは、当該施策の目的や施策に含まれる法的価値・利益、これと信教の自由への影響との優劣・程度などを考慮し、「特に許容するに値する高度な法的利益が明白に認められない限り、国は、疑義ある活動に関与すべきではない」ということになろう。

これは注目すべき見解と言えるが、やはり疑義が生まれる。というのも、例えば、③の判断はやはり複合的で、決して明快とは言いがたいし、その立論の前提には、先に批判的に検討した政教分離規定に関する「国家と宗教との完全な分離」解釈論もあって、支持することができない。さらに、そうした政教分離観を支えているのは、「今日この種の問題を些細なこととして放置すべきでなく、回数や金額の多少を問わず、常に発生の初期においてこれを制止し、事態の拡大を防止すべき」だとする信念のようである。このこと自体は自然だとしても、法的問題の処理に際して、そうした個人的な心構えまで説かなくてはならないかどうかはまったく別の問題であろう。

# Ⅲ　寺院に対する国有地の譲与

——最高裁昭和三三年一二月二四日大法廷判決（民集一二巻一六号三三五二頁）

## 一　事実の概要

本件の事案は、もともと、X寺（原告・被上告人）が国から無償貸付をうけて使用していた土地を、Yら（被告・上告人）が工場・住宅などを建築して占有したため、これを不法占有とみたXが、その土地使用権を保全する目的で、Yらに対する国の土地明渡請求権を代位行使し（民法第四二三条参照）、建物収去のうえ土地の明渡しを求めたというものである。Yらは、本件土地はXから適法に賃借したものと抗弁したが、一方、Xが請求の根拠とした国からの無償貸付は、次のような事情に基づいていた。

即ち、「社寺等に無償で貸し付けてある国有財産の処分に関する法律」（昭二二法五三）、いわゆる国有境内地処分法は、戦前のほぼ同題の法律（昭一四法七八）を全面改正する形で定められ、現行憲法施行の前日から施行された。その内容は、要するに、同法施行の際、国有財産法（大一〇法四三）によって現に社寺等に対し無償で貸し付けてある雑種財産——戦前「公用財産」とされた神社境内地も、いわゆるポツダム勅令（昭二一勅七一）でこれに変わった——のうち、とくに「その社寺等の宗教活動を行うのに必要なもの」は、所定期間内の申請があれば、①明治初期の社寺上地・地租改正等の処分で国有となったものについては無償譲与をなし（第一条）、②そうした沿革のないもの又は譲与が認められないものについては時価の半額で売り払うことができる（第二条）、というものである。国有境内地処分法は、さらに、③上記無償貸付制度を定める国有財産法二四条を削除した（第九条）が、とくに①又は②による「譲与又は売払をすることに決定したもの」に限り、同条が「その譲与又は売払の日まで、なお、その効力を有する」ものとしている（第一〇条第二項）。

Xは、これらの規定に基づいて、所定期限内に譲与申請をおこない、まず本件土地を除く部分について譲与許可をうけ（昭和二六年四月一七日）、次いで――訴願申立てをした結果――本件土地についても、本件訴訟で原告勝訴の判決が確定した後又は判決確定前でも建物が収去され土地の明渡しがあったときは、Xに譲与する旨の条件付き許可を得た（同年七月三一日）。そこで、譲与の日までXに対する国の無償貸付が存続しているとの前提に立って、本件請求に及んだわけである。

このXの請求を、第一審（大阪地判昭和二八年四月二八日）は全面的に認容したため、Yらが、新たに、国有境内地処分法は「憲法八九条に反する無効のもの」で、同法の適用を前提とする本件請求は失当であるとの主張を追加して、控訴した。第二審（大阪高判昭和二九年一二月三日）もこれを棄却したが、合憲性の問題については、国有境内地処分法は「明治初年に寺院等から無償で取上げて国有として保管していた財産を寺院等に返還する処置を講じたものであって、右のような由来のない単なる国有財産を寺院等に無償で貸付や譲渡する処置を講じたものでないから」、憲法第八九条に反しないと判断している。

Yらは上告した。その理由によれば、憲法八九条は「毫もその例外を認めてゐない」ので、「明治維新の上地令に因り国有財産に帰属したる元社寺等の土地と雖もこれを別異に取扱うべきものに非ざること」は明らかであり、国有財産法第二四条及び国有境内地処分法は、「憲法に抵触する限りに於て当然無効のものと断ぜざるを得ないからこれを有効であるとの前提にたつ原判決は到底破毀を免れ」ない、という。

## 二　判旨

最高裁大法廷は、裁判官全員の一致で次のように判示し、上告を棄却した。

㈠　国有境内地処分法第一条・第二条が、「国有地である寺院等の境内地その他の附属地を無償貸付中の寺院等に譲与又は時価の半額で売り払うことにしたのは、新憲法施行に先立って、明治初年に寺院等から無償で取上げて国有とした財産を、その寺院等に返還する処置を講じたものであって、かかる沿革上の理由に基く国有財産関係の整理は、憲法八九条の趣旨に反するものとはいえない。」

㈡　また、同法附則第一〇条第二項が、「譲与又は売払をすることに決定したものについては、旧国有財産法二四条の規定は、その譲与又は売払の日まで、なおその効力を有すると定め……たのも、前記国有財産の整理に関する一連の経過規定であって、すなわち、過渡的手段としてとられた立法措置に外ならないから、……憲法八九条に違反するものとはいえない。」

㈢　なお、右附則の規定は、「譲与又は売払の申請がなされている土地については、その譲与又は売払の日までは、なお旧国有財産法二四条の規定の効力が存続し、すなわち、無償貸付関係は継続する趣旨であると解すべき」であるから、本件事実関係の下では、「右譲与の日まで国の被上告人に対する本件土地の無償貸付はなおその効力を有し、したがって被上告人は、その使用権を有するものと解するを相当とする。」

# 三　解説

(1)　いわゆる国有境内地処分法は、一見、日本国憲法の施行に先立って経過措置を定めたにすぎないように映る。が、それは長い歴史をもつと同時に、れっきとした現行法である(1)。

すなわち、まず同法は、明治後期以来の懸案であった寺院境内地返還問題に一応の答を出した上述の旧法、つまり「寺院等ニ無償ニテ貸付シアル国有財産ノ処分ニ関スル法律」――これは宗教団体法（昭一四法七七）と同時に制定された――を改正したものであるが、この旧法自体、第二次宗教法案（昭二）第一二五条に由来するし、本件で問題とされた旧国有財産法（大一〇）第二四条の無償貸付制度は、さらにその原型をなしている。

また、国有境内地処分法は、現在もなお存続しており、したがって、同法の適用が直接問題となった裁判例も、今日までに、本事案を含めて少なくとも六件を数える。そのうち、本件は主として同法の合憲性を問い、他は同法の具体的な適用範囲を争うものと言えるが、この点でも本件は重要な判断を示している。

(2)　上告理由は、漠然と、国有境内地処分法と憲法第八九条との抵触を主張しているが、本件の事実関係を前提とする限り、争点はもっぱら同法第一条の譲与規定及び同（附則）第一〇条第二項の合憲性の問題でなくてはならない。しかも、それは、憲法第八九条にいう公的財産の供用が、貸付・交換・売払・譲与・信託・私権設定などを含む（参照、財政法第九条・現国有財産法第二〇条など）、あらゆる態様の財産の管理及び処分を指すと解して、初めて成り立つものである。そして、この問題は、同時に憲法第二〇条第一項後段にいう「特権」賦与のそれとしても争われうるであろう。

さて、憲法の趣旨からみて、神社・寺院・教会等への国公有地の無償譲与又は低額での売払が、原則上許されないことは、言うまでもない。町有林を著しく低廉な価格で宗教法人に売却した毛越寺事件（盛岡地判昭和四六年一二月二八日判時六五五号二〇頁）などは、その好例と考えられよう。しかし、本件のように、特別な沿革上の事情がある場合、なおその原則を貫くべきかそれとも例外を認めるべきかは、大いに問題となる。

判旨㈠は、控訴審及び当時の支配的学説(2)と同じ見解を示し、例外を認めて合憲としたものである。そう解する以上、判旨㈡も当然導かれることになる。もちろん、これに対しては、上告理由と同様に、憲法第八九条は由来・沿革に関わりなく妥当すべきものであって、過渡的措置だからといって違憲性を払拭しうるものではない、とする少数説も存在している(3)。

今日、国有境内地処分法の合憲性問題について、大多数の学説は本件判旨㈠を引用し、漫然とこれを追認するかの如くである(4)。しかし、過渡的手段だから違憲でないとする判旨㈡は、いわば理屈抜きの結論であって、少なくとも舌足らずと言わざるをえない。のみならず、判旨㈠のように没収財産を返還すると言うのなら、譲与・売払の対象を——その全部でなく——とくに「宗教活動を行うのに必要なもの」に限定した法の趣旨と齟齬をきたすであろう。

にもかかわらず、違憲説がいかにも窮屈だと感じるのは、それが政教分離の原則のみを強調し、信教の自由というもう一つの憲法原理を忘れているからである。沿革上の理由から存続していた国有境内地の無償貸付関係を清算するに際し、これを単に消滅させるだけなら、社寺等の宗教活動とその基盤は大きく損われることになる。国有境内地処分法は、この信教の自由と政教分離の原則とを調和させるものとして、且つその限りで、合憲と考えられる。この意味で、余りにも舌足らずの本件判旨は、第一審以来その点をはっきり指摘した富士山頂譲与事件（最三判昭和四九年四月九日判時七四〇号四二頁）によって補いつつ、読む必要があろう。

**(3)**　国有境内地処分法は、以上に述べた憲法問題のほか、解釈上の争点をなお幾つか抱えている。まず、判旨㈢は、同法施行と同時に消滅すべき無償貸付関係が、所定手続を経て譲与・売払をおこなうとの決定のあった場合に限って存続していたものとみなす同法附則を、譲与・売払の申請がおこなわれた場合——結果として却下されることもあろう——

―を指すもの、と拡大解釈している。上告理由に答えるのに必要不可欠な判断というわけではないが、その判示は、所定の申請があれば、行政処分の確定まで無償貸付関係は原則として存続する趣旨を明らかにした下級審の立場（水戸地判昭和二八年六月一一日下民集四巻六号八三二頁）に対応するものである。

次に、同法は、先に述べたように、譲与・半額売払の対象を「その社寺等の宗教活動を行うのに必要なもの」に限定し、且つその申請期限も明確に定めている。したがって、同法はこうした実体的・手続的要件を欠く場合にまで適用されるものではない。このような場合には、普通財産の処分について一般的に定めた現国有財産法第二〇条第一項の問題となる（大阪高判昭和五四年一二月一八日訟務月報二六巻二号二七八頁参照）。

なお、同法は国有財産のみを対象として規律しているので、地方公共団体の所有するものについてまで拡大適用し、又は準用することはできない、と解されている（高松高判昭和二九年三月三一日行裁例集五巻三号七〇四頁）。

（1）同法についての詳しい分析は、大石眞『憲法史と憲法解釈』（信山社、二〇〇〇年）第三部、および本書第二部Ⅵ論文参照。
（2）佐藤功『憲法』五二九頁、法学協会『註解日本国憲法㊦』一三三四頁、宮澤俊義『日本国憲法』七四〇頁。
（3）例、新井隆一『財政における憲法問題』六二頁。なお、小林直樹『憲法講義〈下、新版〉』三九八頁。
（4）例、小嶋和司『憲法概説』五一三頁、杉原泰雄『憲法Ⅱ』四三九頁、樋口陽一ほか『注釈日本国憲法㊦』一三五五頁。

**〈参考文献〉**
円藤真一・憲法判例百選〈第一版〉二二六頁。
田中真次・法曹時報一一巻二号一二七頁。
新井隆一・宗教判例百選〈第一版〉三〇頁。
同・憲法判例百選Ⅱ〈第二版〉四〇六頁。

# Ⅳ　箕面慰霊祭・忠魂碑訴訟控訴審判決について

——大阪高裁昭和六二年七月一六日判決（判例タイムズ六四三号一五五頁）

## 一　事案の概要

本件は、大阪府箕面市における、㈠いわゆる忠魂碑訴訟事件と㈡慰霊祭訴訟事件とを併合審理した控訴審判決である。両訴訟の第一審判決は、後述の通りよく知られているが、事件に至るまでの経緯は必ずしも単純でないから、まずこれについて大要を示し、次いで第一審での争点及び説示を記すこととする。

(1)　大正五年四月、在郷軍人会箕面村分会によって、戦没者慰霊のため同村役場敷地内に忠魂碑（以下、旧碑と称する）が建立され、以後その前で毎年慰霊祭が催されていた。戦後の昭和二二年三月、占領政策に基づく政府の忠魂碑撤去方針や占領軍の目もあって、旧碑の碑石部分が取り外されたが、箕面市戦没者遺族会の前身である遺族会の手で、昭和二六年頃、旧碑は再建された。そして、昭和三〇年以来、原則として毎年一回、旧碑の前で市遺族会支部である区遺族会主催のもと、慰霊祭が実行されて来た。

㈠　しかるに、昭和四八年、旧碑に隣接する小学校を増改築し拡張することが急務となったため、箕面市としては、旧碑を他に移設し、その敷地の明渡しを受けて学校用地に編入する方針を固め、市遺族会との間で、旧碑を現状有姿のまま、かつ碑前で慰霊祭を行うのに必要な広さを確保するなどの条件の下に、現在の敷地に移設するとの合意も成立した（昭和五〇年五月）。これを実行すべく、市は、別の小学校の仮運動場の用に供されていた右敷地を含む土地について、用途廃止決定をおこなった上で、土地所有者たる土地開発公社から本件で問題となる土地を買い受け、昭和五〇年一二月、旧碑をそこに移設・再建すると同時に、市遺族会に右敷地を管理・使用させるという措置をとった。こうして移設・再建されたのが本件で争われている忠魂碑であるが、以上の土地購入・移転などに必要な経費（合計八六八二万円余）も、補正予算案に計上され、すでに同年六月の市議会本会議で可決されている。

これに対し、第一審原告を含む住民から、右の移設などの措置が違法又は不当であるとして、地方自治法第二四二条第一項所定の監査請求が出された。監査委員はこれを理由なしと判断したが（昭和五一年一月）、同時に、忠魂碑所有をめぐる権利者の速やかな確定と敷地貸付に必要な市議会議決とを求める旨の勧告をおこなっている。市は、これに従って、旧在郷軍人会箕面村分会につき民法第七五条所定の請求をなしたが、その結果、大阪地裁の選任した清算人と市と市遺族会との間に、市議会議決があることを条件として、忠魂碑は市遺族会に贈与されたものとし、かつ同会による敷地無償使用を認めるという合意が成立した（同年三月）。これをうけて市議会は、まもなく、地方自治法第九六条第一項第六号に基づいて、右の無償貸与を可決している。

(二)　かくして、市遺族会は昭和五一年四月、忠魂碑の前で神式による慰霊祭を挙行し、翌年四月には同じく仏式による慰霊祭をおこなうこととなった。その際、いずれについても、市長・市教育長などが参列して玉串奉奠や焼香をおこなったほか、神職又は僧侶の支度や受付・参列者の座席の用に供するため、隣接する市立小学校の校長室・机・椅子などを使用することを認めるといった便益が図られた。

(2)　以上のような事態に対して、箕面市住民の一部から、地方自治法所定の監査請求を経たのち、同法第二四二条の二の規定に基づく住民訴訟が提起されたのが本件である。すなわち、まず住民らは、前記(一)の事実について、忠魂碑は宗教施設であり、市遺族会は宗教上の組織又は団体にあたるから、市による忠魂碑の移設・遺族会への敷地貸与は憲法

第二〇条及び第八九条に違反すると主張して、市長に対し、忠魂碑の除去・敷地の明渡の請求を怠ることなどの違法確認請求を、また市長個人などに対しては、違法行為に起因する損害の賠償につき代位請求を、それぞれおこなった（これがいわゆる忠魂碑訴訟事件である）。第一審の大阪地裁は、原告の主張をほぼ認め、「本件忠魂碑……は、特定の宗旨によるものであるかどうかはともかくとして、宗教的観念の表現である礼拝の対象物となっている宗教施設である」から、市による市有地の使用貸借及び忠魂碑の移設は、「その目的が宗教的意義をもつ……ものであり、その効果も宗教活動に対する援助、助長、促進になることが明らか」で、憲法第二〇条第三項に違反し、したがってまた、「遺族会が厳格な意味で宗教上の組織若しくは団体であるといえないとしても、本件使用貸借や本件移設は、憲法八九条が禁じている宗教活動に対する公の財産の支出、利用に該当することは明らかである」と判示した（昭和五七年三月二四日判決、判タ四六三号七六頁・判時一〇三六号二〇頁）。したがって当然、市と土地開発公社との間の土地売買契約及び本件使用貸借は、地方自治法の定める法令適合原則に反して無効とされ（法第二条第一六項参照）、原告の各請求もほぼ認容された。

さらに原告らは、前示(二)の事実にかんしても、慰霊祭は宗教儀式にあたるから、それへの市長・市教育長などの関与は、同じく憲法第二〇条及び第八九条に違反すると主張し、市に代位して、市長に対して市財産の使用・消費に因る損害の賠償請求を、また市教育長個人に対しては、慰霊祭参列に要した時間分の給与につき不当利得返還請求などを提起していた（これが慰霊祭訴訟事件と呼ばれる）。これについて大阪地裁は、忠魂碑判決の一年後、損害賠償請求の点は管理権限のないことを理由に排斥したものの、市教育長に対する不当利得返還請求については認容した（昭和五八年三月一日判決、判タ四八七号一七四頁・判時一〇六八号二七頁）。その理由として、判決は、「本件各慰霊祭は……宗教行事そのもの」であり、「国や地方公共団体が、公務員に対し、このような宗教儀式に参列し、玉串奉奠をしたり、焼香をしたりすることをその公務の内容とすることは、当該公務員個人の信教の自由の観点から、如何なる場合でもできない」から、「公務員が宗教上の儀式に参列することは、法律的には私的行為として評価するほかはない」と説示している。

(3)　さて、右の両事件について、第一審当事者双方から各々の敗訴部分に対し控訴又は附帯控訴がなされ、当初別個に併行して審理されていたのであるが、大阪高裁は、「両当事者の第一審以来の求めに基づき、昭和六〇年一二月五日の各口頭弁論期日において両訴訟を併合する決定をした」由である。訴訟中、第一審原告のうち一人が死亡したが、控訴審では、両当事者の追加した補充主張を含めて多岐にわたる法令解釈上の問題が争われることになった。

大阪高裁（第四民事部）は、死亡原告の請求に関する部分の終了を宣言するとともに、忠魂碑の所有権が市にあることを前提とした請求（市長が遺族会に対して忠魂碑の引渡・敷地の明渡の請求等を怠る事実に関する違法確認請求）を排斥したうえで、第一審原告の主張をほぼ全面的に斥け、その各請求を棄却した。ここに、判旨としてとくに紹介するのは、そのうち憲法違反を理由とする第一審原告の主張にかかわる部分のみである。

## 二　判旨

(1)　忠魂碑は宗教施設であり、遺族会は宗教団体であるから、本件土地売買・敷地貸与は、憲法第二〇条第一項後段・第三項及び第八九条等に違反するとの主張について

(一)　「政府が国家神道、軍国主義、超国家主義を廃止し、多くの国民もこれを支持してきている敗戦後の時期に再建ないし新設された忠魂碑は、専ら非業の死を遂げた戦没者を追悼・顕彰するために、特定の思想、信条、宗教を超えた人間本来の倫理感を表現した記念碑であるとみるのが客観的には相当である」。

(二)　憲法上、宗教団体とは「宗教的活動を目的とする団体」をいうが、「日本遺族会及びその支部は、戦没者遺族の相互扶助・福祉向上と英霊の顕彰を主たる目的として設立され活動している団体であって、特定の宗教に拘束され又は特定の宗教を排除する趣旨で組織されているものではなく、宗教の宣伝、宗教的信仰の表白その他宗教的意義を有する

ものを事業目的とするものではない」から、このような団体が「その本来の事業の目的を遂行するうえで臨時的又は定期的に宗教的行事ないし宗教にかかわり合いのある行為を企画実行している」ことを理由として、直ちに宗教団体とみることはできない。

(2)　慰霊祭は宗教儀式であるから、それに参列した教育長への給与支出は、憲法第二〇条第一項後段・第三項及び第八九条に違反するとの主張について

(一)　「区遺族会の主催した本件各慰霊祭」が、「全体としては、……特定の宗教とかかわり合いをもつものであることは明らかである」。

(二)　憲法上の「いわゆる政教分離の原則に基づく諸規定」は、国又は地方公共団体と「宗教とのかかわり合いの程度がわが国の社会的、文化的諸条件に照らし、国民の信教の自由を保障することを確保するという制度の根本目的との関係で相当とされる限度を超えるものと認められる場合に限り、これを許さないとするものである」から、憲法が禁止する「宗教的活動とは……国及びその機関の活動で宗教とのかかわり合い……が右にいう相当とされる限度を超えるもの」をいい、「当該行為の目的が宗教的意義をもち、その効果が宗教に対する援助、助長、促進又は圧迫、干渉などになるような行為をいうものと解すべきである」。

(三)　「宗教儀礼を伴った死者の慰霊・顕彰行為に参列することを単なる習俗とみるべきか或は宗教的活動として把握すべきか」は、「特に、追悼・慰霊行為の主催者が参加者の参列を求める意図・目的、参加者の地位・資格及び参加の意図・目的、参列行為の一般人に与える効果・影響等を考慮」して判断しなくてはならないが、「地域の公人たる市長、教育長等」が、「専ら戦没者を慰霊・顕彰するという民間習俗・社会儀礼的意義を明示する目的で挙行された」本件慰霊祭に参列したことは、「慰霊事業の社会的意義に鑑みて社会的儀礼として行われているもの」と考えられ、また公的な「職務に関する儀礼的行為」とみとめられる。

## 三　評釈

右の判旨(1)、(2)に引かれたところは、言うまでもなく、併合審理前の(一)忠魂碑訴訟事件、及び(二)慰霊祭訴訟事件で争われた主要な論点に対応するものである(1)。いずれも第一審と対蹠的な結論を示しており、耳目をひく事件であっただけに、すでにその対比的検討・紹介批評も行われている(2)。

ここでは、判旨(1)に含まれる二つの争点、すなわち忠魂碑の性格と遺族会の性格とについて検討を加えたのち、判旨(2)で扱われた市の慰霊祭への関与と宗教的活動との関係について筆を進めることとする。なお、原告の訴えは、地方自治法による住民訴訟として提起され、本判決は住民訴訟上の当事者適格・対象事項といった問題についても答えるところがあるが、紙幅の関係上、これについての論評は控えることにする。

### 1　忠魂碑と「宗教施設」

(1)　第一審判決も本判決も、忠魂碑の性格について詳しく論じているが、それは、もし忠魂碑が宗教的な礼拝の施設にあたるとすれば、後述する遺族会の性格いかんにかかわらず、市による忠魂碑の市有地内への移設行為自体が、憲法第二〇条第三項で禁止する「宗教的活動」に該当するのではないかという疑念を生ずるからである。

その点について第一審は、叙上のごとく、忠魂碑を「宗教的観念の表現である礼拝の対象物となっている宗教施設」と認定したが、本判決は、それを「専ら慰霊・顕彰のための記念碑」とみるべきものであり、「宗教施設」と解することはできないと判断した。その過程の中で、いずれも「宗教施設」なる観念を用い、かつ忠魂碑の建立・維持をめぐる「歴史」的考察をおこなっている点で共通する。けれども、戦前の忠魂碑「礼拝」の意味については異なった理解を示しており、それが忠魂碑の宗教的性格の有無に関する判断を左右しているようである。すなわち、それを第一審は「靖国神社とその系列下にあった護国神社」の祭祀における拝礼と同様のものとみ、したがって、それ自体「宗教上の観念に基づく礼拝」ととらえたのに対し、本判決は、「軍ないし学校教育に関する国策上要請されたもの」、つまり「軍国主義的・超国家主義的思想」の発現として、むしろ世俗的な精神教育上の参拝と解するのである。

(2)　けれども、いずれにせよ、そうした認定の基準となる「宗教施設」なり「宗教上の観念に基づく礼拝」なりの意味するところは、宗教の定義の難しさに由来する事情もさることながら、必ずしも明らかでないように思われる。とくに「宗教施設」の概念は、いとも簡単に用いられているが、その語感から受ける一見判りやすい印象とは異なり、どのような内実をもつのか、決して定かでない。あるいは広く宗教的象徴（表象）又は宗教文化財のことを指すのであろうか、あるいは現行法規にいわゆる「礼拝の施設」（宗教法人法第一条第一項・第二条第一号・第八一条第一項第三号など）又は礼拝の用に供する建物・物品など（宗教法人法第六六条以下、国税徴収法第七五条第一項第七号、民事執行法第一三一条第八号、旧関税定率法第一五条第一項第四号など）を念頭に置いているのであろうか。およそ国民生活上の何らかの信仰心の表われ又は対象とみるのなら、「宗教施設」の範囲はきわめて広汎で、たとえば公道上の地蔵像や山河・樹木といった自然物などもすべてそれに属することになろう(3)。同様に、「礼拝」についても、われわれのあらゆる祈り、拝むという行為を含むと考え、その対象を「宗教施設」とみるのであれば、特定の宗教儀式がそこで行われるかどうかにかかわりなく、すべて、たとえば戦没者墓苑などもそれに当たることとなり、その公的な維持・管理も、当然、憲法問題となりうるであろう。

(3)　このように考えるとき、辿るべき筋道は、右に述べたような曖昧さを内包する「宗教施設」という迂回路を経ることなく、直接に、ある具体的な碑石・塔・彫像などが宗教性を有するか否かは、それが特定の宗教の象徴と見られるものであるか、特定の信仰のかたちを表わすものであるかによって判断すべきだ、ということになろう。そして、忠魂碑が宗教学上いずれかの宗教・信仰の表象とみられることはなく、また、第一審及び控訴審の認定したところによっても、本件忠魂碑前での儀礼の形式は神式又は仏式と交替しているのであるから、そこでの祈り・拝みという行為も特定の宗教・信仰のゆえになされたものとは考えられない。したがって、その対象である忠魂碑が特定の「礼拝の施設」に属するとみることは、とうていできまい(4)。

(4)　付言しておくと、第一審判決のように、忠魂碑が「宗教上の行為に利用される宗教施設である」と論断するときは、いわゆる政教分離規定のみを強調するのは一方的な議論で、それと信教の自由な行使の保障（憲法第二〇条第一項）との調整という重大な問題がひかえていることにも注意を払う必要があろう。なぜなら、本件忠魂碑は以前から公有地に存したものであり、その前でしか「礼拝」が意味をもたない以上、移設の必要が公共目的から生じた場合には、移設の前後を通じて同じ条件での「礼拝の施設」を確保することが、信教の自由な行使を妨げないために必要ではないか、と考えられるからである。もちろん、人はあるいは公有地以外のところで確保すればよいと反論するかも知れない。しかしながら、私人は右施設のための敷地を提供すべく強制されるいわれはなく、いわんや、前提とされる施設の性質上、土地収用・使用の対象とされるべきものではないから、第一審判決は、「礼拝の施設」たる忠魂碑の移設を違憲と判断することによって、「礼拝」行為を追放するに等しいことになる。それでは、自由な「礼拝」を保障する憲法の趣旨に反し、たとえば「神社、寺院、教会その他これらに類するもの」を、とくに用途地域内の建築物制限から除外している現行法の精神（建築基準法第四八条第一項・別表第二(い)項参照）とも合致しなくなる。

私見によれば、忠魂碑自体は特定の宗教を表わし、又は特定の信仰のかたちを示したものとは考えられないから、その除去・移設は、信教の自由と直接関係するものではない。したがって、公共目的上やむを得ない場合には、縮小されたかたちでの再建や敷地提供がおこなわれたとしても、自由な「礼拝」活動を侵害するといった問題は生じないと思う（但し、忠魂碑は遺族会所有であるから、財産権保障との関係はありうる）。

## 2　遺族会と宗教団体

(1)　他方、忠魂碑の所有者たる遺族会が、憲法第二〇条第一項後段にいう「宗教団体」又は第八九条前段の「宗教上の組織若しくは団体」に該当するとすれば、忠魂碑の宗教性いかんにかかわらず、市の移設費用の負担及び市有地の無償貸与は、憲法が禁止する特権付与及び公金支出・財産供与にあたるのではないかという問題が生ずることになる。

もともと、第一審原告が強く主張していたのは実はこの点であって、市遺族会が、その「組織及び事業の実体からすれば、憲法第八九条にいう宗教上の組織又は団体に該当することは明らか」であると論じていた。ところが、第一審判決は、前述の如く、すでに忠魂碑自体が宗教的性格を有すると判断したため、右の問題に正面から答える必要をみとめず、たとえ「遺族会が厳格な意味で宗教上の組織若しくは団体であるといえないとしても」、市費による忠魂碑の移設及び市有地の貸与が憲法第八九条に反するとの結論を導いた。その前提として、同判決が、憲法第八九条は、「宗教上の組織若しくは団体に対する」もののみならず、「広く信仰、礼拝、布教等の宗教的意義を有する事業ないし活動に対し」、公金を支出し財産を利用させることを問題とするものと解した点は、とくに注意を惹く。

控訴審は、しかし、判旨(1)の㈡でその一部を紹介したように、そうした拡大解釈[5]の前提そのものを斥けた。すなわち、本判決によれば、憲法第八九条前段及び第二〇条第一項後段は、「国が財政面・社会面・文化面に宗教とのかかわり合いを持つことを全く許さないとする趣旨ではなく、国が特定の宗教団体に財政的・社会的・文化的な援助をするときには、国が特定の宗教を選別し、更には国教を認めるという事態が生じ、ひいては信教の自由を侵害する結果に至ることに鑑み、右財政的援助・特権の付与を禁止しているもの」であり、憲法第八九条前段は、「宗教上の組織又は団体については、その事業の如何を問わず、公金を当該組織又は団体の使用、便益又は維持のために支出すること等を禁止している」ものと解される（傍点筆者）。

(2)　私は、この控訴審判示は、憲法第八九条前段の解釈について、傍点を施した箇所が示すように、精確な指針を与えたものであると思う。これに対して、第一審判決と同旨に立ち、同条を「宗教的事業ないし活動に着目した規定」と見る論者は、「もしも、本条は厳格な意味における宗教的団体、すなわちほんらいそれ自体宗教的事業・活動を目的とする団体に着目した規定であるとするならば、形式的には非宗教的団体として設立されている団体でさえあれば、その行う宗教的事業・活動に対する援助や便宜の提供は禁止されないこととなり、本条の趣旨が失われることとなる」(6)と反駁するかも知れない。けれども、この反論は急所をついたものとは言いかねる。憲法第八九条前段が利益享受の主体(宗教団体性)を問題としたものと解しても、同条後段こそは、その主体の性格を問うことなく、或る事業それ自体を問題とするものであり、反対説の持ち出す部分は、当然にここでの判断の対象となるからである。その意味で、本判決も、「憲法八九条は、……その後段においては、公の支配に属しない慈善、教育又は博愛の事業については、その主体如何にかかわらず事業そのものに着目して財産上の援助を禁止して」いる趣旨であることを示すのであろう(傍点筆者)。

そもそも、憲法にいう「宗教上の組織若しくは団体」が、いわばその本来的な姿、つまり「宗教の教義をひろめ、儀式行事を行い、及び信者を教化育成することを主たる目的とする……団体」(宗教法人法第二条柱書)のみでなく、宗教的な働きをもつ緩やかな人の結合体まで含みうることは、制憲議会でも示されていたところである(7)。したがって、その意味では、たとえば、「何らかの行政機関の職員のなかに神社を信仰する者……が緩やかな意味での団体(たとえば「有志グループ」)を結成した場合」や、「キリスト教を信仰する者が何らかの有志的な団体(「聖書を読む会」など)を結成して宗教活動を行うというような場合」(8)に、それらの団体を憲法所定の「宗教上の組織若しくは団体」にあたると主張することを、不当な拡大解釈と論難することはできない。ただし、注意すべきことは、右の設例が示すように、宗教・信仰を同じくする者がそれに則した行為をなすために結成するという点であって、これを前提とする限りでは、また、右の憲法文言を「何らかの宗教上の事業ないし活動(運動)を目的とする団体」(傍点筆者)と解することも、許されないわけではない。

しかし、そこから更に一歩を進めて、憲法第八九条前段を、「宗教上の事業ないし活動に対して」、公的援助を与えてはならないという意味にまで解釈することの当否は、かなり疑わしいように思う。第一に、そうした事業又は活動そのものに着目し、その主体いかんを問わないというのであれば、前述の如く、むしろ憲法第八九条後段の問題とすべきところであろう。第二に、右の拡大解釈によれば、論理上、その事業又は活動の主体は必ずしも団体である必要はなく、一個人の活動又は運動をも対象としうることになるが、それでは憲法第八九条前段の文言から遠く隔たる結果になるであろう。第三に、これが不当と感じられるなら、やはり同条の適用について何らかの「団体」性を前提とせざるをえないが、目的こそ団体の存立理由であり、およそ団体を対象とする限り、その目的が何であるかを問題とすることには十分な理由がある。したがって、それを全く問うことなく、或る団体の活動を、たんに何らかの宗教にかかわり合いをもつという一事をもって、直ちに、憲法にいう「宗教上の組織若しくは団体」にあたると論ずるかの如き「宗教上の事業ないし活動」という解釈を施すことは、妥当ではあるまい。以上の点からすると、本判決が、判旨(1)の(二)で述べたところは、頗る合理的である。そもそも、種々の檀徒・氏子・教徒・信者等を含んだひとつの宗教団体といったものを想定することができようか。

(3)　もっとも、この判決に全く問題がないというわけではない。その問題とされるべき部分は、本判決が、「日本遺族会及びその支部は、戦没者遺族の相互扶助・福祉向上と英霊の顕彰を主たる目的として設立され財団法人として認可されて活動しているものであって、その事業目的を遂行するための手段・方法として靖国神社の参拝を企画・実施しているからといって、所論の憲法違背の団体であるとすべき理由はない」という箇所である。最後のくだりを瞥見すると、現行法上、私的団体について憲法違反を語りうるかのような印象を抱かせる。けれども、その用意はできているだろうか。第一に、西ドイツ流の「たたかう民主政」的な憲法制度が実定化された場合ならともかく、そうでない限り、「私人の行為には原則として違憲がなく、違憲は公権力の行為に限られる」(9)はずである。第二に、仮りに「憲法違背の団体」を想定したとして、それと、たとえば、公の施設の利用に関しての「正当な理由」又は「不当な差別的取扱い」(地方自治法第二四四条第二・第三項)などとの関係はどうなるのかといった問題に直面せざるをえまい。もちろん、判決は、いうところの「所論」、すなわち、遺族会の性格や活動が「憲法の根本規範に反し、国民主権の否定、個人の尊厳と基本的人権の軽視、軍国主義の復活に与するもの」であり、「団体そのものが反憲法的である」との控訴審での第一審原告の補充主張に引きずられ、それに対して、付随的に答えたまでのこととも考えられる。とすれば、その部分を取り上げて喋々と論ずるのは詮無いことかも知れないが、それにしても不用意の感は否めないようである。

### 3　市の慰霊祭関与と宗教的活動

(1)　以上のように、忠魂碑自体は特定の宗教的な礼拝の施設とは言えず、かつ遺族会は宗教的団体に当たらないとしても、問題がすべて解決したことにはならない。というのも、忠魂碑前でおこなわれた遺族会主催の慰霊祭が宗教色をもつ場合には、市長・市教育長などのそれへの参列行為が、憲法第二〇条第三項で禁止される「宗教的活動」に相当するのではないかという論点が、依然残っているからである。

この点について、第一審は、問題となった慰霊祭が、神道又は仏教の「典型的な宗教儀式であること」を認めながらも、「公務員が宗教上の儀式に参列することは、法律的には私的行為として評価するほかないから、被告……の参列行為について政教分離の原則の観点からその適法性合憲性について判断をする必要がない」との特異な論理を展開した。これに対して、控訴審の本判決は、論理の正道にしたがい、判旨(2)の㈠で慰霊祭の宗教性を肯定したうえで、それへの公人の参列行為といわゆる政教分離原則との関係を説いている。しかしながら、その立論には、多少不審な点も見受けられる。

すなわち、判旨(2)の㈡は、言うまでもなく、判決自身その参照を求めているように、憲法第二〇条第三項の「宗教的活動」の解釈について、いわゆる津地鎮祭事件で最高裁判所が示した判例（最大判昭和五二年七月一三日民集三一巻四号五三三頁）を踏襲したものである。この最高裁判例については、今日なお種々の批判・解釈がおこなわれている⑽が、本件判決は、その判例が、公的機関の主催する宗教的起源をもつ儀式又は行事について、その「宗教的活動」性（したがって違憲性）を判定するために設けた枠組みを、それ自体としては合憲・違憲を論ずる余地のない民間団体主催の儀式・行事に適用したもの、と評されても仕方のない部分を含んでいるように思う。

それというのも、まず、判旨㈠に見られるように、判決は「宗教とのかかわり合い」という概念を持ち出しているが、最高裁がそれを用いたのは、市の主催した儀式（起工式）が「宗教とかかわり合いをもつもの」、一般的に言えば、「国及びその機関の活動で宗教とのかかわり合いをもつすべての行為」云々という文脈においてであった。民間団体が主催しておこなう儀式・行事に宗教色が入りうること自体は、信教の自由を保障する憲法の下ではむしろ当然であって、改めてことさら「宗教とのかかわり合い」を問題視するいわれはない、と言うべきであろう。さらに、最高裁が「宗教的活動」として「宗教とのかかわり合い」の相当限度を尋ね、行為の目的・効果に着目したのも、憲法第二〇条第三項所定の「国及びその機関」のそれである。ところが、本判決は、その解釈作法を、「特定の宗教儀礼を伴って行われる」死者の追悼・慰霊一般に及ぼし、「このような追悼・慰霊行為を単なる習俗とみるべきであるのか或は宗教的活動として把握すべきであるのか」を問うている。本件で真に論ずべきことがらは、私人の主催する儀式又は行事の宗教色の有無・程度それ自体の問題ではなく、私人主催の宗教色ある儀式に市が関与したことが「宗教的活動」に当たるか否かの点であるから、そこに、「宗教とのかかわり合い」又は「宗教的活動」の論議が登場するのは、筋違いのように思われる。同じことは、判決が、「宗教儀礼を伴った死者の慰霊・顕彰行為に参列すること」一般について、再び、「単なる習俗とみるべきか或いは宗教的活動として把握すべきか」を問うている点についても言えよう。

もちろん、だからと言って、判決の論理の運びそのものが不当になるわけではない。市長・教育長などの慰霊祭への参列行為が、憲法上「宗教的活動」と評価されるかどうかは、もともと、その参列の対象となる追悼・慰霊行為が特定の宗教儀礼を伴うものである場合に限って、初めて問題となりうるからであり、かつその行為の宗教性の程度も、「宗教的活動」性を判定するにあたって、ひとつの判断要素となるからである。

(2)　上述の如く、津地鎮祭に関する最高裁判例は、市という公的機関が主催する行事・儀式を直接対象としているため、「当該行為の行われる場所、当該行為に対する一般人の宗教的評価、当該行為者が当該行為を行うについての意図、目的及び宗教的意識の有無、程度、当該行為の一般人に与える効果、影響等」を考慮して、「宗教的活動」に当たるかどうかを決すべきものとした。そうした判断方法を、私人主催の儀式・行事への公人の参列行為の場合に応用したのが本件判旨㈢であって、判決も言うように、「民間団体の主催する宗教的儀式を伴う慰霊祭に地域の公人が参列する例は少なくない」ことを想うと、一般に、こうした参列行為が、「社会的儀礼」としての範囲にとどまる限り、憲法の禁ずる「宗教的活動」には当たらないと判断したことにもなる。

第一審は、本件慰霊祭が神式又は仏式でおこなわれた点をとらえて、それは「宗教行事そのものであって、この点で、我が国では、慣習化した社会的儀礼の面の評価も受けているいわゆる神式の地鎮祭とか、更には、葬儀などとは、自らその性質を異にする」との秤量を示した。ここでも既に、葬儀が慣習化した社会的儀礼とみられているが、今日、葬儀・追悼式・慰霊祭といった広義の葬送儀礼は、死者の弔魂慰霊を目的とした社会的な習俗・慣習としての要素を強く有している。民間の年中行事となった盂蘭盆はその延長でもあり、「祖先をうやまい、なくなった人々をしのぶ」ために、秋分の日を法定することも許される（国民の祝日に関する法律第二条）。

したがって、まず第一に、公務員が、社会的儀礼の範囲内で、民間団体主催の慰霊祭などに出席することをもって、直ちに、その「行為の目的が宗教的意義をもち、その効果が宗教に対する援助、助長、促進又は圧迫、干渉などになるような行為」に当たると解することは、一般的にはできないように思われる。そして、葬儀・慰霊祭がそのようなものである限り、この理は、たとえ主催する民間団体が宗教団体であったとしても変わらないはずで、本判決が、判旨㈢で、とくに「主催者」の性格を問題としていないのは、あるいはそのためかとも考えられる。もっとも、この場合に、行政実例も注意を与えているように、月次祭・釈尊降誕会・キリスト降誕祭といった、特定の宗教団体の宗教儀式としての意義を深くもつ恒例祭にまで公務員が出席することは、問題となりうるであろう(11)。

また第二に、葬儀・慰霊祭が、民間でおこなわれる一般的な儀礼の範囲・程度でなされる限り、公的機関が主催することも、国による「宗教的活動」とはみなしがたいのではないかと思われる(12)。ただし、この場合、津地鎮祭に関する最高裁判例も説いたように、「国民の信教の自由を保障することを確保するという制度の根本目的」から言って、故人の意思・信仰又は遺族の希望に従うことが不可欠の条件であり、また、公務員を含めた何人に対しても、その中でなされる宗教的儀式に参加することを強制することができないのは、当然である（憲法第二〇条第一項前段・第二項参照）。したがって、本判決も、宗教的儀式を伴う慰霊祭などへの参列を職務命令で強制されるいわれのないことを明言しているが、他方、公務員の任意の参列は、「参列者の意思・地位・職務権限、参列の社会的意義等諸般の事情を考慮して、職務行為又は職務に関する儀礼的行為であると認められる場合には」、公的行為として、給与支払の対象となる旨を判示した。ここに、「儀礼的行為」と断っているのは、前述のような参列対象儀式の社会的意義にかんがみての社会的儀礼であることを示すものであるが、また当然に、「本務に支障をきたさない限り」(13)という限定要件を含む趣旨と考えられる。本件では、この点は特に争われなかったが、本務に支障をきたすかたちでの参列は、これに要する費用の多寡にかかわりなく、過度の「宗教とのかかわり合い」を判定する積極的な要素であるに違いないからである。

（1）両事件第一審判決の内容及びその各種批評のカタログは、大家重夫編『宗教関係判例集成2』（第一書房、一九八四年）二一二三頁以下。
（2）初宿正典・ジュリスト八九四号（一九八七年）八八頁以下、上田勝美・法学教室八六号（一九八七年）一〇〇～

一〇一頁、小林直樹「政教分離に関する司法判断」法律時報五九巻一二号（一九八七年）七一頁以下。

（3）地蔵像のため市有地を町会に無償貸与した行為は、合憲と判断された（大阪地判昭和六一年五月三〇日判タ六〇二号四一頁）。これについては、百地章「大阪地蔵像訴訟について」愛媛大学法文学部論集一九号（法学科編、一九八六年）二七頁以下参照。

（4）同様に戦没者記念碑とみるのは、橋本公亘「政教分離と靖国懇報告」ジュリスト八四八号（靖国神社公式参拝特集号、一九八五年）五三頁。

（5）宮澤俊義『全訂日本国憲法』（日本評論社、一九七八年）七四〇頁参照。なお、小林直樹『新版憲法講義㊦』（東大出版会、一九八一年）三九七頁。それらの拡大解釈に対する批判として、百地章「政教分離と財政援助の禁止」愛媛法学会雑誌九巻二号（一九八三年）四九頁以下。

（6）佐藤功『憲法㊦』（有斐閣、一九八四年）一一六四～一一六五頁。

（7）参照、岡田亥之三朗『日本国憲法審議要録』（一九四七年）四八九頁、清水伸『逐条日本国憲法審議録 第三巻』（原書房、一九七六年）六六三～六六四頁。

（8）佐藤功・前掲書一一六三～一一六四頁の設例。

（9）小嶋和司『憲法概説』（良書普及会、一九八七年）一五八頁。

（10）参照、芦部信喜「国家の宗教的中立性」法学教室八五号（一九八七年）六頁以下、中村睦男「政教分離の原則」同誌八六号（一九八七年）三八頁以下。

（11）井上恵行『改訂宗教法人法の基礎的研究』（第一書房、一九七二年）一九二～一九三頁参照。

（12）同旨、井上・前掲書一九三頁以下、小嶋・前掲書一九四頁。

（13）小嶋和司「いわゆる『政教分離』について」ジュリスト八四八号（靖国神社公式参拝特集号、一九八五年）一二二頁。

# V　箕面忠魂碑訴訟上告審判決について

——最高裁平成五年二月一六日第三小法廷判決（民集四七巻三号一六八七頁）

## 一　事実

(1)　大正五年、在郷軍人会箕面村分会によって、戦没者慰霊のために同村役場敷地内に忠魂碑が建立され（これを旧碑という）、これ以後その前で毎年慰霊祭が催されていた。戦後の占領下、政府の忠魂碑撤去方針などにより旧碑の碑石部分が取り外されたこともあったが、昭和二六年頃、箕面市戦没者遺族会の前身である遺族会によって旧碑は再建された。そして同三〇年以来、原則として毎年一回、旧碑の前における慰霊祭が、市遺族会支部である区遺族会の主催の下でおこなわれてきた。

(一)　ところが、昭和四八年、旧碑に隣接する小学校を増改築し拡張することが急務となったため、箕面市は、旧碑を他に移設し、その敷地の明渡しを受けて学校用地に編入することとし、市遺族会との間で、旧碑を現状有姿のまま、しかも碑前で慰霊祭をおこなうのに必要な広さを確保するなどの条件のもとに、現在の敷地に移設するとの合意も成立した（昭和五〇年五月）。そこで市は、右の敷地を含む土地について用途廃止決定をおこなった上で、土地所有者たる土地開発公社から本件で問題となった敷地を買受け、そこに旧碑を移設し再建すると同時に、市遺族会に同敷地を管理・使用させる措置をとった（昭和五〇年一二月）。この移設・再建された忠魂碑が、本件で争われた対象であって、以上の土地購入・移設等に必要な経費八六八二万円余は、すでに市の補正予算に計上され、議会の可決を経たものであった。そして、従来明らかでなかった権利関係をはっきりさせるため、市は、監査委員の勧告にしたがって、旧在郷軍人会箕面村分会の清算人および市遺族会との間で協議をおこない、その結果、本件忠魂碑を市遺族会に贈与されたものとすると同時に、同会による本件敷地の無償使用をみとめるとの合意が成立し（昭和五一年三月）、間もなく市議会もこの無償貸与を可決した。

㈡　こうして、市遺族会は、昭和五一年四月、本件忠魂碑の前で神式による慰霊祭を挙行し、翌年四月にも同じく仏式による慰霊祭をおこなっているが、この際いずれについても、市長・市教育長などが参列して玉串奉奠や焼香をおこなった。そして、いずれの場合も、神職又は僧侶の支度や受付および参列者の座席の用に供するために、隣接する市立小学校の校長室・机・椅子などの使用がみとめられるといった便宜が図られている。

(2)　以上の事実について、箕面市住民の一部から、地方自治法所定の監査請求を経たのち、同法第二四二条の二の規定に基づく住民訴訟が提起されたが、本来それは、右の㈠事実にかかわる忠魂碑訴訟事件と、㈡の事実にかかわる慰霊祭訴訟事件の二つに分かれていた。すなわち、まず前者において、住民らは、本件忠魂碑は宗教施設であり、市遺族会は宗教上の組織又は団体にあたるから、市による忠魂碑の移設および本件敷地の遺族会への無償貸与は、憲法第二〇条・第八九条に違反すると主張して、市長に対し、忠魂碑の除去および敷地の明渡の請求を怠ることなどの違法確認請求をおこない、また市長個人などに対しても、違法行為に起因する損害の賠償についての代位請求をおこなった。他方、後者の事件において、住民らは、慰霊祭は宗教儀式に当たるから、これに市長・市教育長などが関与したことも、憲法第二〇条・第八九条に違反すると主張する。したがって、住民らは、市に代位して、市長に対しては、市財産の使用・消費による損害についての賠償請求をおこなうとともに、市教育長個人に対しては、慰霊祭への参列に要した時間分の給与についての不当利得返還請求などをおこなったのである。

これに対し、第一審の大阪地裁は、まず、㈠忠魂碑訴訟事件における住民らの主張をほぼ認め、本件忠魂碑は「宗教的観念の表現である礼拝の対象物となっている宗教施設である」から、市有地の使用貸借・忠魂碑の移設は、「その目的が宗教的意義をもつ」のみならず、「その効果も宗教活動に対する援助、助長、促進になることが明らか」なので、憲法第二〇条第三項に違反し、したがって、「遺族会が厳格な意味で宗教上の組織若しくは団体であるといえないとしても、本件使用貸借や本件移設は、憲法八九条が禁じている宗教活動に対する公の財産の支出、利用に該当することは明らかである」と判示した（昭和五七年三月二四日判決判時一〇三六号二〇頁）。したがってまた、市と土地開発公社との間の土地売買契約および本件使用貸借も、地方自治法の定める法令適合原則に反し無効とされたが（法第二条第一六項参照）、次いで大阪地裁は、㈡慰霊祭訴訟事件について判断し、市長に対する損害賠償請求に関して、当該財産の管理権限が市長にないことを理由に排斥する一方で、市教育長に対する不当利得返還請求を認めた（昭和五八年三月一日判決判時一〇六八号二七頁）。というのも、「本件各慰霊祭は……宗教行事そのもの」であり、公務員が「このような宗教儀式に参列……することをその公務の内容とすることは……できない」からで、その参列は「私的行為として評価するほかない」というのである。

(3)　右の両事件判決に対しては、当事者双方から、それぞれの敗訴部分について控訴又は附帯控訴がおこなわれた。これに対して大阪高裁は、当初、両事件を別個に併行して審理していたが、のちに両当事者の要求により訴訟を併合して審理し、昭和六二年七月一六日、死亡原告の請求に関する部分の終了を宣言すると同時に、忠魂碑の所有権が市にあることを前提とした違法確認請求（市長が遺族会に対して忠魂碑の引渡および本件敷地の明渡の請求などを怠る事実にかかわるもの）を排斥したうえで、原告住民らの主張をほぼ全面的に斥け、その各請求を棄却する判決を言い渡した（判時一二三七号三頁）。その理由は、本件忠魂碑が「専ら非業の死を遂げた戦没者を追悼・顕彰するために……人間本来の倫理感を表現した記念碑である」とみられること、日本遺族会およびその支部は「宗教的活動を目的とする団体」（宗教団体）とはいえないこと、そして、本件各慰霊祭が全体として「特定の宗教とかかわり合いをもつものであることは明らかである」とはいえ、「地域の公人たる市長、教育長等」がそれに参列することは、「慰霊事業の社会的意義に鑑みて社会的儀礼として行われているもの」という判断に立ったからである。

住民らの上告理由は多岐にわたっているが、要するに、原審は、本件忠魂碑の性格および市遺族会の性格について判断を誤り、教育長の慰霊祭参列行為についての判断も誤っている、というにある。

## 二　判　旨――上告棄却（補足意見がある）

㈠「旧忠魂碑は、地元の人々が郷土出身の戦没者の慰霊、顕彰のために設けたもので、元来、戦没者記念碑的な性格のものであり、本件移設・再建後の本件忠魂碑も同様の性格を有するとみられ……その碑前で、戦没者の慰霊、追悼のための慰霊祭が、毎年一回、市遺族会の下部組織である地区遺族会主催の下に神式、仏式隔年交替で行われているが、本件忠魂碑と神道等の特定の宗教とのかかわりは、少なくとも戦後においては希薄であり、本件忠魂碑を靖国神社又は護国神社の分身（いわゆる「村の靖国」）とみることはできない」。

㈡　市がおこなった本件売買、移設・再建および貸与は、「小学校の校舎の立替え等のため、公有地上に存する戦没者記念碑的な性格を有する施設を他の場所に移設し、その敷地を学校用地として利用することを主眼」とした「方策」であるから、「その目的は……専ら世俗的なものと認められ、その効果も、特定の宗教を援助、助長、促進し又は他の宗教に圧迫、干渉を加えるものとは認められない。したがって……右各行為は……憲法二〇条三項により禁止される宗教的活動には当たらない」。

㈢「憲法二〇条一項後段にいう『宗教団体』、憲法八九条にいう『宗教上の組織若しくは団体』とは、宗教と何らかのかかわり合いのある行為を行っている組織ないし団体のすべてを意味するものではなく……特定の宗教の信仰、礼拝又は普及等の宗教的活動を行うことを本来の目的とする組織ないし団体を指す」ところ、問題の遺族会は「いずれも、戦没者遺族の相互扶助・福祉向上と英霊の顕彰を主たる目的として設立され活動している団体」であり、「その事業の一つである英霊顕彰事業として……神式又は仏式による慰霊祭の挙行、靖国神社の参拝等の宗教的色彩を帯びた行事をも実施し、靖国神社国家護持の推進運動にも参画している」ものの、これらの活動は「その会員が戦没者の遺族であることにかんがみ、戦没者の慰霊、追悼、顕彰のための右行事等を行うことが、会員の要望に沿うものであるとして行われていることが明らか」であるから、遺族会は「憲法二〇条一項後段にいう『宗教団体』、憲法八九条にいう『宗教上の組織若しくは団体』に該当しない」。

㈣　市教育長の本件慰霊祭への参列は、「地元において重要な公職にある者の社会的儀礼として、地区遺族会が主催する地元の戦没者の慰霊、追悼のための宗教的行事に際し……弔意、哀悼の意を表する目的で行われたものである」から、「その目的は……専ら世俗的なものであり、その効果も、特定の宗教に対する援助、助長、促進又は圧迫、干渉等になるような行為とは認められない。したがって、……憲法上の政教分離原則及びそれに基づく政教分離規定に違反するものではない」。

## 三　評　釈

本判決には、いわゆる代位請求住民訴訟の要件（地方自治法第二四二条の二第一項第四号）および不利益変更の禁止という上訴者の訴訟法上の利益（民事訴訟法第三八五条・第三九六条参照）について、興味ぶかい判断を示した部分がある。けれども、本判決の主たる意味は右に紹介した憲法問題の処理にあり、園部逸夫判事の補足意見も、これに関する法廷意見の論理に対して付されたものであるから、以下では憲法判断についてのみ論及することにしよう。

(1)　本判決は、言うまでもなく、判旨(二)および(四)からも明らかなように、公的機関の行為として憲法上禁止されるべき「宗教的活動」の判断について、確立した判例法理である目的効果の規準を前提とするもので、現にこれを引用している(1)。そして法廷意見が、この規準を本件で争われた市の一連の行為に当てはめる際、忠魂碑の宗教性および遺族会の宗教団体性の有無又は程度を結論を左右する判断要素と位置づけたことは、判旨(一)および(三)によって明らかである。しかし、この位置づけについては、まず、園部逸夫判事の次のような補足意見があり、注目される。

一般にこのような追悼のための施設等は……その前で、故人の追悼、慰霊等の行動や行事をする者の何らかの宗教的な感情の対象となるのであり、それは、単なる記念碑以上の宗教的存在としての性格を有するものとなり得るのであって、このことは、右の行動や行事が、特定の宗教の儀式によらない場合も同様であると考える。しかしながら、このような追悼のための施設等の性格を、それにかかわる者の感情に照らして、一義的に判断することは、困難であるのみならず、右の性格を明らかにすることが、憲法上の政教分離原則違反の有無を判断するための不可欠の要件であるとまではいえないのでないかと思う。

この意見の前段は、人の宗教的心意の機微を簡潔に表現しようとするものであるが、法廷意見が「戦没者記念碑的な性格を有する施設」ととらえた本件忠魂碑それ自体をどうみるかについて、とくに示すところはない。これを示さない理由は、「しかしながら」以下の後段に述べられ、ここに、忠魂碑というものの性格の認定を、本件で争われた政教分離原則違反の問題の判断要素とした法廷意見との違いが際立っている。この補足意見は、忠魂碑のような「追悼のための施設等……の性格を明らかにすること」は、憲法判断の「不可欠の要件であるとまではいえない」と考えるべき根拠について、その理由を明らかにしていないが、この点に関しては、問題は公的機関の行為が「宗教的活動」にあたるか否かにあり、物的施設それ自体はその行為の内容をなさない、という論理が働いたのかも知れない。いずれにせよ、同補足意見は、右のような立場から、市の一連の行為については「法廷意見の引用する各大法廷判決の判断基準によって判断することで足りる」と考え、法廷意見と同じ結論に達したわけであろう。

学説には、この補足意見に呼応する形で、しかもこの立場をさらに進めて、「遺族会の宗教団体性および忠魂碑の宗教施設性は、いずれも市の行為が政教分離原則に反するか否かを考えるにあたって、必ずしも結論を左右する論点ではない」とする論者もある(2)。その場合の憲法判断の枠組みについては、おそらく補足意見と同様に、従来の最高裁大法廷判決の示した目的効果の規準によるとの前提があるのであろうが、さらに、この論者は、判旨(二)および(四)に出てくる「特定の宗教を援助、助長、促進し」云々の表現をとらえ、「宗教一般を非宗教に対して助長することをも禁じている」「従来の最高裁の定式」に比して、効果の内容を縮減したものと理解する点で、特徴的である。私には、本判決が効果要件をとくに限定解釈したとは思われないが、いずれにせよ、忠魂碑という施設の宗教性いかんも遺族会という団体の宗教性いかんも、憲法判断にとって不可欠でないとする立論は、少なくとも、本件で争われるような政教分離原則違反の問題を、補足意見以上に、もっぱら憲法第二〇条第三項にいう「宗教的活動」の判断規準として設定された目的効果論に収斂させようとするものと言えよう。

(2)　このように、右の立論および補足意見は、ともに法廷意見と同じく、公的機関がおこなうことを禁じられる「宗教的活動」の定義に関する目的効果の規準を、判断の基礎とするものである。それでは、公的機関のある行為が、この規準によって意味づけされる宗教的活動に該当するか否かを具体的に判断する場合に、われわれは、どういうことを考慮すべきであろうか。従来の確立した判例法理は、正しくこの点について、次のように指示している(3)。

ある行為が宗教的活動に該当するかどうかを検討するに当たっては、①当該行為の行われる場所、②当該行為に対する一般人の宗教的評価、③当該行為者が当該行為を行うについての意図、目的及び宗教的意識の有無、程度、④当該行為の一般人に与える効果、影響等、諸般の事情を考慮し、社会通念に従って、客観的に判断しなければならない。

ここには、目的効果規準によって定義された宗教的活動への当てはめに際して考慮すべき要素が、少なくとも四点列示されているのであって、これによれば、本件で問題とされた市又は市教育長などの行為が、宗教的活動に当たるかどうかを検討するに際して、それが関係した忠魂碑や遺族会の性格を判断することは、やはり大きな意味をもつと言うべきであろう。一般的にみて、ある施設が宗教的建造物であるなら①の要素を支配し、ある集まりが宗教団体の主催するものであるときは、②の要素に影響を与えないわけがないし、それらは同時に、③および④（とくに後者）の要素を左右することも間違いないからである。そうだとすると、法廷意見が、判旨㈠で移設・再建の対象となった忠魂碑の宗教性について判断し、判旨㈢で遺族会の宗教団体としての性格の有無を問い、これらを「重要な考慮要素とした」(4)ことは、充分理由のある判断のしかたであると考えられる。

これに対し、園部判事の補足意見は、少なくとも判旨㈠の判断を不要としつつ、憲法第二〇条第三項にいう「宗教的活動」を目的効果規準によって意味づける判例法理に依拠して合憲判断を導いたわけである。けれども、同じ判例法理の中で説かれている、その宗教的活動の観念の具体的な適用に当たって考慮すべき諸要素との関係が、どのようにとらえられているのか、私にはよく解らない。私には、たとえば、右に掲記された①について言うと、公務員の出向いた所に、ある聖性の表現物（例、磔刑者像）が設けられていたという場合に、その場所のもつ意味を考慮することは、ごく自然な判断のしかたのように思われる。むろん、この場合、先の②ないし④などの諸要素を考慮して、当該公務員の行為がはたして宗教的活動といえるかどうかを判断しなくてはならないが……。

また、判旨の㈠のみならず、その㈢の判断も、本件の解決にとって不要であるとの論評についても、目的効果の規準を前提とするなら、その目的効果論の中で説かれた諸要素との兼ね合いをどうとらえるかを――補足意見に対する以上に――問い質さなくてはなるまい。私には、公務員がある行事に参加した場合に、その行事の主催者がどのような者であるか、その行事の中心をなす施設の所有者又は維持管理者がどういう団体であるかは、先に列示された諸要素、とくに②ないし④の評価にあたって、施設の性格の問題以上に重要な意味をもつように思われる。したがって、補足意見が、判旨㈢までを判断要件でないとしなかったのは、充分に理由のあることのように思われる。

(3)　判旨㈠は、本件で争われた忠魂碑の性格について、記念碑的なものと述べたが、それが全く宗教性を有しないとの意でないことは、「神道等の特定の宗教とのかかわりは……希薄であり」というところから、明らかである。もともと、問題の忠魂碑が宗教性をもつかどうかは、第一審以来、学説の上でも争われていたのであるが(5)、そこで特徴的なことは、第一審・控訴審および学説において、法令上の用語として確定した意味を与えられてもいない「宗教施設」なる概念を持ち出し、これに該当するか否かというかたちで論議が展開されてきた点である。そのため、この語は用いられる文脈によって広狭両義に理解され、たとえば、千鳥ヶ淵戦没者墓苑や原爆慰霊塔などはそれに当たらないが、忠魂碑はそれに該当するといった議論すらおこなわれた。「宗教」というものを広義に解して、宗教的現象を総体的に把握しようとする宗教学の見地からすれば、いずれも宗教文化財であることは明らかであるにもかかわらず、である(6)。

この点を考えるとき、判旨㈠が、とくに中間的な判断を介在させる「宗教施設」といった観念を全く用いなかったことに、充分注意する必要があろう。これは先に引用した補足意見でも同じであって、本判決について、「当該施設が『宗教施設』に該当するか否かで判断した原審の判断の枠組みとは異なる」(7)と言われる所以である。

他方、判旨㈢は、憲法第二〇条第一項後段にいう「宗教団体」と、同第八九条にいう「宗教上の組織若しくは団体」

とを統一的に把握し、その意味を述べたうえで、問題とされた遺族会がそれに当たらないとする。従来から、憲法の用いているそれらの概念の意味するところについては、宗教法人法第二条にいう「宗教団体」よりも包括的なものであるとする点では一致するものの、とくに憲法第八九条にいう「宗教上の組織」に関しては、(a)宗教活動を目的とする組織体と解する説と、(b)組織体の要素を捨象して宗教的事業又は運動と解する説との対立があった(8)。この点について、判旨㈢は、文言上も制定過程に照らしても無理のない前説に立ったものとみられる。

しかしながら、後説の理解については、そこにいう事業又は運動とは、初めから集団的要素を組み込んだ人的結合体としての「制度」に対応しうるので、必ずしも組織体の要素を捨象した不当な拡大解釈と称すべきものではない、との注目すべき見方も示されている(9)。この考えに立てば、前説と後説との間には基本的な違いはなく、判旨㈢は、この両説から形成される「通説的理解」を示したにすぎないということになろう。しかしながら、「組織」すなわち「制度」に関するオーリウ理論として戦前に紹介されたものと、日本国憲法の具体的条規の解釈として提示されたところとの思考連関は決して明らかでなく、その間の架橋はとてもむずかしいように思う。

さて、従来も、憲法第八九条前段の定める政教分離原則が問題とされた事案は、いくつか存した。いわゆる国有境内地処分法――正式には「社寺等に無償で貸し付けてある国有財産の処分に関する法律（昭二二法五三）と称する――の合憲性にかかわる訴訟(10)や、神社の境内入口まで通じている道路の改良工事に公金が支出された事案(11)などは、その代表例といえよう。けれども、これらの場合、譲与又は支出の受益者は、紛れもなく宗教法人たる寺院又は神社であったから、「宗教上の組織若しくは団体」の意味をことさら問題にする必要はなかった。その意味で、判旨㈢は、憲法第八九条にいう「宗教上の組織若しくは団体」および憲法第二〇条にいう「宗教団体」の概念を、最高裁判所として初めて正面から明らかにしたものと言える。

(4)　ここで与えられた「宗教上の組織若しくは団体」の定義それ自体は、妥当なものであろうが、判旨㈢の省略部分には、実は、次のような行がある。

「宗教団体」「宗教上の組織若しくは団体」とは……国家が当該組織ないし団体に対し特権を付与したり、また、当該組織ないし団体の使用、便益若しくは維持のため、公金その他の公の財産を支出し又はその利用に供したりすることが、特定の宗教に対する援助、助長、促進又は圧迫、干渉等になり、憲法上の政教分離原則に反すると解されるものをいうのであり……

この後に「換言すると」という接続詞を用いて、先にみた定義が述べられるわけである。右の引用部分は、明らかに、確立した「判例理論である『目的効果基準』を右『宗教団体』、『宗教上の組織若しくは団体』の概念の中に取り込んだものである」(12)ことを示している。けれども、これと判旨㈢で紹介した定義とは、はたして「換言すると」というかたちで同格視しうるものであろうか。

そもそも、公的機関がおこなうことを禁止される「宗教的活動」の内実や限度を明らかにするために考案された目的効果規準を、私的な結社として憲法上当然にその存在を認められる「宗教上の組織若しくは団体」の範囲の画定に用いることは、筋ちがいではあるまいか。また、政教分離原則が問題となるのは、ある結合体が「宗教団体」又は「宗教上の組織若しくは団体」に当たるかどうか自体ではない。むしろ、その一定の観念を前提としつつも、それが「国から特権を受け」(憲法第二〇条第一項後段)、あるいは「その使用、便益若しくは維持のため」に公的財産の供用や公金の支出をおこなうということが(同第八九条前段)、問題視されるのである。このことは、受益者が明らかに宗教法人である場合であっても、それへの国有財産の譲与や、それに利益をもたらす公金の支出の意味や性質を考えて、政教分離原則に反しないとする上記の最高裁判決(13)から解るであろうし、また、宗教団体を母体とする学校法人への公的助成などが、宗教系私学であるがゆえに禁止されることはない、という点からも知られよう。

要するに、宗教にかかわる公的機関の行為の合憲性を判定する目的効果の規準を、その行為の相手方たる私的団体の性格や活動内容を判定するのに用いることは、判断すべきポイントを見誤ったものと言われても仕方があるまい。一般的に言っても、ある規範に対する違反を判断するときに、その規範全体の意味を、それを形づくる個々の要素の中に初めから取り込む必要は、全くないはずである。

もちろん、そう言ったからといって、判旨㈢における定義まで不当に感じられるわけではない。つまり、「特定の宗教の信仰、礼拝又は普及等の宗教的活動を行うことを本来の目的とする組織ないし団体」という解釈は、そうした目的効果規準とは関係なく合理的に導きうるもので、文言の上からも制憲史に照らしても、それ自体として支持できるもののように思われる。

(5)　それにしても、「宗教団体」「宗教上の組織若しくは団体」の意味を確定しようとするときにすら、目的効果規準が引き合いに出されるという事実は、政教分離原則の規範内容をもっぱら目的効果論に収斂させる一般的な傾向をよく反映している。その芽はすでに、同原則を「国家と宗教との分離」というかたちでとらえ、その「一定の限界」を論じた津地鎮祭大法廷判決(14)に見られる。しかしながら、国家という組織と宗教という心意・現象とを対置させ、その間の「分離」を語るところに、出発点において、そもそも無理があるのではないか。政教分離の原則をとる国々で用いられる定式は、必ず「教会と国家との分離」というものであって、その場合、これを軸として「教会・国家関係」や「政治と宗教」の関係が言われることはあっても、国家がおよそ宗教的な心意・現象と「かかわり合い」をもたない、という意味で「分離」が観念されることはない。このような「分離」観は、結局のところ、政治的共同体から宗教というものを追放してしまうに等しいからである。

そこで有力な学説は、まず、政教分離原則を語る場合の「宗教」を、信教の自由というときの宗教的な心意一般から区別し、「何らかの固有の教義体系を備えた組織的背景をもつもの」と理解するとともに、公的機関がおこなうことを禁じられる「宗教的活動」は、「そうした教義体系に直接かかわる行為ないし教義的象徴としての行為」と解する(15)。これは、「組織的背景」の要素を導入した点で、政教分離原則の意味を、「国家と宗教との分離」論から「教会と国家との分離」論へと視点を移して探ろうとする道を示唆するものであったが、最近、明確にこの方向を歩む学説も現われており、注目されよう。

この「プロヴォカティブな」考え方を要約すれば、以下のようになる(16)。①政教分離とは、政治一般と宗教一般との分離をいうのでなく、国家と宗教団体との分離を意味し、政教分離規定は国家と宗教団体との分離を制度化したものである。②憲法第二〇条第一項にいう「宗教団体」と憲法第八九条の「宗教上の組織若しくは団体」とは同一のもので(17)、客観的、形式的にみて、共通の目的の下に、教義又は信仰上の象徴体系としての共通の行為規範を共有する構成員から成る結社をさす。③憲法第二〇条第三項で禁止される公的機関の「宗教的活動」とは、ある宗教団体の有する教義又は信仰上の象徴体系の射程に入る行為をいい、ここに目的効果規準は援用されえない。④宗教団体の教義又は象徴体系の射程に入らないかたちで、公的機関が宗教団体とかかわりをもつ場合には、目的効果規準により判断する。

この考え方は、これまでの論議、すなわち宗教的自由をみとめる憲法の下で、政教分離原則を「国家と宗教との分離」の要求とみて、あらゆるかたちの公的機関の「宗教とのかかわり合い」を問題視し、そのために反って、政教分離原則を形づくるすべての要素を、目的効果論を用いて一転して相対化してしまうような従来の論議に較べると、数段優っているように思われる。ただ、右の④は、あくまでも宗教団体とのかかわりを問題とするが、それについては、いわば結社的要素を捨象した何らかのかたちの宗教性ということで足りるのかどうか、なお疑問が残らないわけではない(18)。しかも、そこでは、「神道に関する限り」非友好的な特別扱いが当然視されているので(19)、宗派平等の原則も働かないようである。それは、実は、もう一つの規準を定立するに等しく、これをも④の中に組み込むことは妥当ではないように思う。

（1）最大判昭和五二年七月一三日民集三一巻四号五三三頁、最大判昭和六三年六月一日民集四二巻五号二七七頁参照。
（2）長谷部恭男・ジュリスト一〇二六号五〇頁。
（3）前出・最大判昭和五二年七月一三日、最大判昭和六三年六月一日参照。
（4）高橋利文・法曹時報四五巻九号二四三頁・二五〇頁。
（5）参照、右崎正博・憲法判例百選Ⅰ〈第二版〉七三頁。
（6）その点について、詳しくは大石眞・判例タイムズ六四七号四三頁参照。〔本書第五部Ⅳ論文参照〕
（7）高橋・法曹時報〈前出〉二四九頁、同・ジュリスト一〇二六号八五頁。
（8）参照、百地章『憲法と政教分離』一一四頁以下および一五四頁以下。
（9）参照、高見勝利・宗教判例百選〈第二版〉五三頁。
（10）最大判昭和三三年一二月二四日民集一二巻一六号三三五二頁。なお参照、最三判昭和四九年四月九日判時七四〇号四二頁。
（11）最二判昭和六三年一二月一六日判時一三六二号四一頁。
（12）高橋・法曹時報〈前出〉二五四頁、同・ジュリスト〈前出〉八七頁。
（13）前出・最大判昭和三三年一二月二四日および最二判昭和六三年一二月一六日。
（14）前出・最大判昭和五二年七月一三日。
（15）佐藤幸治『憲法〈新版〉』四四四頁。
（16）阪本昌成『憲法理論Ⅱ』三四二頁以下。
（17）阪本『憲法理論Ⅰ』二九一頁参照。
（18）阪本『憲法理論Ⅱ』三五九頁参照。
（19）阪本『憲法理論Ⅱ』三四五頁・三五七頁。

# VI　交通事故の報告義務と黙秘権

——最高裁昭和三七年五月二日大法廷判決（刑集一六巻五号四九五頁）

## 一　事件の概要

(1)　現在の道路交通法の前身である道路交通取締法（昭和二二年法律第一三〇号）は、交通事故が発生した場合において、その交通機関の操縦者（自動車運転者など）や乗務員等が講ずべき必要な措置に関する事項を命令の定めるところに委任していた（第二四条第一項）。これを受けた同法施行令（昭和二八年政令第二六一号）第六七条は、それらの者に対して被害者救護等の義務を定める（第一項）とともに、「事故の内容」および講じた応急措置の警察官への報告（通報）を義務づけ（第二項）、違反行為については罰則（三カ月以下の懲役、五〇〇〇円以下の罰金又は科料）を設けていた（法第二八条第一号）。

被告人は、昭和三三年一〇月、無免許のうえ酒気を帯びて小型乗用車を運転していたが、前方注視を怠り自転車に乗った被害者に追突して傷害を負わせたにもかかわらず（被害者は間もなく病院で死亡）、右法令所定の救護・報告措置をとらずにひき逃げをしたため、業務上重過失致死（刑法第二一一条後段）および道路交通取締法違反（無免許・無報告）の罪に問われたものである。

(2)　第一審（東京地判昭和三四年三月二四日刑集一六巻五号五〇四頁）はすべて有罪と認めたが、弁護人の控訴趣意は、前示施行令所定の「事故の内容」報告義務は、事故原因などについても自己に不利益な供述を直接または間接に強制するもので、憲法第三八条第一項が保障する自己帰罪拒否特権（いわゆる黙秘権）に反して無効であり、右の報告義務違反に関する部分は無罪である、と主張する。

これに対して、控訴審（東京高判昭和三五年二月一〇日刑集一六巻五号五〇六頁）は、①「黙否《ママ》権の保障は単に刑事手続における供述についてだけではなく、自己が刑事責任を問われる虞のある事項については行政手続における供述についても適用がある」と解した上で、②「操縦者らに報告義務を負わされた『事故の内容』とは、もし警察官が現場にいたならば……おのずから現認し得た『事故の結果的内容』即ち『操縦者及び被害者を含めての事故の同一性を確認せしめるに足る事項』を指称するものと解すべく、事故の原因その他操縦者らが刑事責任を問われる虞のある事項はこれに含まれない」と述べ、さらに③「事故の同一性を確定せしめるに足る事項」が犯罪発覚の端緒となりうることは否定できないとしても、「黙否《ママ》権の保障は、あくまでも、自己が刑事責任を問われる虞のある事項、換言すれば、それを供述することにより直ちに自己の刑事責任を根拠づけるような事項に限られ、単に犯罪発覚の端緒となり得るにすぎないような事項には及ばない」と論じて、被告人の控訴を棄却した。

(3)　本件は、上告審において、まず第三小法廷に係属したが、弁護人の上告趣意四点のうち、高裁判例違反などの主張については同法廷で審理裁判されたものの、憲法第三八条第一項違反をいう点に関する判断のみは、大法廷でおこなわれることになった（裁判所法第一〇条第一号、最高裁判所裁判事務処理規則第九条第二項〜第四項参照）。この違憲主張の論旨は、要するに、問題の「事故の内容」なる文言の中には、当然事故の原因その他操縦者などが刑事責任を問われる虞のある事項も含まれるのであるから、その報告を義務づける部分は自己に不利益な供述を強要することになり、また仮に原審のように解してもやはり同様である、という点にある。

最高裁判所大法廷は、この上告論旨について「いずれも理由がない」と判示した（同日の第三小法廷も上告を棄却）。

その理由は以下にみる通りであるが、それは一五名の裁判官全員一致による結論で、なお二名の裁判官の補足意見が付されている。

## 二　判旨

(一)「道路における危険防止及びその他交通の安全を図る」という「法〔道路交通取締法〕の目的に鑑みるときは、令同条〔道路交通取締法施行令六七条〕は、警察署をして、速に、交通事故の発生を知り、被害者の救護、交通秩序の回復につき適切な措置を執らしめ、以って道路における危険とこれによる被害の増大とを防止し、交通の安全を図る等のため必要かつ合理的な規定として是認せられねばならない」。

(二)「同条二項掲記の『事故の内容』とは、その発生した日時、場所、死傷者の数及び負傷の程度並に物の損壊及びその程度等、交通事故の態様に関する事項を指すもの」であり、「右操縦者、乗務員その他の従業者は、警察官が交通事故に対する前叙の処理をなすにつき必要な限度においてのみ、右報告義務を負担するのであって、それ以上、所論の如くに、刑事責任を問われる虞のある事故の原因その他の事項までも右報告義務ある事項中に含まれるものとは、解せられない」。

(三)　既に当裁判所の判例（最大判昭和二二年二月二〇日刑集一一巻二号八〇二頁）に示されたように、「いわゆる黙秘権を規定した憲法三八条一項の法意は、何人も自己が刑事上の責任を問われる虞ある事項について供述を強要されないことを保障したもの」であるから、「令六七条二項により前叙の報告を命ずることは、憲法三八条一項にいう自己に不利益な供述の強要に当らない」。

以上の大法廷判決には、二つの補足意見が付されている。まず、奥野健一裁判官によれば、「仮令《たとい》自己の注意義務違反、過失の有無などの主観的責任原因等については報告義務なしとしても、前記の如く事故の態様を具体的、客観的に報告することを義務付けられることは、犯罪構成要件のうちの客観的事実を報告せしめられることになるから、少くとも事実上犯罪発覚の端緒を与えることになり、多数意見の如く全然憲法三八条の不利益な供述を強要することにあたらないと断定することには躊躇せざるを得ない」。しかし、「自己の故意過失等主観的な責任原因などは、報告義務の外に置かれていること及び道路交通の安全の保持、事故発生の防止、被害増大の防止、被害者の救護措置等の公共の福祉の要請を考慮するとき、いわゆる黙秘権の行使が前記程度の制限を受けることも止むを得ないものとして是認さるべきもの」である。

また、山田作之助裁判官も、右の奥野意見に同調しつつ、さらに「交通事故が発生した場合、死傷者が生じたときは、これに対する処置、事故により生ずる交通混乱等の整理など行政官（主として警察官）の処理をまつこと多く、しかもこれらは迅速になされなくてはならない」から、事故を発生せしめた者をして、「即時、事故発生の事実を警察官に通報させること」が最も合理的である以上、「この通報義務違反に対し、いわゆる行政秩序罰（罰金刑、若しくは軽微なる懲役、禁錮刑を標準とする）程度の制裁が科せられても、国民としてはこれを甘受しなければならない」との意見を付加している。

## 三　解　説

### 1　問題の所在

(1)　憲法第三八条第一項に定める不利益供述強要の禁止は、アメリカ合衆国憲法修正第五条（一七九一年）中の「何人も刑事事件において自己に不利益な供述を強要されない」とする自己帰罪拒否特権に由来する。いわゆる黙秘権の保障であるが、憲法上の保障は黙秘すること一般ではなく、より狭く「自己に不利益な供述」の強要に対するものである。すなわち、まず「自己に不利益な供述」とは、判旨㈢所引の判例が示すように、自己が刑事責任を問われる虞のある事項の供述をいい、そしてこれを「強要されない」とするのは、法律上供述義務を負わされないことの保障、つまり供述拒否に対する処罰を始めとして、供述拒否を理由とする何らかの法律上の不利益を与えることを禁止することを意味するものと解されている(1)。

右の保障が、その沿革および憲法条規中の位置からいって、犯罪捜査・公訴・公判という刑事手続に関する規定であることは当然である。現行刑事訴訟法はこの要請をうけて、証人の証言拒絶権をみとめる(第一四六条)とともに、憲法の趣旨をさらに進めて、一般的な被疑者の供述拒否権(第一九八条第二項)および被告人の黙秘権(第三一一条第一項)をも定めている。

他方、刑事裁判を目的としない行政法規にあっても、ある目的を達成するために必要な各種情報の提供を義務づけ、違反行為に対して罰則を科す例は、実に多い。税法上の答弁・検査受忍義務(所得税法第二三四条第一項、法人税法第一五三条以下など)、麻薬取扱者などの記帳義務(麻薬及び向精神薬取締法第三七条以下・第五〇条の二三)および運転者などの交通事故報告義務(道路交通法第七二条第一項後段)などは、その代表例といえよう。

(2)　これらの行政法規上の供述義務について、第一に注意すべきは、刑事手続の場合と異なって、それが当該行政目的を達成するために必要かつ合理的である限り、一般に違憲とは考えられないことである。第二に、これに対応する公務員の権限は、犯罪捜査のために認められるものではない。行政法規の中にはその趣旨を明文化した規定が多く見られるが(所得税法第二三四条第二項、法人税法第一五六条など)が、そうした規定のない場合でも、同様に解すべきであろう(2)。第三に、しかし、公務員は犯罪告発の一般的義務を課せられていることも、合わせて想起する必要がある(刑事訴訟法第二三九条第二項)。

以上を要するに、行政法規上の供述強要は、犯罪事実そのものの供述を義務づけるものではありえないが、その供述内容いかんによっては、犯罪発覚の糸口となりうる。したがって、ここでも「法律による供述義務の賦課と黙秘権との間に著しい緊張関係」(3)が見られることになる。

この関係を明らかにするためには、以下の諸点を検討する必要があろう。すなわち、第一に、自己帰罪拒否特権が刑事手続にのみ適用されると解するならば、そもそも違憲問題は生じないから、まず憲法第三八条第一項が右のような行政手続上の供述義務にも適用されるかという問題が存し、本件もその論点を含んでいる（供述強要手続の性質の問題）。第二に、適用されるとしたとき、さらに行政法規上負わされる供述義務の内容が、不利益なもの、すなわち刑事責任を問われる虞のある事項まで含むものであるかを検討しなくてはならない（強要される供述内容の範囲の問題）。第三に、たとえ刑事責任に直結しないとしても、その供述が犯罪発覚の端緒を与えることになる場合に、自己帰罪拒否特権との関係をどう理解するか、という課題が残る。実は、本件の事故報告義務について最も問題となるのは、正しくこの点なのである。

## 2　判決の判例法的意義

(1)　今日では憲法第三八条第一項が行政手続にも適用されうることは、いわゆる川崎民商事件に関する昭和四七年の最高裁大法廷判決以後、確立している。けれども、本件当時、その点についての判例は明確でなく、却って行政取締法規はその保障とは関係がないことを判示したと解しうるもの（たとえば、麻薬取扱者の記帳義務に関する最大判昭和三一年七月一八日刑集一〇巻七号一一七三頁）も存したため、とくに本件判旨(三)を重視して、一般に、判決は自己帰罪拒否特権が刑事手続にのみ適用されることを示したものと解されるようである(4)。

しかし、前述の通り、事故報告義務の違憲問題は、いわゆる黙秘権の行政手続への適用を前提として初めて生ずること、およびその適用を認めた控訴審判示の①を最高裁が否定していないことを考えると、むしろ判決は当然の前提として、右の点につき積極説に立ったものと解する余地は充分ある（5）。そうだとすれば、判決が違憲主張を斥けたのは、行政手続への黙秘権の適用を否定したからでなく、先の第二の論点について、義務づけられる事故報告内容が不利益事項を含まないとの判断に立ったため、と思われる。

(2)　道路交通取締法が当初予定した命令、すなわち道路交通取締令（昭和二二年内務省令第四〇号）では「住所、氏名及び……車両番号」のみの申告義務であったから、とくに問題は生じなかった。ところが、昭和二八年制定の本件施行令は、その文言を「事故の内容」の報告に改定したため、その義務づけが不利益事項の供述をも含み、自己帰罪拒否特権に反するのではないかが争われることになったのである。

この論争の契機は、業務上過失傷害・道路交通取締法違反事件に関する一下級審の違憲判決によって与えられ、ここでは、①黙秘権の保障は行政手続の場合にも及ぶことを前提として、②報告義務の対象である事故の具体的諸事情は、「まさに業務上過失致死傷罪その他の犯罪を構成しうべき自己に不利益な事実」に該当するがゆえに違憲と判断された（神戸地尼崎支判昭和三四年五月二八日下刑集一巻五号一三二〇頁）。本件弁護人の控訴趣意はこれをふまえたものであるが、翌年にかけて下級審の大勢はむしろ合憲判断を示すに至る（例外として、秋田地湯沢支判昭和三四年八月一九日下刑集一巻八号一八〇八頁および新見簡判昭和三五年六月六日下刑集二巻五・六号八六九頁）。ここで留意すべきは、合憲判断の理由づけが必ずしも一様でない点であって、先の第一の論点について行政手続への適用を否定するもの（神戸地判昭和三四年六月二二日下刑集一巻六号一四六四頁）を別として、それを肯定した上でも、次のような各種の考え方が示されている（6）。

(a)　得られた供述が刑罰の強制の下になされたものであるときは、当該供述を刑事裁判の証拠とすることを禁止するにすぎない、と説くもの（東京地判昭和三四年一二月一四日判時二一一号三頁）。

(b)　「事故の内容」を、適切な応急措置という目的の達成に必要な範囲（たとえば、事故発生の日時・場所、事故のあらまし、被害者の氏名など事故の同一性を示す程度の事項）に限定解釈し、その限りで不利益供述の強要にあたらない、とするもの（前掲神戸地尼崎支判の控訴審である大阪高判昭和三四年一二月二二日下刑集一巻一二号二五七〇頁および本件控訴審判決など）。

(c)　「事故の内容」を事故の客観的事実と解しても、有責操縦者の刑事責任につながる結果になることは否定しえないものの、被害者救護・危険防止・交通安全回復などにつき万全の措置を講じ、公共の安全を確保するためには、その報告が不利益事項を含むとしても、黙秘権の保障はその限度で制限を受ける、と解するもの（前掲秋田地湯沢支判の控訴審である仙台高秋田支判昭和三五年一一月九日仙台高裁刑事判決速報三五年度二〇号）。

本件最高裁判決は、判旨(二)が示すように、基本的に右の(b)説に立ちつつ、道路交通取締法下の判例を統一したものである。そして、解釈の態度としては、「事故の内容」は、自己の刑事責任を帰結するような主体的事故原因をも含むものではないとするものであるから、いわゆる合憲限定解釈の例を提供するかのごとくである。しかしながら、ここで争われたのは政令の規定であるから、法律の場合に要請されるべき合憲解釈の原則は、ここでは妥当しないと考えられる(7)。他方、二つの補足意見は右の(c)説と同旨に出るもので、後述のように、現在ではむしろ、この考え方が相当有力であることは注目される。

(3)　昭和三五年六月、問題の道路交通取締法と同法施行令の廃止とともに現行の道路交通法（法律第一〇五号）が制定され、同年一二月から施行された。この現行法は、従来の「事故の内容」に代えて、「当該交通事故が発生した日時及び場所、当該交通事故における死傷者の数及び負傷者の負傷の程度並びに損壊した物及びその損壊の程度」を報告すべき事項としている（第七二条第一項後段）。この文言自体、「事故の内容」報告義務に対する違憲論を考慮し、前記(b)説による合憲論をふまえたものであるが、さらに本件判旨(二)がこの法律の規定を参考にしていることは明らかであろう。

したがって、判決は現行法下の判例としての意味をも有することになる。実際、道路交通法第七二条第一項の報告義務または違反行為処罰規定（第一一九条第一項第一〇号）の合憲性が問われた事案において、最高裁判所は本判決を先例とし、違憲主張をすべて斥けている（最三判昭和四五年七月二八日刑集二四巻七号五六九頁、最一判昭和四八年三月一五日刑集二七巻二号一〇〇頁、最三判昭和五〇年一月二一日刑集二九巻一号一頁）。

## 3　合憲理由の再検討

(1)　こうして、現行法上の事故報告義務が合憲とされることは、確立した解釈となっている。もちろん、本判決後も、その画一的な義務の広さや刑事責任追及の確保という現実機能を重視して、報告義務の合憲性をかなり疑問視する学説も見られるが(8)、多くは合憲と説いている。

しかし、注意すべきことに、合憲の結論を導く理由づけの点で判例と同一の見解に立つものはほとんどない。その意味で今日重要なのは、説得力ある合憲説の構成を見出すことであろう。判例は、事故報告義務について限定解釈を施し、現行法の規定も、前記のように、交通事故の態様に関する客観的事項に限定しているが、交通事故を起こした者の多くは業務上過失致死傷罪に問われること、客観的事実といっても同罪構成要件の一部であること、報告を受ける警察官は同時に犯罪捜査を担当する司法警察職員であることなどを想えば、それが不利益供述の強要という面をまったく有しないと断言するには、やはり相当疑問が残るからである。

(2)　そこで合憲説の第一は、判例を尊重しつつ、事故報告義務について厳しい限定解釈をとり、状況によってはその義務がないものとし、運転者は氏名・住所・車両番号等の報告義務を負わないなどと解釈して「かろうじて合憲」とする(9)。しかし、早くから指摘されているように、実際問題として、警察官が「運転者の事故発生に関する刑事責任に及ぶ事実を追及するならば、追及される側において黙秘権を行使することはほとんど不可能となる」(10)に違いない。

合憲論の第二は、限定解釈によっても犯罪発覚の端緒を与えることが否定できない以上、むしろ正面からその限度において黙秘権が制限されることを認めようとする。前に紹介した下級審の(c)説および本判決の補足意見を継承するものであるが、具体的には、(i)自動車運転のもつ高度の危険性に鑑み、運転者は関係行政庁の取締・監督に対し協力義務を負い、その過程で自己の犯罪事実の発覚を招く虞のある事項の開示を要求されてもこれを受忍するのが公平にかなうから、この協力義務の限度で黙秘権が制限されても公共の福祉によりやむを得ない[11]とか、(ii)自動車事故の頻発とそれに対する交通安全措置としては、警察官による規制以外に決定的に有効なものはないという事情から、合理的な公共的要求の前に必要な制約を受けるのは権利に内在する本質である[12]とか説かれる。

この第二の合憲論に立ったのが、東京高裁昭和四七年五月二九日判決（高刑集二五巻二号二二八頁）であって、そこでは、「一般に対し重大な危害を及ぼす高度の危険を伴う車両運転を自らあえてする者としては、免許の有無を問わず、これに相応する義務を負担するのもやむをえないところであって、かかる運転者に対し、その者に関係ある交通事故発生をみた場合、道路交通の安全の保持・事故発生の防止・被害増大の防止・被害者救護の措置に万全を期するため、その態様に関する客観的事項を警察官に報告させることは、たとえそのことが……間接には自己負罪拒否の特権すなわち黙秘権をなにがしかは侵害する結果になる場合があるとしても、許さるべきものであり、その程度の黙秘権の制限は、車両を運転する者の黙秘権に内在する制約として是認されなければならない」と説かれている。

これは、「現在考えられうる最も妥当な合憲説の理由づけ」[13]と評価されており、その意味で、注目されよう。

(1)　宮澤俊義＝芦部信喜補訂『全訂日本国憲法』三一九頁参照。
(2)　高辻正己『憲法講説〈全訂第二版〉』一三〇頁参照。
(3)　松尾浩也「交通事故の報告義務と黙秘権」憲法判例百選Ⅱ〈第三版〉二五四頁。
(4)　〈佐藤功『憲法(上)〈新版〉五九六頁、樋口陽一ほか『注釈日本国憲法(上)〈佐藤幸治執筆〉』七八八頁。

（5）桂正昭＝武田昌造『総合判例研究叢書刑事訴訟法⑼』一七頁・一一三頁参照。
（6）桂＝武田・前掲書一四三頁以下参照。
（7）田宮裕「自動車事故の場合の報告義務と黙秘権」ジュリ一八九号三二頁参照。
（8）高田卓爾「交通事故の報告義務と黙秘権」佐伯千仭編『生きている刑事訴訟法』一〇五頁、平川宗信「自動車事故の報告義務」交通事故判例百選〈第二版〉二四一頁。
（9）小野・後掲論文二九五頁以下。
（10）浦辺・後掲論文一五九頁。
（11）藤木英雄「自動車事故の報告義務」『憲法判例百選〈第一版〉』一一三頁、同「自動車事故の報告義務」交通事故判例百選〈第一版〉二一七頁。
（12）田宮「自動車事故の報告義務」『憲法の判例〈第三版〉』一四二頁。
（13）横井大三『刑訴裁判例ノート⑹』四〇五頁。

〈**参考文献**〉

本文中引用のもののほか
藤木英雄「道路交通取締法施行令六七条二項と黙秘権」警察学論集一二巻八号一二頁（一九五九年）。

浦辺衛「自動車運転者の『事故の内容』報告義務と黙秘権」同『刑事実務上の諸問題』（一九六一年）一三九頁。

鈴木雄八郎「報告義務」判タ二八四号二四九頁。

高田卓爾「行政上の取締と不利益供述強要の禁止（一）～（二・完）」法学雑誌六巻三号二二頁、四号四七頁（一九六〇年）。

小野慶二「交通事故の報告義務と黙秘権」日沖憲郎博士還暦祝賀『過失犯⑵』二七五頁（一九六六年）。

横井大三「交通事故申告義務と憲法三八条」同『刑訴裁判例ノート⑶』（一九七二年）二八八頁。

# Ⅶ　自己帰罪拒否特権の射程

――最高裁昭和五四年五月一〇日第一小法廷判決（刑集三三巻四号二七五頁）

## 一　事　実

被告人は、経営する会社の負債の返済に困り、その返済資金に充てるため覚せい剤を輸入して密売しようと企てた。そこで数名と共謀して、韓国で入手した覚せい剤をたらこ桶の中に梱包してフェリーで下関港に到着したが、門司税関下関支署において、その覚せい剤の記載のない携帯品申告書を提出して旅具検査場を通過し、税関長の許可なく覚せい剤を輸入した。

この公訴事実に対して、第一審は、覚せい剤密輸入の罪（覚せい剤取締法第一三条・第四一条違反）および無許可輸入の罪（関税法第一一一条違反）の成立をみとめた（広島地判昭和五二年三月二八日）。そこで被告人は、輸入禁制品である覚せい剤を所持する旨を申告書に記載させることは、自己の犯罪行為の発覚の端緒となる事実の供述を強要するもので、不利益供述強要の禁止を定める憲法第三八条第一項に違反するから、関税法違反の罪（無許可輸入罪）は成立しないなどと主張して控訴した。

第二審（広島高判昭和五二年一二月一三日）は、次のように説示して控訴を棄却した。「なるほど輸入した覚せい剤を携帯品申告書に記載して税関長の許可を受けることが、覚せい剤輸入罪の捜査の端緒となる可能性は否定し得ないが、貨物を輸入する際の税関長に対する輸入許可申請義務の範囲は、輸入貨物の税関通過について必要な事項に限られ、右の申請じたいも前示のとおり関税収入の確保と関税手続の適正な処理を目的とするものであって、覚せい剤輸入等の犯罪について、その刑事責任の追及を目的とするものではない。またそのための資料の取得収集に直接結びつく作用を一般的に有するものでもない。覚せい剤の輸入について税関長の許可を受けさせることの性質が前記のとおりである以上、それが憲法第三八条第一項にいう『自己に不利益な供述』を強要するものとすることはできない。」

被告人の上告理由は、「申告すれば、例外なく必ず覚せい剤取締法違反の現行犯として、逮捕厳罰に処せられることが明らか」であるから、「刑事手続に直に移行するような行政的措置」として、所持品が覚せい剤である旨携帯品申告書に記載して税関長の許可を受けさせることは、憲法第三八条第一項に違反すると述べるものであった。

## 二　判旨

棄却。多数意見によるものであるが、本判決には、戸田弘裁判官の補足意見、中村治朗裁判官の意見及び藤崎萬里裁判官の反対意見が付されているが、ここでは、多数意見を示すこととする。従来の大法廷判例を引きながら、多数意見は次のように説示した。

㈠　入国に際して携帯貨物の品名などを輸入申告する手続は、「関税の公平確実な賦課徴収及び税関事務の適正円滑な処理を目的とする手続であって、刑事責任の追及を目的とする手続でないことはもとより、そのための資料の取得収集に直接結びつく作用を一般的に有するものでもない。」

㈡　「また、この輸入申告は、本邦に入国するすべての者に対し、携帯して輸入しようとする貨物につきその品目のいかんを問わず義務づけられているものであり、前記の目的を達成するために必要かつ合理的な制度ということができる。」

㈢「このような輸入申告の性質に照らすと、通関のため当然に申告義務の伴うこととなる貨物の携帯輸入を企てたものである以上、当該貨物がたまたま覚せい剤取締法により本邦への持込を禁止されている覚せい剤であるからといって、通関のため欠くことのできない申告・許可の手続を経ないでこれを輸入し又は輸入しようとした場合に、関税法一一一条の罪の成立を認めても、憲法三八条一項にいう『自己に不利益な供述』を強要したことにはならない」

## 三　研究

本件は、いうまでもなく、直接には刑事手続にかんする憲法第三一条以下の諸規定（特に第三一条・第三五条および第三八条第一項）が行政手続にも適用されるかという問題の一端を取扱ったものであり、無許可輸入罪と憲法第三八条第一項との関係をめぐって初めて最高裁の見解が示された事例である。

(1)　憲法第三八条第一項は、「何人も、自己に不利益な供述を強要されない」と定めて、いわゆる自己帰罪拒否特権を認めている。広く知られているように、この黙秘権の保障は、アメリカ合衆国憲法修正第五条の「何人も刑事事件において、自己に不利益な供述を強制されることがない」との規定に由来し、「その供述をしないことを罰することだけでなく、それを理由としてなんらかの法律上の不利益を与えることを禁ずる」意味をもつ(1)。すなわち、本来、法律上の供述義務を課すことを禁止するものであるが、自己の刑事上の責任を問われる虞のある事項について供述を強要されないことの保障であるというのは、確立した判例法である（最大判昭和三二年二月二〇日刑集一一巻二号八〇二頁）。

ところが、行政法規の中には、特定の行政目的達成のため、各種の情報提供義務、すなわち登録申請・申告・質問に対する答弁・検査受忍・記帳・告知などの義務を定める例が多い（道路交通法第七二条第一項、古物営業法第二三条第一項、麻薬取締法第五三条第一項、出入国管理令第二三条第二項、外国人登録法第一三条第二項、所得税法第二三四条第一項、法人税法第一五三条～第一五五条、関税法第一〇五条第一項、銀行法第二五条第一・第二項など）。それらの義務の不履行に対しては、ほとんど刑罰制裁が設けられていることはもちろんであるが、さらに、公務員は犯罪告発の義務を負うとされている（刑事訴訟法第二三九条第二項）。

そこで次のような問題が生まれる。第一に、行政法規上の義務違反そのものに対して刑罰制裁を加えること（つまり、それらの義務不履行それ自体を独立の罪とすること）は、自己に不利益な供述を強要することにあたらないのか。第二に、処罰対象行為はその不履行じたいではなく他の行為であるが、行政上の義務違反とその処罰との間に一定の関連性がある場合、他の行為に対する刑罰制裁は憲法第三八条第一項の問題とならないか。

(2)　まず、自己帰罪拒否特権を含めて憲法第三一条以下の諸規定が刑事手続（犯罪捜査・刑事裁判）における保障に限られ、行政手続には適用されないとする考え方にあっては、そもそも、右の二点について、憲法違反の主張は成立しえないことになる。かつて下級審で示された考え方でもあるが[2]、この見解は今日ほとんど姿を消している[3]。

現在では、行政手続における手続的保障を重視して、それへの原則的適用をみとめる傾向にあり、「個々の手続的保障の本旨と個々の行政手続の性質に即して、具体的に慎重に検討されなければならない」[4]とする要請が、広く受容されている。この考え方は、学説上、いわば「共通の認識」となっている[5]だけでなく、判例じしん明言するところでもある。すなわち、いわゆる川崎民商事件において、最高裁判所は、憲法第三八条第一項の「規定による保障は、純然たる刑事手続においてばかりではなく、それ以外の手続においても、実質上、刑事責任追及のための資料の取得収集に直接結びつく作用を一般的に有する手続には、ひとしく及ぶものと解するのを相当とする」と判示したからである（最大判昭和四七年一一月二二日刑集二六巻九号五五四頁）。このように、行政手続についても場合によっては憲法第三八条第一項の適用がありうるとすれば、さきの二点について、それぞれ憲法違反の主張が成立するかどうかの検討が必要となろう。

(3)　刑罰を背景として行政法規上の義務履行を求め、その義務違反それ自体に刑罰を科すことは、それだけを取り出せば、不利益供述の強要にほかならないようにみえる。取締・監督権限をもつ公務員の質問に対する不答弁などを罪とする場合（所得税法第二四二条第九号、法人税法第一六二条第二号など）、あるいは警察官に対する事故報告義務の不履行を罪とする場合（道路交通法第一一九条第一〇号）がそれに該当するが、しかし、これらを一般的に違憲と断定するわけにはいかない。言うまでもなく、もしこれらの場合に、「自己に不利益な供述」は拒否しても罪にならないとすれば、行政上の義務が「実際において骨ぬきになってしまうおそれがある」(6)からである。そのため、刑罰を背景として答弁などの義務を課すことの合理性をみとめたうえで、具体的に義務内容を検討して合憲性判断の基準を発見することが求められることになる。

(a)　まず、合憲限定解釈を採用することによって、憲法第三八条第一項との抵触を解決しようとする考え方がある。いわゆる荒川民商事件第一審判決（東京地判昭和四四年六月二五日判時五六五号四六頁）は、所得税法が定める不答弁などの罪の成立要件を厳格に解することによって、憲法第三八条第一項などの問題も生じないとしたが、これは実質上その方法を採用したものといえる。しかし、合憲解釈を採用した代表的判例は、周知のように、道路交通取締法施行令が定めていた「事故の内容」報告義務の合憲性が争われた事案における最高裁判所の判示である（最大判昭和三七年五月二日刑集一六巻五号四九五頁）。そこでは、当該義務規定が被害者の救護・交通秩序の回復などの目的のため「必要かつ合理的な規定」であること、しかも、報告すべき事故の内容とは「刑事責任を問われる虞のある事故の原因その他の事項」まで含まないことを理由として、自己帰罪拒否特権の侵害の問題にならないとされた。

しかしながら、そこでの奥野健一裁判官の補足意見が指摘するように、報告すべき事故の態様が客観的なものに限られるとしても、犯罪構成要件のうちの客観的事実の報告を義務づける点において、事実上犯罪発覚の端緒を与えることになることは疑いない。とくに過失犯について、その可能性は大きくなるであろう。そのため、この大法廷判決によって決着をみたと考えられていた現行道路交通法の定める類似の報告義務について、憲法第三八条第一項に違反するとした下級審もないではない（岐阜地判昭和四三年三月二七日判時五一四号八九頁）。

したがって、この点にかんする一般的提言はきわめてむずかしいが、最も適切なものを挙げるとすれば、次のようになろう。すなわち、「行政手続の過程における供述の強要が公共の福祉に仕える行政目的の達成のため合理的にやむをえないと認められるものであり、かつ供述の内容が刑事上の主観的な責任原因にわたるものでなく、犯罪構成要件にかかるとはいえ単に客観的な事実にとどまるものであれば、憲法三八条一項の容認するところとしてさまたげない」（7）。

(b)　一方、税務調査上のいわゆる質問・検査について、最高裁判所は、合憲限定解釈によってではなく、その目的・実質的作用、強制の態様・程度および制度的合理性の観点から判断すべきものとする。これは、先に引かれた川崎民商事件で採用された方法であって、質問・検査が「もっぱら所得税の公平確実な賦課徴収を目的とする手続であって、刑事責任の追及を目的とする手続ではなく、また、そのための資料の取得収集に直接結びつく作用を一般的に有するものでもないこと、および、このような検査制度に公益上の必要性と合理性の存すること」、さらに罰則による強制の度合いは「実効性確保の手段として、あながち不均衡、不合理なものとはいえない」ことを理由に、「自己に不利益な供述」を強要することにはならないと判示した（最大判昭和四七年一一月二二日刑集二六巻九号五五四頁）。ここでの判断基準が具体的事例についてどこまで及びうるか、その一般化は困難であるが、「これによれば、実際に本項に抵触するとされるのは、きわめて限られた場合ということになろう」（8）との論評がある。けれども、その影響は大きく、不法入国の外国人が外国人登録法による登録申請の義務を負うことの合憲性が争われた事案で、右の判断基準が採用されたこともある（大阪高判昭和四九年七月一七日判時七五三号九七頁）。本件控訴審および本判決が、同様に、それにならうものであることは、引用部分に示されている。

いわゆる川崎民商事件では、罰則による強制の程度も考慮されていたが、本判決中でそれについて直接述べる部分はない。不均衡がとくに意識されなかったとも言えようが、この点を含めて、藤崎裁判官の反対意見があることに注目したい。すなわち、同意見は、「行政上の各種申告義務の憲法三八条一項との関係における合憲性の根拠は公共の福祉の要請からくる必要性に求められるべきであり、それ以外にはない」が、「覚せい剤の国内流入を税関で阻止するためには覚せい剤を麻薬などと同じように輸入禁制品として取り扱うことにより目的を達することができるのであって、覚せい剤の輸入を無許可輸入罪の罰則に服させ輸入申告を強制する必要はない」と指摘する。つまり、目的とそれを達成する手段との間に不均衡があるという主張であって、その結果、「覚せい剤を携帯して税関を通過した者に無許可輸入罪の成立を認めることは憲法三八条一項にいう『自己に不利益な供述を強要』することにあたるのではないか」と、疑問を投げかけるものである。

行政上の各種義務と自己帰罪拒否特権との関係が問題となった事案では、「わが国ではかなり安定度の高い判例法が続いている」(9)。右の反対意見は、その意味で注目すべきものであって、この種の事例における初めての少数意見でもある。しかしながら、そこで前提とされている川崎民商事件での判断基準は、先に述べたように、行政上の義務の不履行それ自体に刑罰制裁を科している場合のものである。これに対して、本件では、必ずしもその例に属しない要素もあると考えられるから、次に第二の問題に移ることとする。

(4)　憲法第三八条第一項に違反するとしてしばしば主張されるのは、先に述べた第二の問題である。その点を繰り返すと、処罰対象となるのは行政上の義務不履行そのものでなく他の行為であるが、行政上の義務違反とその処罰との間に一定の関連性がある場合に、他の行為に対する刑罰制裁を設けることの合憲性である。ここでは、一般的に言って、直ちに不利益供述の強要にあたるとは考えられないから、憲法第三八条第一項違反の主張じたいが、まず前提問題として疑われることになる。

本件における中村裁判官の意見は、まさしくその点を指摘するものであった。すなわち、その説示によれば、「無許可輸入罪は……通関手続を経て輸入許可を受けることなくして貨物を輸入した行為を処罰するものであって、右の通関手続の過程における輸入者の無申告ないしは虚偽の申告の各行為それ自体を処罰するものではない」から、「現行法がたまたま通関手続につき申告制度を採用し、輸入者に対して輸入しようとする貨物の内容の開示を要求しているとしても、その開示の拒否ないし虚偽開示そのものを処罰する場合はともかく、専ら当該行為が無許可輸入行為である点をとらえてこれを処罰しようとするものである限り、憲法三八条一項はかかる処罰の合憲性の問題と本質的な関連性をもつものではない」、したがって、「本件上告理由における憲法三八条一項違反の主張は、本件被告人の覚せい剤輸入行為に対し関税法一一一条を適用して処罰することの合憲性とは関係のない、ないしはその前提を欠く主張として排斥を免れ」ない、というものである。同様の趣旨は、戸田裁判官の補足意見の中でも説かれている。すなわち、「関税法一一一条によって処罰されるのは通関手続を回避してなされた輸入行為であり、通関手続の一部としての申告をしなかったということ自体が独立して処罰されるのではないことに注目すべきである」と述べるからである。

実際、従来、憲法第三八条第一項との関係が問われた事案のうち、この類型に属するものの方が多いのである。本判決が引用する判例じしんの中に、すでにその例を見出すことができる。まず、麻薬取締法による麻薬譲受帳簿記載の義務の合憲性が問われた事例がある（最大判昭和三一年七月一八日刑集一〇巻七号一一七三頁）。ここで大法廷は、「麻薬は、その用法によっては人の心身にきわめて危険な害悪を生ずるおそれがある」ことから、「その取扱の適正を確保するための必要な取締手続」として「帳簿記入に関する規定そのものは、憲法三八条一項の保障とは関係がない」と判示した。その説くところ必ずしも明確ではないが、事案は帳簿への不記入の事実が対象となっているにとどまるから、「右帳簿の記載を証拠として、記入者たる麻薬取扱者の麻薬不正譲受譲渡行為を認定すること」まで、合憲性の問題とは無関係であると断定したわけではあるまい(10)。

さらに、不法入国の外国人に対して外国人登録令が登録申請義務を課していることの合憲性が争われた事例も引かれている（最大判昭和三一年一二月二六日刑集一〇巻一二号一七六九頁）。最高裁は、ここでは「登録の申請は、不法入国の犯罪の申告を要求しているものとは認められないから、これが申請義務を課したからといって、……自己の不法入国の罪を供述するのと同一の結果を来たさすものということはできない」としている。このほかに、本判決で引用されてはいないが、古物営業法が古物商に対して古物取引上の諸事項を所定帳簿に記入すべきことを定めている場合について、判例は、「同法がこれらの記帳を命じているのは当該古物商の古物取引の実状を明確にし、その取引の適正を担保しようとするものであって、それ自体、何等刑事上の責任を問われる虞ある事項について供述を強要しているわけのものではない」と述べたことがある（最二判昭和三七年五月四日刑集一六巻五号五一〇頁）。

**(5)**　右に示した事例のうち、昭和三一年の麻薬取締法の事件および昭和三七年の古物営業法の事案について、いわゆる包括的事前放棄の理論が相当するという見解もみられる[11]。この理論は、要するに、国の許可などによって初めてなしうる営業に従事する者は、その許可などを与えられる際に、当該営業について遵守すべき事項にかんしては、自己帰罪拒否特権を事前に包括的に放棄したとする考え方である。麻薬取扱者の記帳義務について、かつてこの趣旨を示すような判決もあったが（最二判昭和二九年七月一六日刑集八巻七号一一五一頁）、憲法論として説かれたものではなかったため、先例的価値には乏しいと言わざるをえない。この包括的放棄という構成は擬制的性格が強く、さらに許可制度が一般的に自己帰罪拒否特権を否定する根拠となりうるかも疑わしい。かりに、この理論を、右のような限定的事例の合理的説明としては容認できるとしても[12]、本件のような事案に説得力がないことは言うまでもない。

すでに不法入国の外国人の場合において、「正直に不法入国の事実を申告すれば、たちまち密入国者として起訴され、国外退去のため収容されるハメにおちいるのに、そういってすまされるであろうか」[13]という素朴な疑問が投げかけられるように、やはり、一連の手続での義務不履行と特定の罪の成立との間には、実質的な関連性があることを前提として、憲法第三八条第一項との関係を問うのが妥当であろう[14]。この点について、とくに注意を促しているのが、同じく覚せい剤取締法違反の類似事件（最三判昭和五四年五月二九日刑集三三巻四号三〇一頁）における高辻正巳裁判官の補足意見である。これは、同事件で示された横井大三裁判官の意見、つまり関税逋脱罪（関税法第一一〇条）の構成要件に申告義務不履行が概念必然的に内包されているわけではないから、申告義務を課していることを前提として違憲の主張をするのは誤りであるとする見解を、「一応はもっともである」としながら述べられた。

すなわち、高辻判事いわく、「関税法……が携帯品を輸入しようとする者において正規に関税を納付しようとすれば必ず輸入申告をしなければならないものと定めており、携帯品に関する関税逋脱罪がこの輸入申告にはじまる一連の手続を経て賦課・徴収されるべき関税についてこれを免れる行為を罰するものであることからすると、この場合における関税逋脱罪による処罰には輸入申告の強制という側面があることは否定し去ることができず」、「関税逋脱罪による処罰と輸入申告の強制との間に関連性がないとはいいきれない」。確かに、このように、行政上の義務違反それ自体について処罰するわけではないが、その義務不履行と他の犯罪行為との間に関連性が否定できないとすれば、憲法第三八条第一項違反の主張は、「前提を欠く主張」として排斥すべきものではあるまい。従来、最高裁が合憲としてきた事例にその類型が多いことは既にみたとおりであって、必ずしも、とくに本判決によって「憲法判断の対象の範囲を拡げたもの」(15)とは言えないのである。

そこで、本判決が川崎民商事件で示された判断方法によっていることの意味が明らかとなる。しかし、他方で、はたして本件事案と川崎民商事件とを全く同列に扱いうるであろうか。覚せい剤はいわゆる輸入禁制品であって（覚せい剤取締法第一三条。但し、関税定率法および関税法上の「輸入禁制品」ではない）、輸入許可の前提となる「貨物につき必要な検査」（関税法第六七条）によって、直接犯罪発覚につながることになる。これに対して、税務調査上の検査の対象である帳簿書類等は、一般的にみて、その性格をもつわけではない。しかも、税務調査における質問・検査権の実効性を担保するため、その拒否を罪とすることに合理性をみとめることができるとしても、覚せい剤輸入を阻止するためには

（戸田裁判官の補足意見および中村裁判官の意見参照）、別に罰則規定が存在するのである（覚せい剤取締法第四一条第一号）。そうだとすると、「関税の公平確実な賦課徴収及び税関事務の適正円滑な処理を目的とする」輸入申告の不履行に対してことさら罰則を定めることは、必ずしも、充分な説得力をもつとは思われない。

なお、本文所引の法令のうち、「出入国管理令」は、昭和五六年法律第八六号（難民の地位に関する条約等への加入に伴う出入国管理令その他関係法律の整備に関する法律）によって、「出入国管理及び難民認定法」と改題され、難民の地位に関する条約又は難民の地位に関する議定書が日本国について効力を生ずる日から施行されることになっている（これについては、昭和五六年法律第八五号による改正もある。参照、昭和五六年六月一二日付官報号外第五〇号）。

（1）宮澤俊義＝芦部信喜補訂『全訂日本国憲法』三一九頁（以下、宮澤＝芦部・コンメンタールと略称する）。
（2）参照、川上勝己「行政的取締と憲法」『総合判例研究叢書・憲法⑵』一六八頁以下。
（3）但し、小嶋和司『憲法概観』九二頁は、憲法第三八条第一項について反対か。
（4）高柳信一「行政手続と人権保障」『憲法講座第二巻』二六一頁。
（5）藤田宙靖『行政法Ⅰ』二二〇頁。
（6）宮澤＝芦部・コンメンタール三二〇頁。
（7）高辻正己『憲法講説〔全訂第二版〕』一二九頁。
（8）佐藤幸治『憲法』四一二頁。
（9）田宮裕・判例評論二五四号一九一頁。
（10）岩田誠・最高裁判所判例解説（刑事篇昭和三一年度）二六二頁。
（11）橋本『日本国憲法』三二八～三三〇頁。参照、伊藤正己『憲法入門』一五七～一五八頁。
（12）参照、松本時夫・憲法判例百選Ⅰ一八八頁。
（13）尾吹善人『基礎憲法』一六七頁。
（14）参照、横井大三『刑事裁判例ノート⑹』三九五頁。
（15）丸山雅夫・警察研究五一巻九号七〇頁。

権利保障の諸相

2014年 9 月 15 日　第 1 刷発行

著　者　大石　眞

発行者　株式会社　三　省　堂
代表者　北口克彦

印刷者　三省堂印刷株式会社

発行所　株式会社　三　省　堂
〒101-8371　東京都千代田区三崎町二丁目 22 番 14 号
電話　編集　(03)3230-9411
営業　(03)3230-9412
振替口座　00160-5-54300
http://www.sanseido.co.jp/



落丁本・乱丁本はお取替えいたします。　〈権利保障の諸相・400pp.〉

ISBN978-4-385-32189-9